揭祕甲骨文

② 祖庚、祖甲時代
康丁時代

許進雄 著
李珮瑜 編寫整理

從斷運勢到問戰爭，
文字學家解讀王的疑惑

第二期

祖庚、祖甲時代

第三期

康丁時代

第二期

祖庚、祖甲時代

第二期為新舊派的交界期，此期有兩王，祖庚屬舊派，祖甲屬新派。字形為窄長形，與第一期相比，字體較小、筆劃較細。會先挖長鑿，再用刀加寬原先長鑿的肩部，使肩部較淺，產生一定的坡度，比較容易燒裂成紋。此期開始出現商王親自貞問的情形，以便直接掌握與鬼神、祖先的溝通。

201 問二事——天氣、宗廟安危

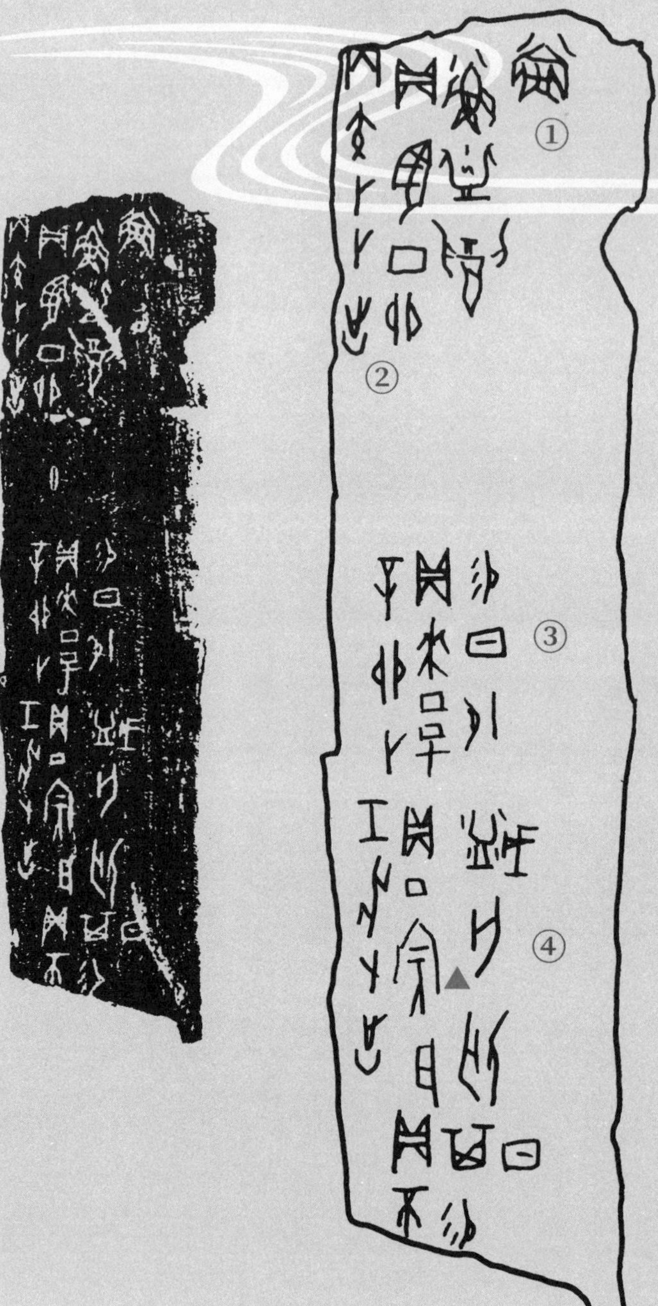

- 出處：《合補》8293，骨。
- 斷代標準：貞人、書體。
- 說明：此版與下一版屬於異版同文。此版卜問內容與用字近於舊派作風，大半是祖庚時代代表。

①〼⿱今魚。

白話譯文

〼陰天。

②丙寅卜卜，出貞：「羽丁卯⿱今魚？」⿱今皿⿱日西。

白話譯文

丙寅日占卜，貞人出提問：「第二天的丁卯日會是陰天的，是嗎？」不是陰天，是接近晴天的好天氣。

閱讀方式

右行。

前辭部分：丙寅卜卜，出貞。干支卜多刻「卜」字，為**羨文**。此版的「出」是第二期常見的貞人。

貞辭部分：羽丁卯𩵋？「𩵋」是第二期特有，指陰天的天象，字形象魚浮出水面呼吸、吐氣泡的樣子。因為降雨前，陰天時水中氣壓低，水中缺氧，故魚群需浮出水面，吸取水面表層的溶氧或空氣中的氧氣。因而「𩵋」字是藉由魚浮出、吐氣泡的形象來表示陰天。

甲骨卜辭中的陰字如何寫？舊派的第一期作「」，第四期作「」，都是表現鳥被關在鳥籠裡的樣子，不見陽光，藉以表示陰暗的意思。

驗辭部分：益𩂣。此辭意義尚不可解，應該和天象有關，大半是驗辭。第二期基本省略**占辭形式**「王占曰」。「益」字象水溢出皿，有增益的意義。因為下一版**異版同文**有確實不是陰天的記載，有可能「益𩂣」表示比陰天更為理想，是接近晴天的好天氣。

③辛卯卜，貞：「來丁巳易日？」十月。

白話譯文 辛卯日占卜，提問：「未來的丁巳日會是晴天的，是嗎？」占卜日是十月。

閱讀方式 右行。

前辭部分省略或漏刻貞人的名字。

貞辭部分：來丁巳易日？

在甲骨中「羽（翌）」是指鄰近的日子，大都是同一旬的；「來」則指稱較遠的未來日期，常是下一旬的日子。

「易日」意指晴天，在刻辭中常和「雨」對舉，為卜問天氣的選項。舊派用「易日」，新派則用「啓」（）或「啓」（），表示天晴。

---

④壬申卜，出貞：「丁（祊）賓戶盛。亡旬？」

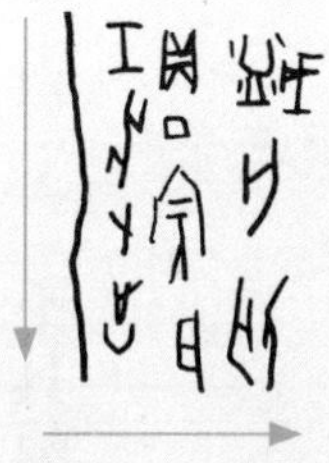

白話譯文

壬申日占卜，貞人出提問：「宗廟的門戶（發生了某事）。不會引發災難的，是嗎？」

閱讀方式

右行。

貞辭部分：丁（祊）**賓戶盛。亡旬？**。

此卜語義不詳。應該是發生某件事，顧慮該事實會導致災害，因此詢問上天。「丁」或應讀為「祊」，是一種宗廟的建築；「戶」是宗廟房間的門。

這裡的「賓」爲舊派的字形（請見摹本▲處），新派下多一「止」作「」，多用於祭祀時恭迎神靈的意義。此處不知何解。「盛」字作皿上有戌，不知創意，暫隸定作「盛」。

⑤貞：「不其易日？」

白話譯文 提問：「將不會是晴天的，是嗎？」

閱讀方式 右行。

前辭形式省略了干支卜某。

摹寫練習

202

問四事

——建設宗廟、祭祀、下一旬運勢、天氣

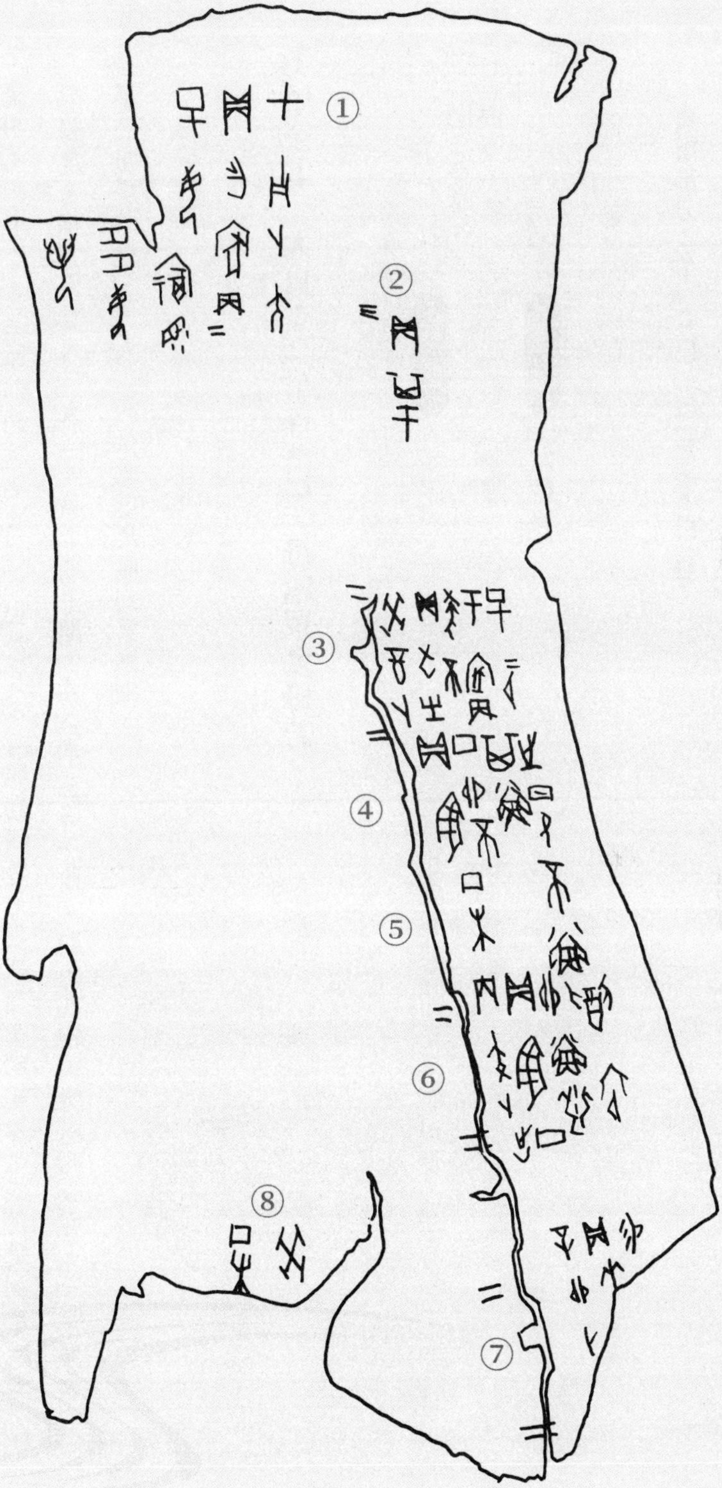
①
②
③
④
⑤
⑥
⑦
⑧

• 出處：《合補》7047，骨。

• 斷代標準：貞人、書體、事類、用語。

• 說明：「大」是第二期的重要貞人。由於貞人有服務橫跨好幾代商王的現象，而透過刻辭、長鑿程度，推測出貞人「大」是第二期早期，甚至早至第一期晚期的人物。所以此版與上一版都是屬於祖庚時代。「大」的供職還延續到第三期。

① 甲子卜，大貞：「乍□巳，母富眔多母若？」二（序數）

白話譯文 甲子日占卜，貞人大提問：「想要興建廬巳，母富以及多母會給予順利的，是嗎？」第二次占卜。

閱讀方式 左行。

貞辭部分：乍□巳，母富眔多母若？

第一卜的「□」和第三卜的「□」，以「家」與「爐」組合，應是後代的「廬」字。上半的屋型是一般人民住的家屋，下半是煉爐的象形字，大半充當聲符，所以全形應該是「廬」字，建築的一類。

「盧巳」可能是一種類似宗廟、用以祭祀的大型建築物，「乍」讀如作，是興建建築物的用語。修建「盧巳」是想做的事，問能否得到庇佑。

「多母」是對諸多前一代商王配偶的稱呼，這些人都可受到後代的祭祀。若已撿骨、完成死亡的程序，成爲眞正的神靈，進入到祭祀祀譜，便以母之稱謂加上天干記名；反之，即以其生前私名記之。此條刻辭的「多母」爲前者，「母富」爲後者。

「眔」象人流淚、淚流不止的樣子，在此作爲連接詞使用，把「多母」與「母富」分爲兩類。

「若」象人梳順長髮的樣子，有順暢、順利的意義，意謂「母富」以及「多母」不會給予麻煩，會予以保佑的意思。

②貞：「其于？」三（序數）

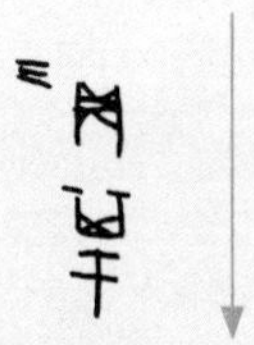

白話譯文1 提問：「將對（男性祖先祭拜，會給予順利的），是嗎？」第三次占卜。

白話譯文2 提問：「（災難）將會發生在（修建中的盧巳的），是嗎？」第三次占卜。

閱讀方式 由上而下。

可能是有關上一卜的選項，問男性祖先會不會給予順利。也可能是有關下一卜的選項，問災難將會發生在盧巳嗎？不知爲何句子沒有刻寫完整。

③癸酉卜，貞：「旬㞢祟，不于盧巳？」二月。二（序數）

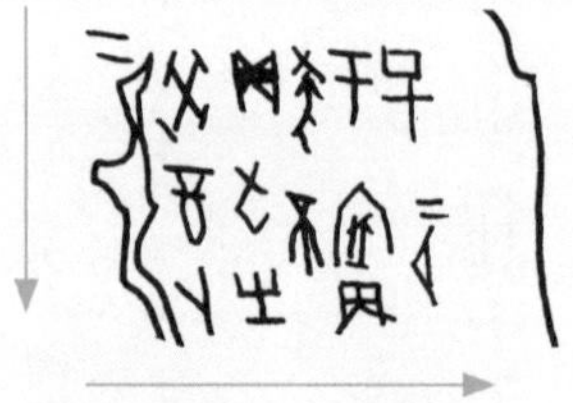

白話譯文

癸酉日占卜，提問：「預示下一旬會有災難。（災難）不會發生在修建中的盧巳的，是嗎？」占卜日是二月。第二次占卜。

閱讀方式

右行。

貞辭部分：旬㞢祟，不于盧巳？「旬㞢祟」是陳述事實，表示已經得到預示，下一旬會有災難。因爲惶恐而提問。

④貞：「羽丁卯不其𩃧？」之日允不𩃧。二（序數）

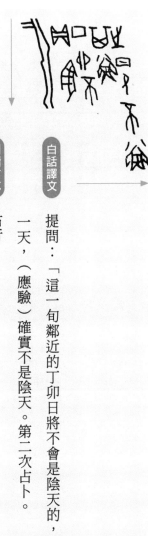

白話譯文

提問：「這一旬鄰近的丁卯日將不會是陰天的，是嗎？」到了丁卯這一天，（應驗）確實不是陰天。第二次占卜。

閱讀方式

右行。

貞辭部分：羽丁卯不其𩃧？

驗辭部分：之日允不𩃧。「允」是表達占卜的預示眞實應驗的術語。從第六卜也是問丁卯𩃧（陰天），可知兩者是**對貞**的，有占卜日期的刻辭是先問的。由此了解此版卜問順序不是很有規律地自上而下。

⑤丁未。二(序數)

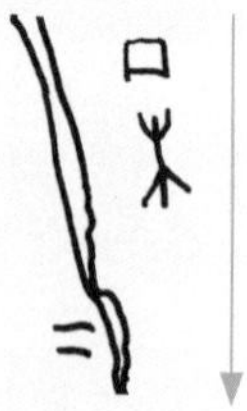

白話譯文 丁未日。第二次占卜。

閱讀方式 由上而下。

只記載卜問的日期，有可能沒有書刻的空間，而內容也不重要，所以省略了。

⑥丙寅卜，出貞：「羽丁卯𩵋？」益畐。六月。二(序數)

白話譯文 丙寅日占卜，貞人出提問：「這一旬鄰近的丁卯日會是陰天的，是嗎？」結果是更為良好的晴天。占卜日是六月。第二次占卜。

閱讀方式 右行。

貞辭部分：羽丁卯𩵋？從第四卜的**對貞**，可以知道這卜先問丁卯日的天氣會是陰天嗎？還不知道預示是晴天，所以這卜的「丁卯𩵋」也是問句。

驗辭部分：益启。「益」的意義是增益，由於第四卜的驗證不是陰天，所以推論「益启」有可能是比陰天更好的放晴的天氣狀態。

⑦辛卯卜，貞：「來[丁巳]易[日]？」二（序數）

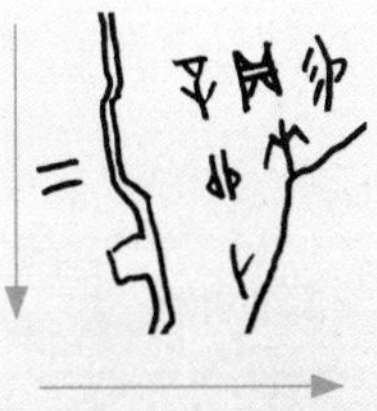

白話譯文 辛卯日占卜，提問：「未來的丁巳日會是晴天的，是嗎？」第二次占卜。

閱讀方式 右行。

根據上一版〈201〉的**異版同文**補足全句。

⑧癸☐丁未☐。

閱讀方式 左行。

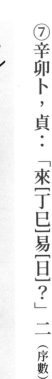

問三事——獻俘儀式祭品、收成、生育

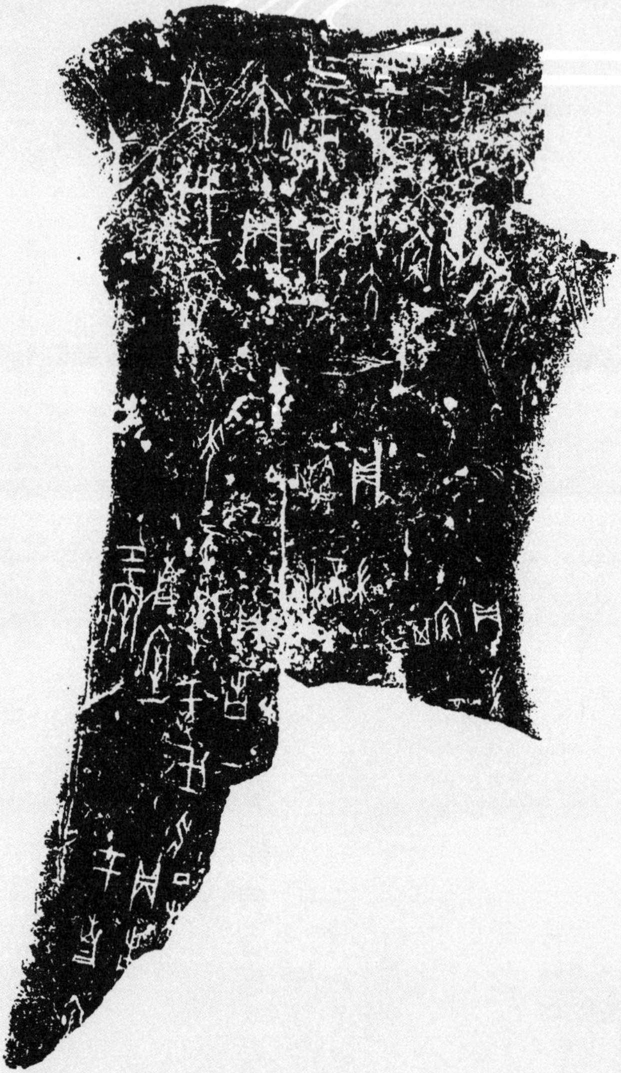

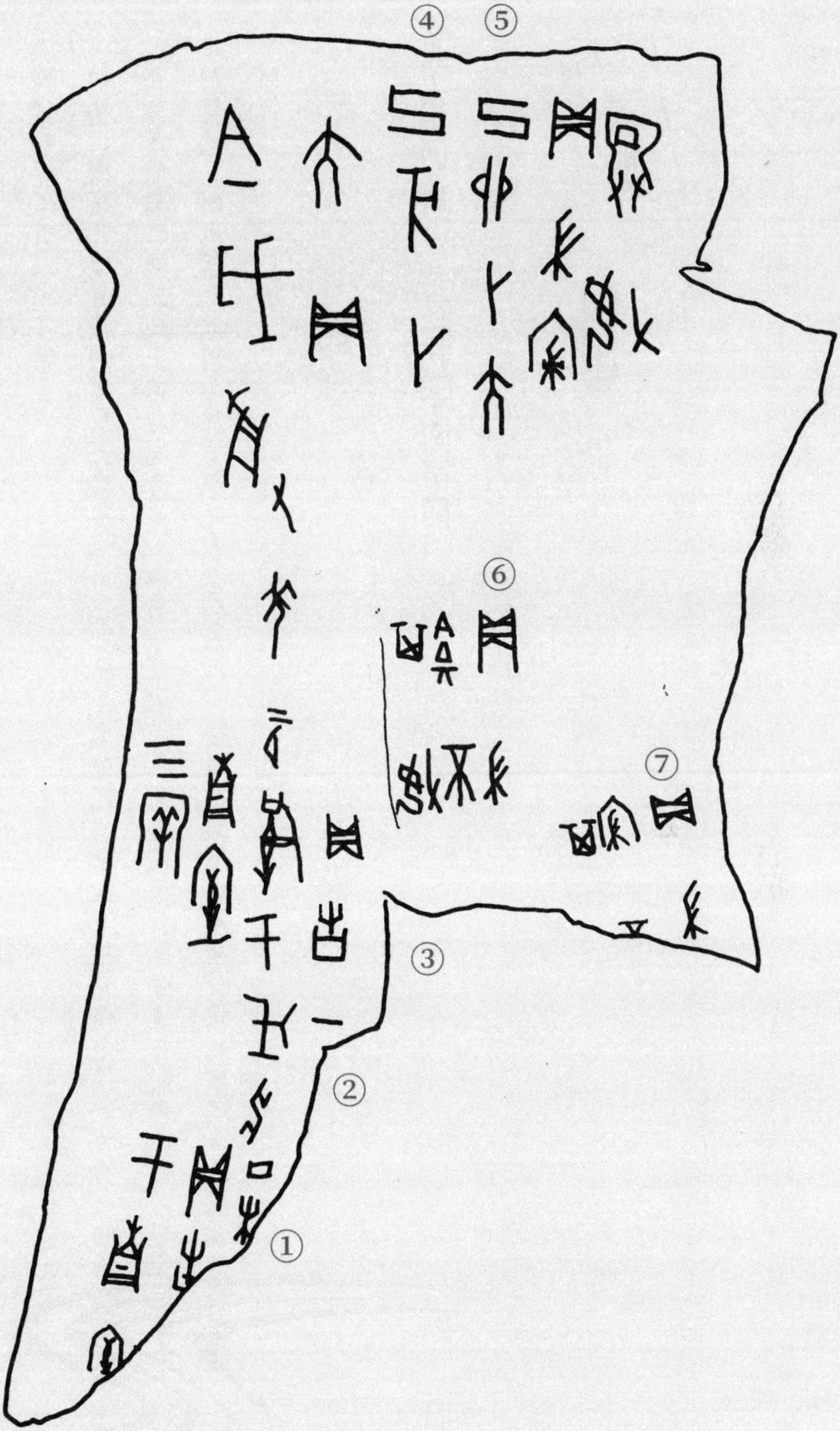
④ ⑤
⑥
⑦
③
②
①

•出處：《合補》7485，骨。

•斷代標準：貞人、書體。

•說明：觀察此版背後的鑽鑿長度不似第三期的長度達到二點五至三公分，接近於第一期的一點八公分。鑽鑿形態反映出用刀的方式，與第一期不同，不再使用長鑿旁邊有圓鑽，由於鑿旁地點不好燒灼，所以第二期用刀加寬原先長鑿的肩部，使肩部較淺，產生一定的坡度，比較容易燒裂成紋。

①丁未〼貞：「告[執]于南室〼。」

閱讀方式 左行。

②戊申。一（序數）

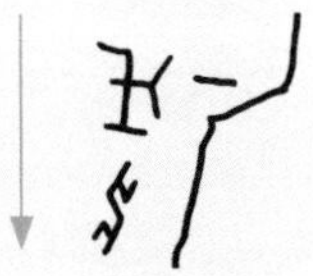

閱讀方式

由上而下。

③貞：「告執于南室，三宰？」

白話譯文

提問：「想要在南室上告祖先將抓到的俘虜進行獻俘儀式，使用三宰是合適的，是嗎？」

閱讀方式

左行。

貞辭部分：告執于南室，三宰？

「執」字象罪犯雙手被刑具銬上的樣子，非一般奴隸，而是打仗所擄獲的俘虜。大型征戰結束、凱旋歸來後，會在「學」告祭祖先，「學」是教育的場所，也是軍事養成的地方。

「學」裡有辦公務的地方，隔間和一般大型建築沒有不同，有多個房間。「室」是公務與私事都可以使用的空間，「南室」是最靠近屋外的房間，可作爲報告捕獲戰犯的場所。

「三宰」是指三隻爲了祭祀被圈養的羊。「宰」作柵欄裡有隻羊，是選擇作爲比較高級的牲品，所以飼養在柵欄裡不讓隨意走動。甲骨文中从牛的「牢」和从羊的「宰」並不相同。从牛的字形多、从羊的字形少。大致上，圈養的牛、羊（牢宰）比牛、羊的品級高。牢、宰都有大與小的區別，有可能是組合的差別，見第一冊的解說。

④己亥卜，大貞：「今歲受年？」二月。

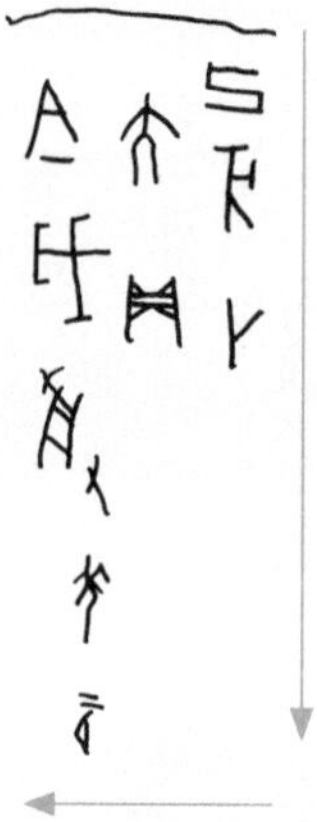

白話譯文 己亥日占卜，貞人大提問：「今年會接受好的收成的，是嗎？」占卜日是二月。

閱讀方式 左行。

前辭部分：己亥卜，大貞。貞人「大」是第二期的重要貞人。

貞辭部分：今歲受年？

「歲」是以一把處刑的鉞形，指稱歲星，歲星每年在天空移動十二分之一，與地支的數目相當，因爲每年的地點不同步，所以被用以指明所在的年代，因而也作爲一年的時間長度。「今歲」即今年。「受年」與「受禾」都是指農作物的收穫。第四期習慣用「受禾」，第三、五期用「受年」。此版刻辭「受年」，顯示祖庚、祖甲時期新、舊派占卜習慣混雜，處於過渡階段。

⑤己卯卜，大貞：「婦寢冥嘉？」

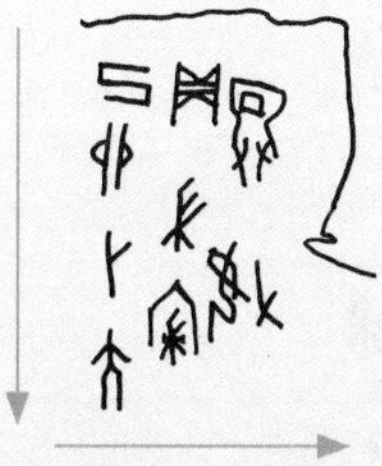

白話譯文

己卯日占卜，貞人大提問：「婦寢的分娩會是嘉美的男嬰的，是嗎？」

閱讀方式

右行。

貞辭方式：婦寢冥嘉？「冥」象雙手掰開子宮以助生產順利的樣子，在此指生產。嘉的甲骨文字形从女从力，是以一婦人及一耒會意，本義指婦人以生下能用耒耜耕田的兒子爲嘉美之事。「嘉」爲生

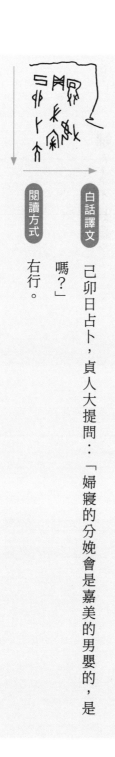

育男嬰，「不嘉」爲生育女嬰。「婦寢冥嘉」是詢問婦寢會不會生下兒子的意思。

詢問生育是甲骨第一期常見的內容，之後少見，此版詢問生育問題，顯然是第一期占卜習慣的延續，也可證明貞人大應是自甲骨第一、二期就開始服務於王廷，直至康丁守喪期間（第三期早期）的人物。

⑥貞：「婦不其嘉？」

白話譯文　提問：「婦（的分娩）將不會是嘉美的男嬰的，是嗎？」

閱讀方式　左行。

⑦貞：「婦寢不其[嘉]？」

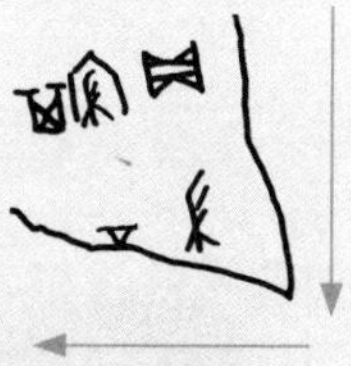

白話譯文

提問：「婦寢（的分娩）將不會是嘉美的男嬰的，是嗎？」

閱讀方式

左行。

204 問王步行親迎神靈的祭祀時間與儀式

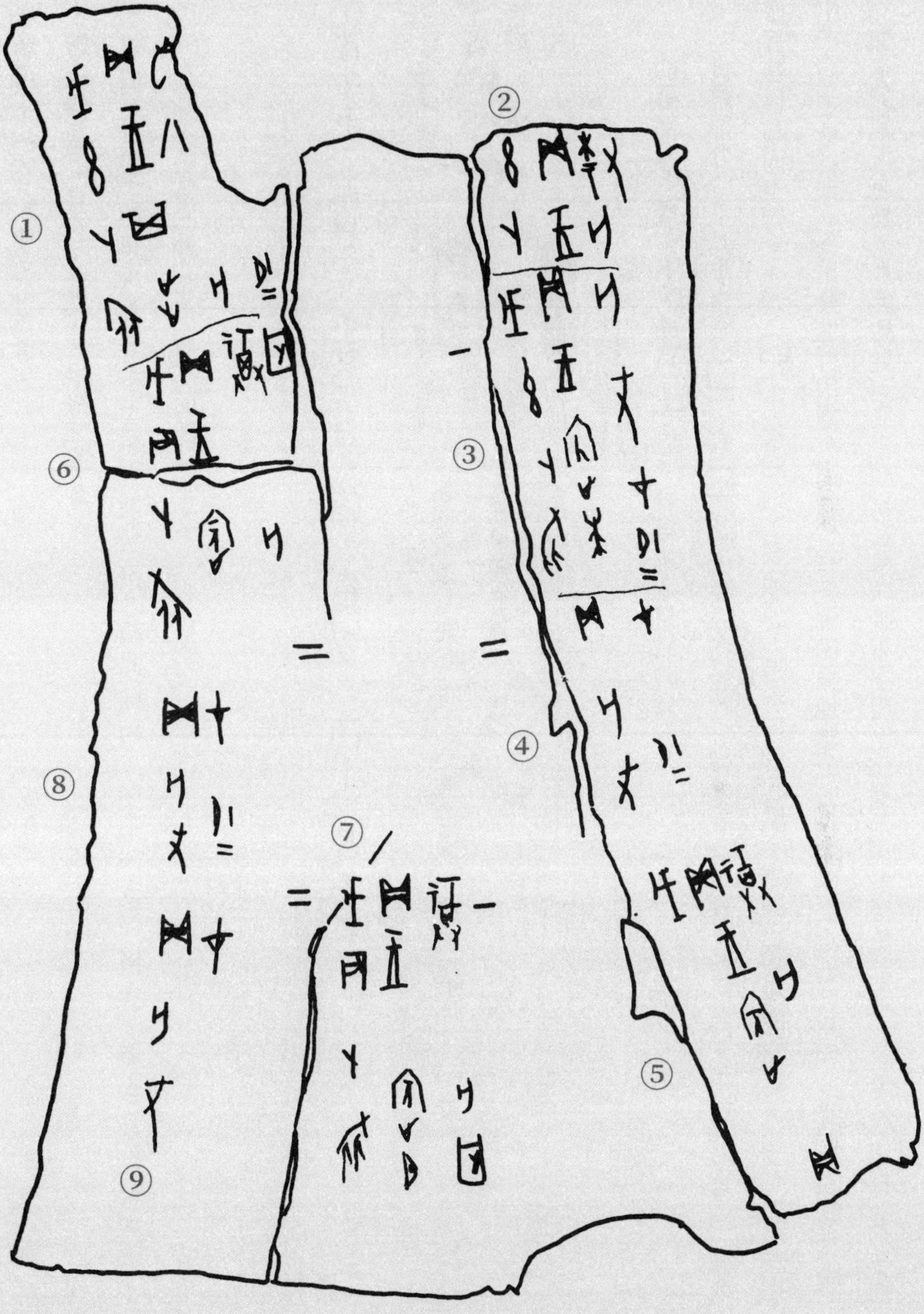
①
②
③
④
⑤
⑥
⑦
⑧
⑨

• **出處**：《合》25572，骨。

• **斷代標準**：貞人、書體、字形、事類。

• **說明**：第二期祖庚為舊派，祖甲為新派。而此版的王字上頭多一橫畫，並在月份前加上才（在），是第二期祖甲時期的特殊現象。

① 戊午卜，旅貞：「王其步自八□，亡□？」□十二月。

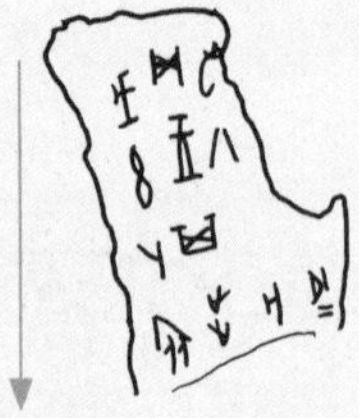

白話譯文 戊午日占卜，貞人旅提問：「王將要從八□步行，不會有災禍的，是嗎？」占卜日在十二月。

閱讀方式 右行。

前辭部分：戊午卜，旅貞。「旅」是第二期常見的貞人。

貞辭部分：王其步自八□，亡□？「步」指走路，並非乘坐車馬。在殷商，王可能因爲田獵或旅行等目的而步行。「八□」出現漏刻，爲地名，是步行的起點，應該已經離開安陽。松丸道雄曾指出，商王都是從安陽出發進行田獵，因此一百多個田獵地應分布在安陽二十五公里內的範圍。但從甲骨文顯示的情況來看，並非如此。商王經常在前一晚就出發至田獵地，然後第二天一早進行田獵活動。何況一百多個田獵地密集分布在安陽附近，也不符合常情。

②□午卜，□貞：「王□，叙亡□？」

閱讀方式

右行。

貞辭部分：王□，叙亡□？「**叙**」象手持束柴獻於神明之前，後世沒有這個字，暫時隸定。「叙亡尤」是第二期常見用語，第二期的特殊習慣是於占卜完某個祭祀之後，會在同日卜「叙亡尤」，具體意義不明白。

③戊午卜，旅貞：「王賓，求亡尤？」才十二月。一（序數）

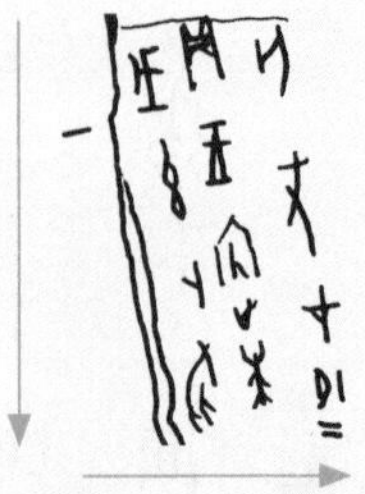

白話譯文 戊午日占卜，貞人旅提問：「王想要親迎神靈，用求祭不會有災難的，是嗎？」占卜日在十二月。第一次占卜。

閱讀方式 右行。

貞辭部分：王賓，求亡尤？「賓」表示親自迎接神靈。有些學者斷句爲「王賓求，亡尤」，但「賓」後所接的對象是死去的神靈，而不應該是祭名。

甲骨文的求字爲何意？甲骨文中有求生、求年、求田等，分別表達祈求生育、豐收、開墾田地。在此當作祭名，指用求祭祭祀，會不會有災難產生。「求」學者或隸定作「𠦪」，但意義也是「祈求」。第一期與第四期的「求」字，最上斜畫作直筆，這裡「求」字作曲筆，可能是書寫習慣的差異。

④**貞：**「亡尤？」才十二月。二（序數）

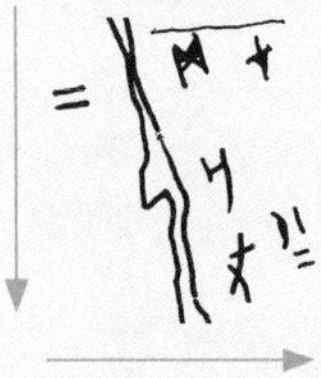

白話譯文 提問：「不會有災難的，是嗎？」占卜日在十二月。第二次占卜。

閱讀方式 右行。

⑤戊[午卜，旅]貞：「王賓，福亡[禍]？」

白話譯文

戊［午日占卜，貞人旅］提問：「王想要親迎神靈，用福祭不會［有災禍］的，是嗎？」

閱讀方式

右行。

貞辭部分：王賓，福亡［禍］？「福」象兩手捧著酒尊置於供桌，是祭祀的名稱，而並非表福氣的意義。「亡尤」和「亡禍」都是詢問災禍的用語，不清楚兩者是否有細微的差別。

⑥戊辰卜，旅貞：「王賓，福亡禍？」

白話譯文

戊辰日占卜，貞人旅提問：「王想要親迎神靈，用福祭不會有災禍的，是嗎？」

閱讀方式

右行。

⑦戊辰卜，旅貞：「王賓，夕福亡禍？」一（序數）

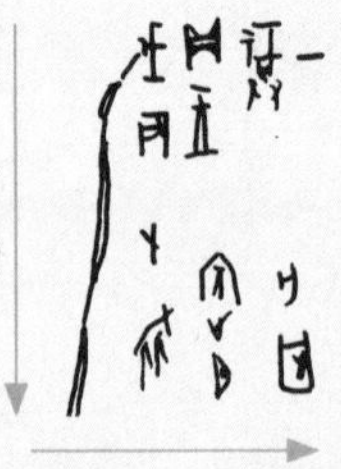

白話譯文 戊辰日占卜，貞人旅提問：「王想要親迎神靈，在晚上用福祭不會有災禍的，是嗎？」第一次占卜。

閱讀方式 右行。

貞辭部分：王賓，夕福亡禍？「夕福」標示出舉行福祭的時間是在晚上（前半夜）。福與夕福對應，可能祭祀若在白天舉行，就不註明時間用詞，若於晚上進行，才加以標註。商代甲骨文亦用「埶」（）表示傍晚，該字表現一人手持火炬的樣子。

⑧貞：「亡尤？」才十二月。二（序數）

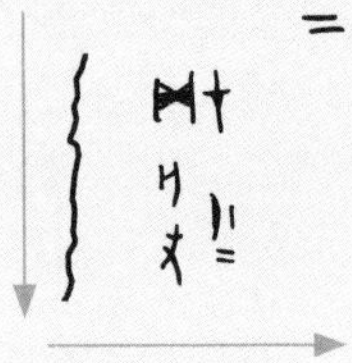

白話譯文 提問：「不會有災難的，是嗎？」占卜日在十二月。第二次占卜。

閱讀方式 右行。

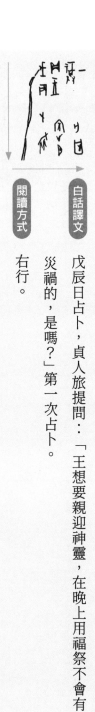

⑨貞：「亡尤？」才[十二月]。二（序數）

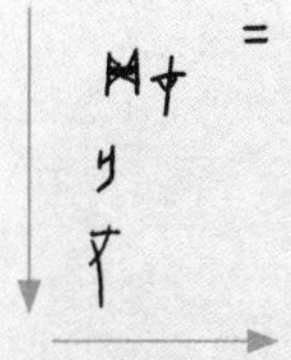

閱讀方式

右行。

205 問二事——祭祖、入厝

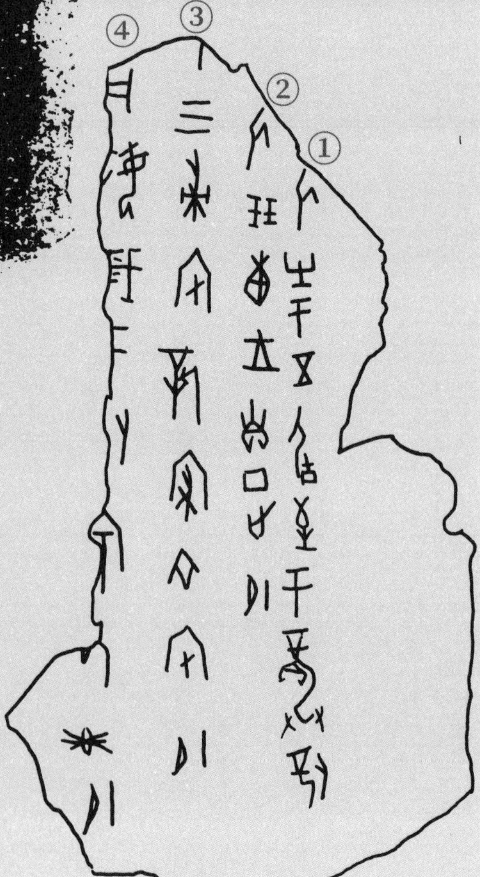

- 出處：《合》24951，骨。
- 斷代標準：書體、字形。
- 說明：字形、書體類似舊派寫法，龔䊷推論為祖己之名，祖己是祖庚兄長，未即位就逝世。因此斷定此版屬於祖庚時代。

① ☐丑㞢于五毓至于龔䊷☐

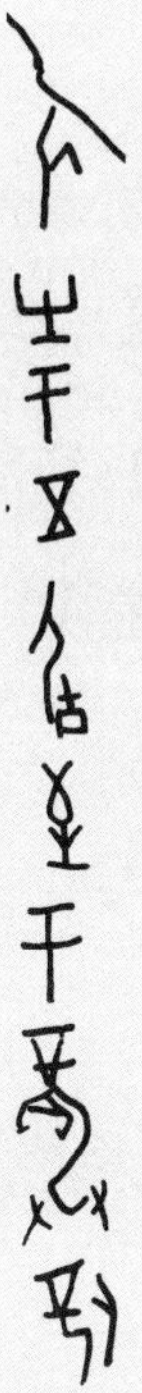

白話譯文 ☐丑向陽甲、盤庚、小辛、小乙、武丁至龔䊷（祖己）舉行㞢祭☐。

閱讀方式 由上而下。

「㞢」爲祭祀名稱，是舊派的重要祭祀。「毓」字表現出婦女生下小孩的樣子，意義是生育，「毓」也指稱生育商王的男性祖先。甲骨從第二期開始，常從上甲祭祀到多毓，「多毓」一詞指諸多曾經承繼過王位的祖先，到第五期仍繼續沿用。「五毓」是五位與現任商王最親近的祖先，在此版指陽甲、盤庚、小辛、小乙、武丁。

此條刻辭「五鯍至于龔⿰歹丂」，將「龔⿰歹丂」列於受祭對象當中，或認爲當是武丁之子祖己（甲骨文上或稱小王）的私名。上述〈202〉「母𡨦眔多母若」已論述，母𡨦尚未完成撿骨，是以私名稱之的女性祖先，如此來看，「龔⿰歹丂」應該也是死亡時間未滿三年、尚未撿骨的男性祖先，因此以生前的私名加以稱呼。綜合以上所述，「龔⿰歹丂」的身分以祖己最合適。

② 「□河玨，叀王自正？」十月。

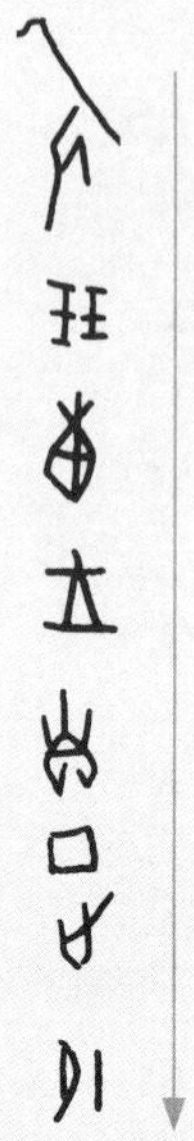

白話譯文 「□王親自出征，用玨來祭拜黃河的神靈，是合適的嗎？」占卜日是十月。

閱讀方式 由上而下。

貞辭部分：□河玨，叀王自正？「河」指黃河，「河玨」是說用玉玨來祭祀黃河，或許此次商王想要親征的方國必須渡越黃河，因此詢問有關祭河的問題。而「叀」字也是舊派的寫法。

③「⧄三婦宅新寢？」□宅。十月。

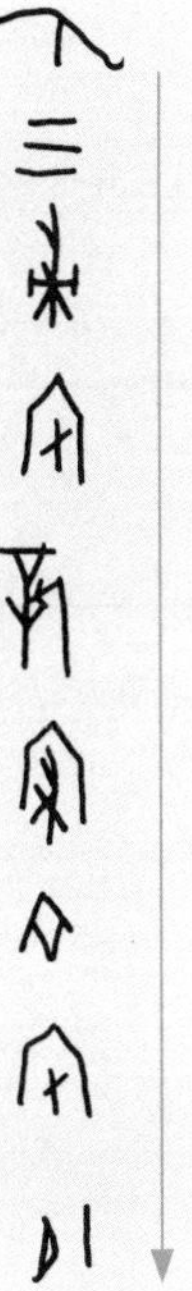

白話譯文

「⧄三位姻親諸侯適合居住在新修的寢室，是嗎？」居住進去了（無事故）。占卜日是十月。

閱讀方式

由上而下。

貞辭部分：⧄三婦宅新寢？「婦」是商王女眷外嫁的諸侯名稱。「宅」有居住的意義，可能新房還未舉行禳除的祭祀，生怕不適於居住。

驗辭部分：□宅。「□」字不識。大概是住進去了，沒有災難發生。

④「☒母辛歲于㝵家？」氏束。十月。

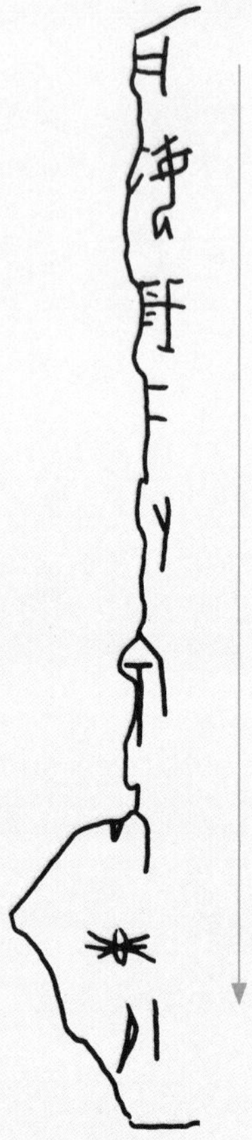

白話譯文

「☒在龔㝵的廟對母辛舉行歲祭，是合適的嗎？」用了（臣子）所提供的束。占卜日是十月。

閱讀方式

由上而下。

貞辭部分：☒母辛歲于㝵家？此卜殘斷，「㝵家」或爲㝵宗，爲紀念龔㝵的祠堂。

驗辭部分：氏束。「氏」的意義爲提，是外臣提供的東西。但「束」的意思不明，或爲供祭的品物。

摹寫練習

206 問合祭祖先

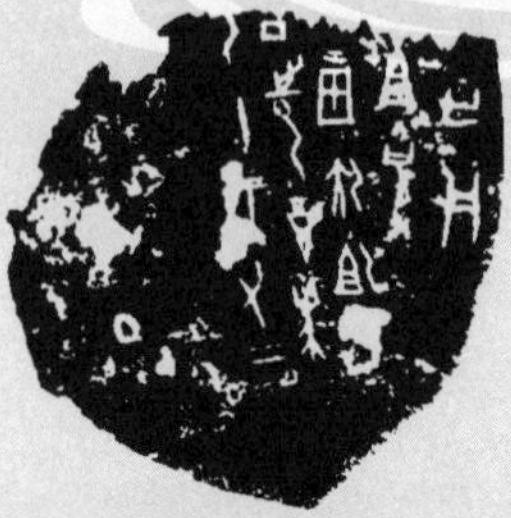

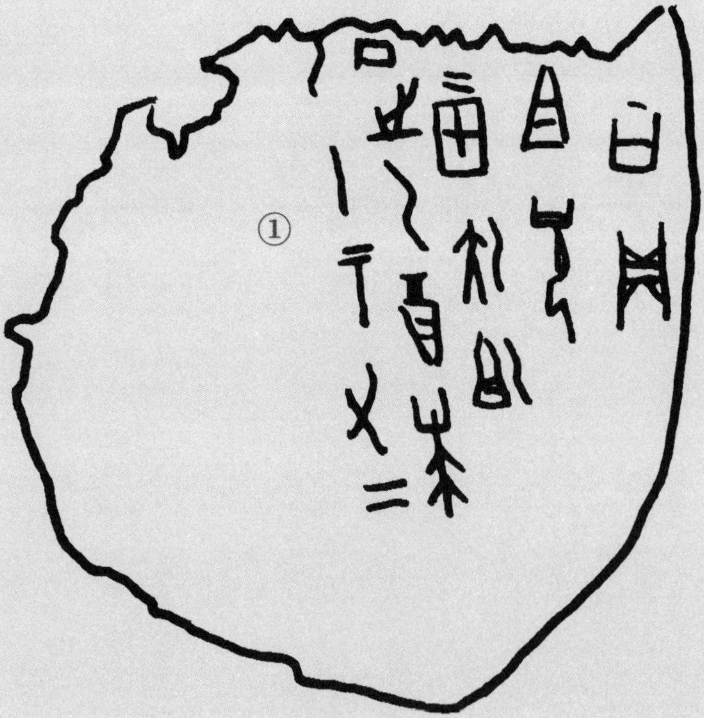

• 出處：《合》27080，骨。

• 斷代標準：世系、字形。

• 書名：這一版是加拿大安大略省博物館的收藏，有人認為是偽刻，但根據刻寫的手法來看，應該不是偽刻。第二期常出現商王親自占卜、貞問的情況，因此此卜在「曰」字上殘缺的句子應是「干支卜，王」，「王曰貞」表示王親自提問的意思。

①☐曰貞：「☐祖兄☐上甲、大乙、祖乙☐丁？」之乙酉☐乙十示又二。

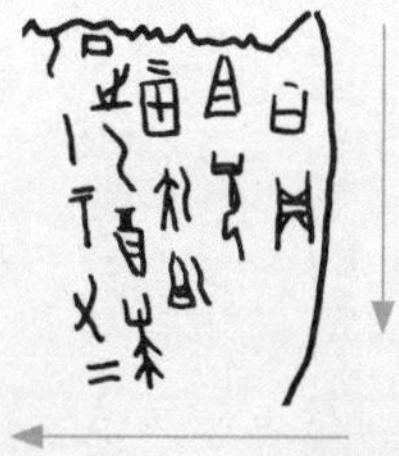

白話譯文

王親自提問：「☐是否向上甲、大乙、祖乙提出祝願？」就在乙酉這天，商王向大乙、大丁、大甲、大庚、大戊、中丁、祖乙、祖辛、祖丁、小乙、武丁、祖己等十二位祖先祈求福祐。

閱讀方式

左行。

貞辭部分：☐祖兄☐上甲、大乙、祖乙☐丁？

「兄」即為「祝」，甲骨文中「兄」的字形為直立人形「」，「祝」呈現跪坐人形「」，

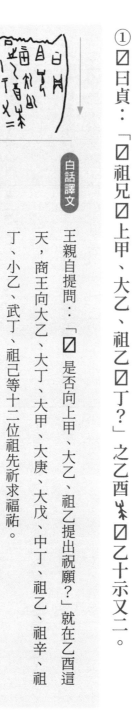

或一人跪坐、雙手前伸的樣子「」。第二期有貞人兄也有貞人祝，因此發展出以直立和跪坐的姿態來區分兩字。

從甲骨文來看，上甲、大乙、祖乙是商代最重要的三位祖先，商王除了自己的先父，以祭祀這三位祖先最多。上甲是商代追認的祖先，在宗廟牌位是永世不祧。大乙是湯，由湯創建商朝。祖乙又被稱爲中宗、下乙。

驗辭部分：之乙酉□乙十示又二。

「之」是指示詞，與「茲」用法不同，差別在於「茲」下有名詞「日」。「茲日」是這一天，「之乙酉」指的就是占卜的日子。「」已解釋過，也是「求」字。

「□乙十示又二」的缺字應是「大」，示分大示（大宗，直系）、小示（小宗，旁系），「大乙十示又二」表達合祭的開頭，指從大乙算來父死子繼的十二個世代，包括：大乙、大丁、大甲、大庚、大戊、中丁、祖乙、祖辛、祖丁、小乙、武丁、祖己。從第二期開始有多位神靈合祭的現象，另一個合祭常見的開頭祖先是上甲。

摹寫練習

207 問驅疾祭祀與祭品

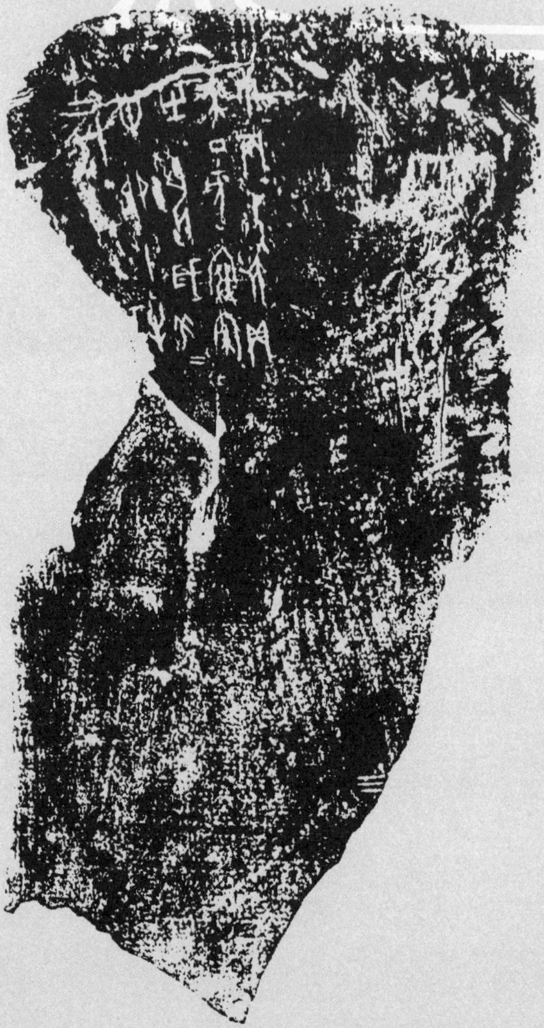

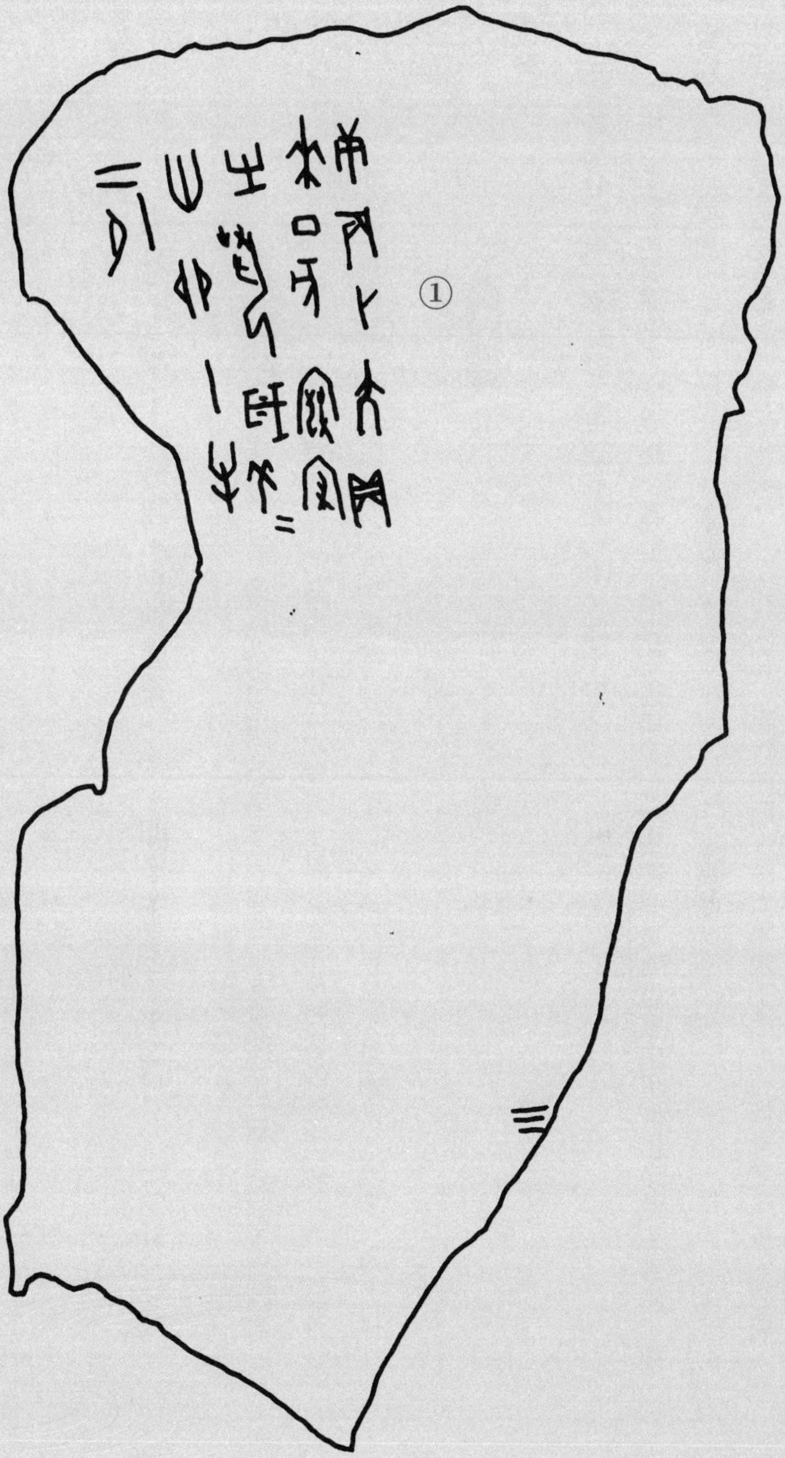

①

• 出處：《合》22548，骨。

• 斷代標準：貞人、書體。

① 庚辰卜，大貞：「來丁亥寇寢，㞢埶歲羌三十，卯十牛？」十二月。二（序數）

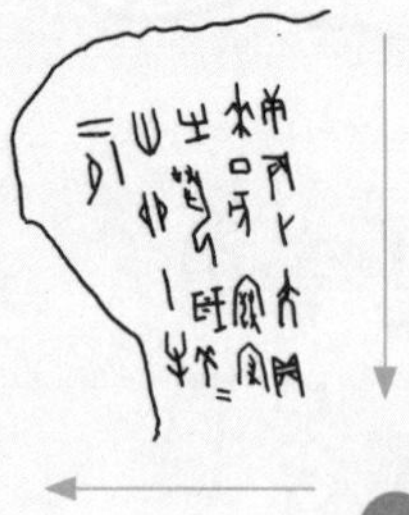

白話譯文

庚辰日占卜，貞人大提問：「下一旬的丁亥日要施行驅趕寢室內的害蟲和疫疾的儀式，在傍晚舉行㞢祭，以用歲殺害的三十個羌人，以及用卯的殺牲法處理過的十頭牛，來當作祭品，是適合的嗎？」占卜日是十二月。第二次占卜。

閱讀方式

左行。

貞辭部分：來丁亥寇寢，㞢埶歲羌三十，卯十牛？

「寇」字象在屋簷下手拿棍棒（直棍）撲打蛇的樣子。「寇寢」是對寢室中可能出現蛇等害蟲，或害蟲引發的疫疾加以驅趕的儀式。

「㞢」是祭祀名稱。「埶」表現一人手持火把、用以照明，指太陽快下山、天尚未完全黑的時間。

「歲」可以是祭名，也可以當作用牲法。祭名與用牲法的差別在於祭名必須出現受祭者，而用牲法不須出現接受祭祀的對象，在此表示具體用牲的方式。「歲」字原先是一種用來處罰人的刑具——鉞（斧頭），後指稱歲星，歲星一年在天宮中運行十二分之一，與「祀」字皆為商代用以計算一年時間的單位。「歲羌三十」是說用鉞殺了三十個用以祭祀的羌人，而「卯」是把牛分劈成兩半，甲骨文中有「左卯」、「右卯」。

208 問迎祖靈的祭祀儀式

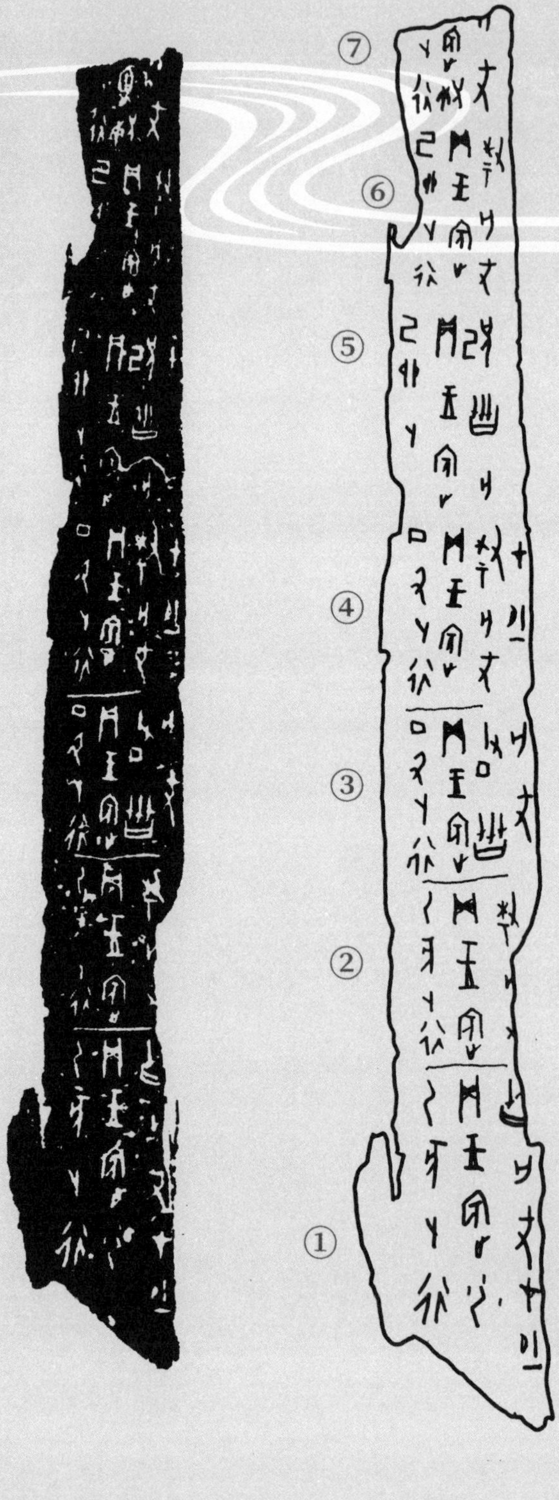

- 出處：《合》23120，骨。
- 斷代標準：稱謂、貞人、書體、字形、熟語。
- 說明：小乙是武丁的父親，父丁指武丁，兄己指祖己，兄庚指祖庚，推論是祖甲時代的占卜。此版反映出周祭的情況，第二期的祖甲為新派，周祭是自新派建立的，先王祭祀的順序是按照繼位先後，而不是人倫長幼的關係。周祭至第五期帝乙、帝辛才趨於嚴格，發展完備，並在每一世代只選取一個大宗。

① 乙亥卜，行貞：「王賓小乙，劦亡尤？」才十一月。

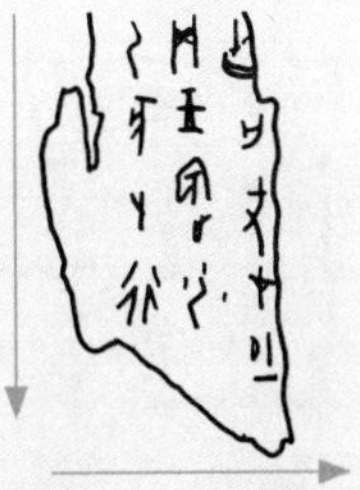

白話譯文

乙亥日占卜，貞人行提問：「王想要親迎小乙的神靈，舉行劦祭不會有災難的，是嗎？」占卜日期在十一月。

閱讀方式

右行。

前辭部分：乙亥卜，行貞。「行」是第二期常見的貞人。

貞辭部分：王賓小乙，劦亡尤？此條卜辭詢問在乙亥日用劦祭祭祀小乙，是否有災禍。「劦」是五種祭祀——翌、祭、壴、劦、彡——之一。五種祭祀依照擬定的祭譜，規律的逐次祭祀先王與先妣，而形成完整的祭祀周期。五種祭祀舉行的日子，都是在所祭先王、先妣所取干名的那一天。

②乙亥卜，行貞：「王賓，叙亡尤？」

白話譯文 乙亥日占卜，貞人行提問：「王想要親迎神靈，舉行叙祭不會有災難的，是嗎？」

閱讀方式 右行。

貞辭部分：王賓，叙亡尤？上一卜之後，同日又詢問「叙亡尤」，第二期祖甲時代常常在占卜完一個正式祭祀之後，同日又提問「叙亡尤」，是此期特有的辭例。

③丁丑卜，行貞：「王賓父丁，劦亡尤？」

白話譯文 丁丑日占卜，貞人行提問：「王想要親迎父丁（武丁）的神靈，舉行劦祭不會有災難的，是嗎？」

閱讀方式 右行。

④丁丑卜，行貞：「王賓，叔亡尤？」才十一月。

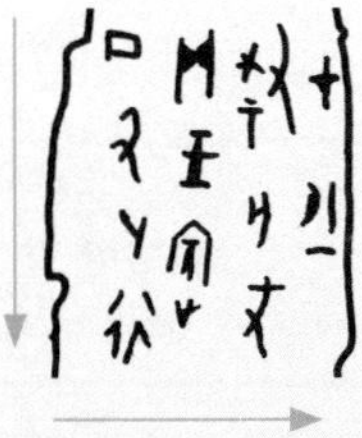

白話譯文 丁丑日占卜，貞人行提問：「王想要親迎神靈，舉行叔祭不會有災難的，是嗎？」占卜日在十一月。

閱讀方式 右行。

⑤己卯卜，［行］貞：「王賓兄己，劦亡［尤］？」

白話譯文 己卯日占卜，〔貞人行〕提問：「王想要親迎兄己（祖己）的神靈，舉行劦祭不會〔有災難〕的，是嗎？」

閱讀方式 右行。

⑥己卯卜，行貞：「王賓，叙亡尤？」

白話譯文

己卯日占卜，貞人行提問：「王想要親迎神靈，舉行叙祭不會有災難的，是嗎？」

閱讀方式

右行。

⑦□□卜，行[貞]：「[王]賓兄庚，[劦]亡尤？」

白話譯文

□□日占卜，貞人行［提問］：「［王］想要親迎兄庚（祖庚）的神靈，［舉行劦祭］不會有災難的，是嗎？」

閱讀方式

右行。

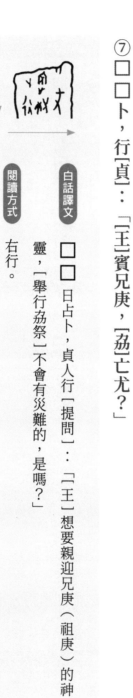

摹寫練習

209 問祭祀的牛

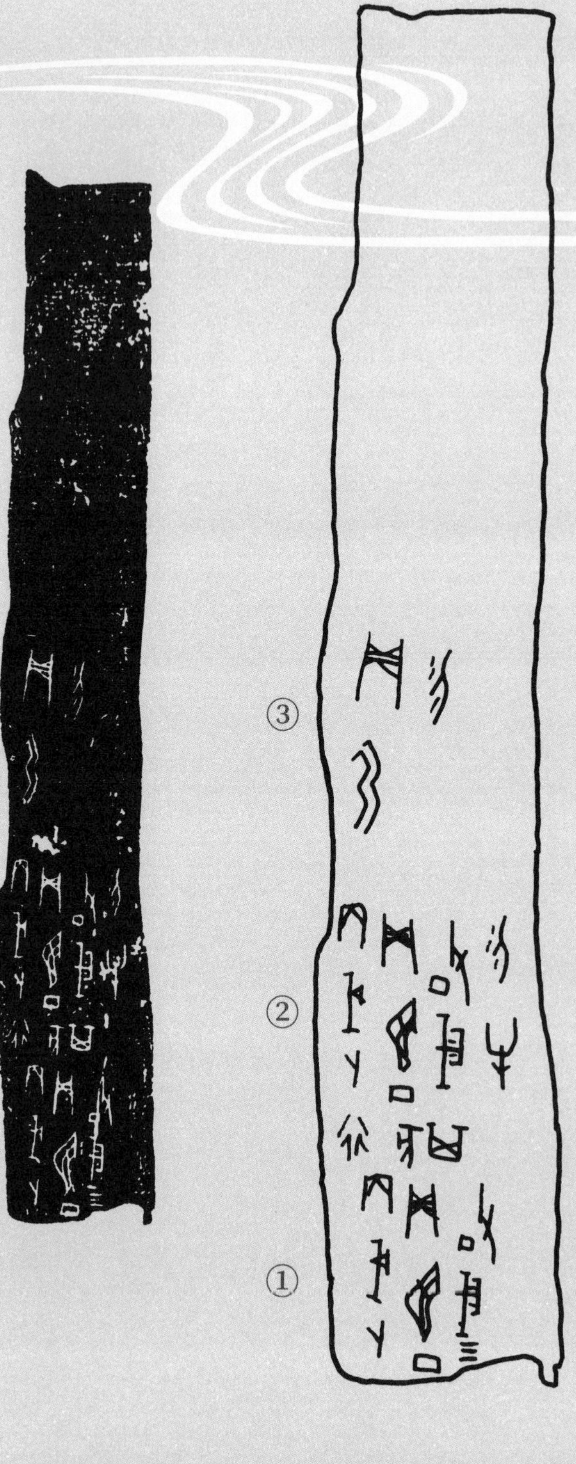

• 出處：《合》23215，骨。

• 斷代標準：稱謂、貞人、書體。

• 說明：父丁指武丁。此版由下往上貞卜，字形窄長纖細，是第二期的書體。

①丙戌卜，□貞：「羽丁[亥]父丁歲，三□？」

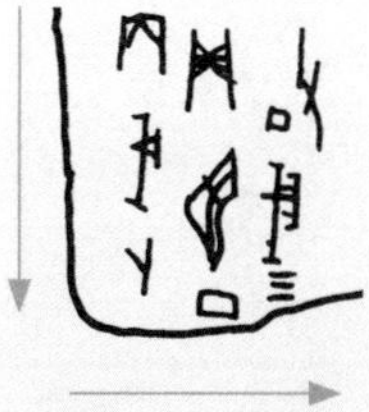

白話譯文　丙戌日占卜，貞人□提問：「第二天丁亥日以歲祭祭祀父丁，使用三（牛）是合適的，是嗎？」

閱讀方式　右行。

②丙戌卜，行貞：「羽丁亥父丁歲，其犁牛？」

白話譯文　丙戌日占卜，貞人行提問：「第二天丁亥日以歲祭祭祀父丁，使用犁牛是合適的，是嗎？」

閱讀方式　右行。

貞辭部分：羽丁亥父丁歲，其犁牛？翌日爲父丁舉行歲祭，此處的「歲」既是祭祀名稱，又兼爲用牲方式。此卜與上一卜綜合來看，貞卜的問題先是詢問用幾隻牛，再進一步詢問應該選擇一般的牛還是犁牛。

---

③貞：「弜犁？」

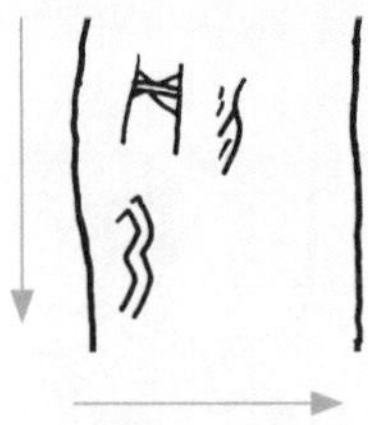

白話譯文 提問：「不使用犁牛是合適的，是嗎？」

閱讀方式 右行。

此卜與第二卜是正反**對貞**的內容，省略了**前辭形式**。「弜」在甲骨文中，當作否定副詞。

摹寫練習

210 問祭祖牲品

• 出處：《合》22550，骨。

• 斷代標準：稱謂、貞人、書體、熟語。

• 說明：此版出現稱謂祖乙、父丁。此版的祖乙為武丁之父——小乙，但因為小乙之前已有祖乙的稱謂指特定的先王，所以後來第五期稱小乙為毓祖乙，「毓」表示與該任商王較為親近的先王。

①乙卯卜，行貞：「王賓祖乙，戠一牛？」一（序數）

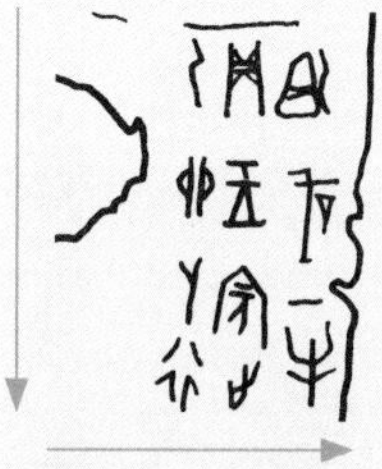

白話譯文

乙卯日占卜，貞人行提問：「王想要親迎祖乙的神靈，使用牲品爲一牛的戠祭來祭祀祖乙，是合適的嗎？」第一次占卜。

閱讀方式

右行。

貞辭部分：王賓祖乙，戠一牛？「戠」是祭名，兼爲用牲法，但與上一版的歲祭相比，較爲少見。「戠」象以戈尖砍斲一個倒三角形的記號以作爲辨識，後倒三角形的記號下出現一個無意義的裝飾口，而被誤爲是「言」的偏旁，甲骨文「言」、「音」早期爲同一字，所以演變爲「戠」。

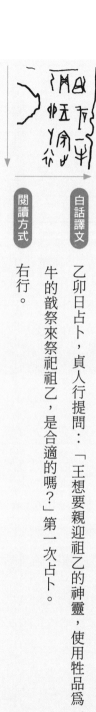

② 乙卯卜，行貞：「王賓，叙亡尤？」二（序數）

白話譯文

乙卯日占卜，貞人行提問：「王想要親迎神靈，舉行叙祭不會有災難的，是嗎？」第二次占卜。

閱讀方式

右行。

貞辭部分：王賓，叙亡尤？依第二期的規律，於卜問某神靈的祭祀之後問一次「叙亡尤」，序數應該是一致的，有可能在清理表面時把一剔成二。

③ [丁]亥卜，行[貞]：「王賓父丁，⧄伐羌十又八？」

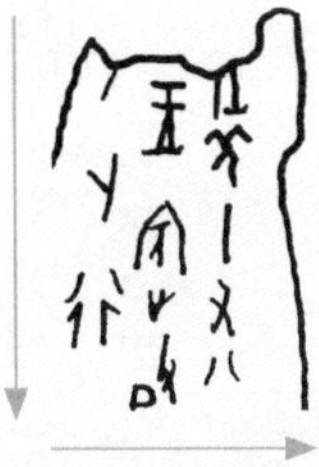

白話譯文

[丁]亥日占卜，貞人行[提問]：「王想要親迎父丁的神靈，以用伐處理過的十八個羌人爲牲品來祭祀父丁，是合適的嗎？」

閱讀方式

右行。

貞辭部分：王賓父丁，⧄伐羌十又八？⧄可能是「戠」，「伐」表示將羌人砍殺之後用以祭祀的用牲方式。透過供祭的內容來看，殷商早期人不如牛，到了晚期，由於生產力的提升，人投注在生產力上的價值比牲畜高，所以人牲就變少了。

211 問合祭時間與儀式

①

• 出處：《合》22646，骨。

• 斷代標準：書體、字形、事類。

• 說明：第一期之後，甲骨背面長鑿旁通常缺少圓鑽，使用圓鑽會使甲骨骨面變薄，有利於用火燒灼，但也因此易於控制兆紋的走向。可能商王發現了這樣的弊病，因此逐漸不再使用圓鑽，且從第二期開始出現商王親自貞問的情形，以便直接掌握與鬼神祖先的溝通。且從第二期開始，常從上甲祭祀到多毓，祭祀日期在辛日；到第五期發展成在五種祭祀的前旬癸日舉行從上甲祭祀到多毓的工典祭。

①庚戌卜，王貞：「羽辛亥乞酒肜劦，自上甲衣至于多毓，亡它？」才十一月。

白話譯文

庚戌日占卜，王提問：「第二天辛亥日祈求用酒和肜祭劦（意義不明），從上甲大規模地祭祀到眾多的先祖，不會有災禍的，是嗎？」占卜日在十一月。

閱讀方式

右行。

貞辭部分：羽辛亥乞酒彡𠠱，自上甲衣至于多毓，亡它？

「乞」指乞求，此爲抽象意義，難創造，假借自「气」字。「气」字的創意大概是气流的形象。「酒」、「彡」都是祭祀的名稱。「酒」是領銜的祭祀系統，所以連名成「酒彡」。「𠠱」字的意義不明。

在西周甲骨文（時代屬先周時期），出現用「衣王」稱呼商王的辭例。「衣」讀爲「殷」，殷字表現手持棒槌擊鼓，爲大規模的奏樂。商代的田獵卜辭常出現「衣逐」，意義爲大規模的追逐。所以「衣」在這裡有大量、全部的意思，「多毓」指稱眾多生育我、生前曾繼位爲王的先祖。

摹寫練習

212 問二事——祭祀儀式、天氣

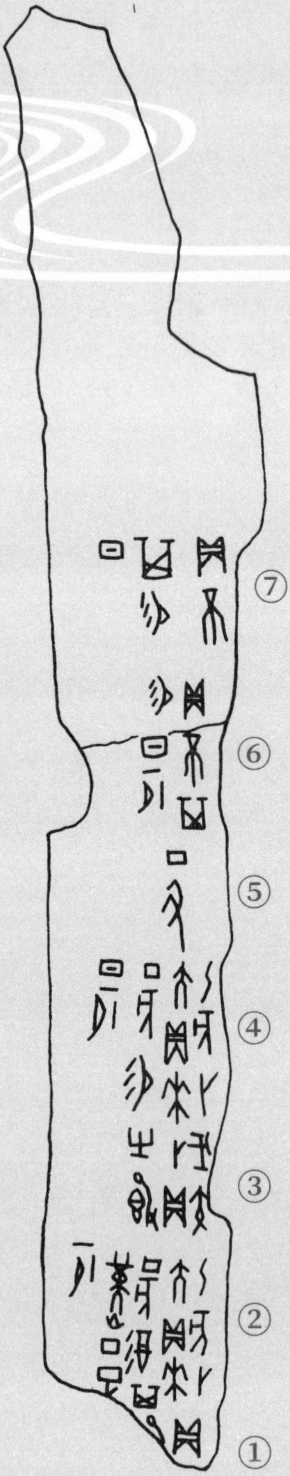

• 出處：《合補》7469，骨。
• 斷代標準：貞人、書體。

①貞：☐簋☐

閱讀方式 由右而左。

前辭部分省略占卜日期，之前應該還有完整前辭的同一事類卜問。可能和第三卜的㞢簋有關。

②乙亥卜，大貞：「來丁亥酒，其熯丁巳？」十一月。

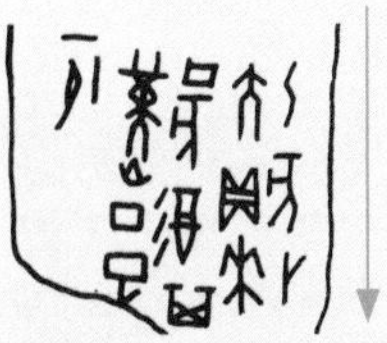

白話譯文 乙亥日占卜，貞人大提問：「下一旬的丁亥日舉行酒祭，丁巳日將用焚巫求雨的儀式，是嗎？」占卜日是十一月。

閱讀方式 左行。

貞辭部分：來丁亥酒，其熯丁巳？「來」指距今較遠的未來，經常是下一旬的日期。「熯」表示用火焚巫以祈雨的儀式。

③戊寅卜，貞：「㞢篕？」

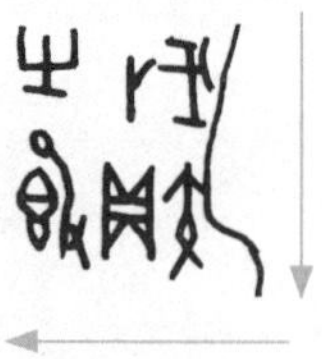

白話譯文 戊寅日占卜，提問：「㞢的祭祀要使用篕，是嗎？」

閱讀方式 左行。

④乙亥卜，大貞：「來丁亥易日？」十一月。

白話譯文 乙亥日占卜，貞人大提問：「下一旬的丁亥日會是晴天的，是嗎？」占卜日是十一月。

閱讀方式 左行。

貞辭部分：來丁亥易日？甲骨文中「易日」與「啓」都是指晴天。「易日」可能是不下雨的日子，「啓」可能是大放晴，「啓」字一般假借「啓」字表示，第三期加日成「啓」。

⑤丁丑。

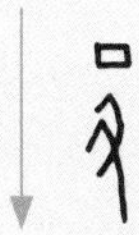

閱讀方式 由上而下。

⑥貞：「不其易日？」十一月。

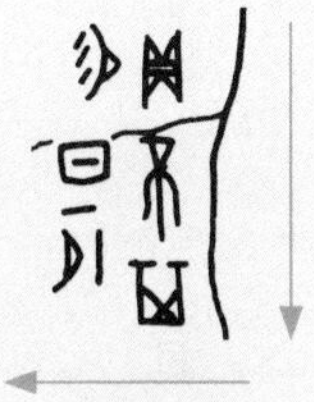

白話譯文 提問：「將不會是晴天的，是嗎？」占卜日是十一月。

閱讀方式 左行。

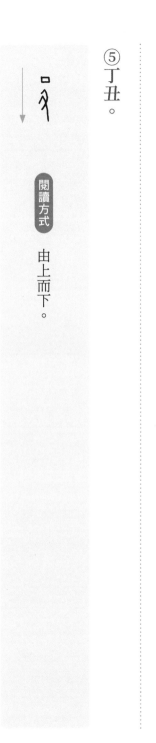

可能是第四卜乙亥日的反面**對貞**。

⑦**貞：「不其易日？」**

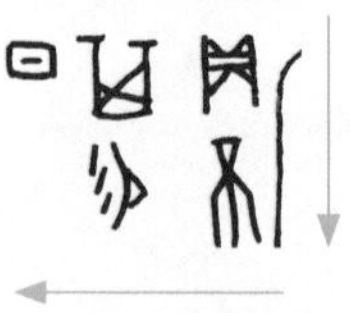

白話譯文 提問：「將不會是晴天的，是嗎？」

閱讀方式 左行。

摹寫練習

213 問王親迎十祖靈的祭祀儀式

拓本原寸長 17.3 公分、寬 6.8 公分，圖為原寸 75%。

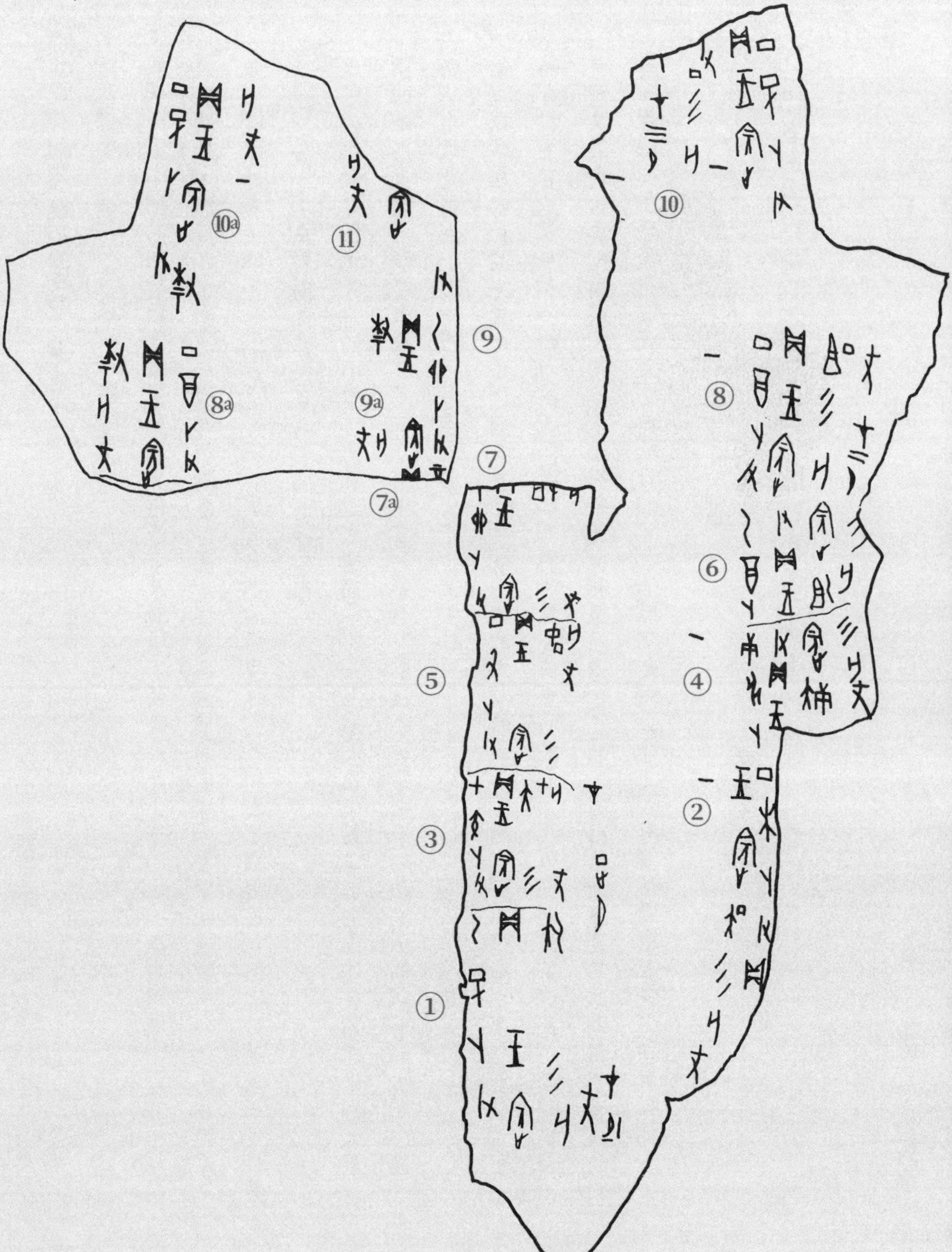
⑩a
⑪
⑩
⑨
⑧a
⑨a
⑧
⑦
⑦a
⑥
⑤
④
③
②
①

● 出處：《合補》6963，龜腹甲。

● 斷代標準：稱謂、貞人、書體、事類。

● 說明：第二期的內容種類較第一期少得多。此版貞卜的次序是由下而上，從右甲最下方靠中線的位置開始，然後在左甲靠中線的相對應位置，接著在右甲的邊緣、左甲的邊緣。如此先右後左，先內縫後外緣，順序往上占卜。依照甲骨占卜的規律性，此版右甲內容在詢問賓迎某先王的神靈「彡亡尤」；左甲則是在同日又詢問「叙亡尤」。

這版似乎沒有祭祀旁系的小宗，而且還有遺漏。第一卜彡大乙，第二卜彡大丁，第三卜彡大甲，第四卜彡大庚，缺了大戊。第五卜彡中丁，第六卜彡祖乙，第七卜彡祖辛，第八卜彡祖丁，接著所缺應該是第九卜彡小乙，第十卜彡父丁（武丁）。

第二期常在祭祀某先王之後，同日有「王賓，叙亡尤」的占卜，所以可以推斷左甲都對應右甲，而有「王賓，叙亡尤」的內容，也因此可以遙綴左前甲的幾卜。此版提到父丁（武丁）的稱謂，整體又表現出典型周祭的規律，而周祭是從新派祖甲建立的，所以推斷應是第二期祖甲時代的刻辭。在彡父丁之後還有殘文，但缺日期，無法確定是哪位先王，有可能是彡兄庚（祖庚）的。

①乙巳卜，尹貞：「王賓大乙，彡亡尤？」才十一月。

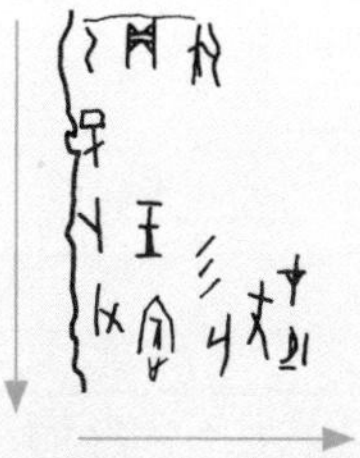

白話譯文

乙巳日占卜，貞人尹提問：「王想要親迎大乙的神靈，舉行肜祭是沒有災難的，是嗎？」占卜日期在十一月。

閱讀方式

右行。

②丁未卜，尹貞：「王賓大丁，肜亡尤？」一（序數）

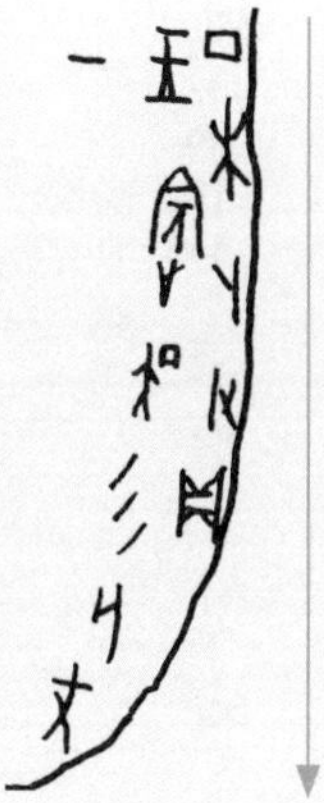

白話譯文

丁未日占卜，貞人尹提問：「王想要親迎大丁的神靈，舉行肜祭是沒有災難的，是嗎？」第一次占卜。

閱讀方式

左行。

③甲寅卜，尹貞：「王賓大甲，彡亡尤？」才正月。

白話譯文 甲寅日占卜，貞人尹提問：「王想要親迎大甲的神靈，舉行彡祭是沒有災難的，是嗎？」占卜日期在正月。

閱讀方式 右行。

④庚申卜，尹貞：「王賓大庚，彡亡尤？」一（序數）

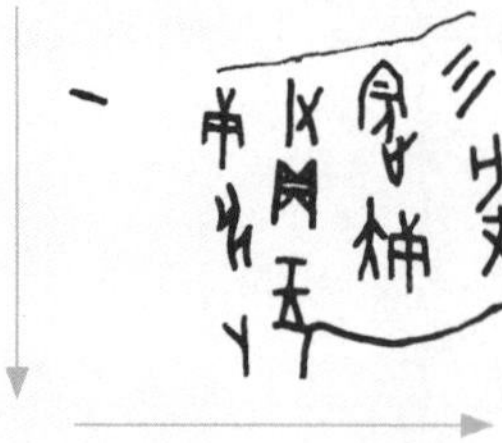

白話譯文 庚申日占卜，貞人尹提問：「王想要親迎大庚的神靈，舉行彡祭是沒有災難的，是嗎？」第一次占卜。

閱讀方式 右行。

⑤丁丑卜，尹貞：「王賓中丁，肜亡尤？」

白話譯文

丁丑日占卜，貞人尹提問：「王想要親迎中丁的神靈，舉行肜祭是沒有災難的，是嗎？」

閱讀方式

右行。

⑥乙酉卜，尹貞：「王賓祖乙，肜亡[尤]？」

白話譯文

乙酉日占卜，貞人尹提問：「王想要親迎祖乙的神靈，舉行肜祭是沒有[災難]的，是嗎？」

閱讀方式

右行。

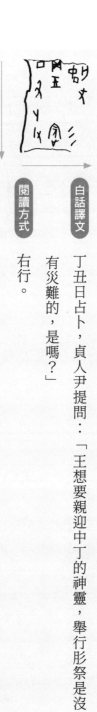

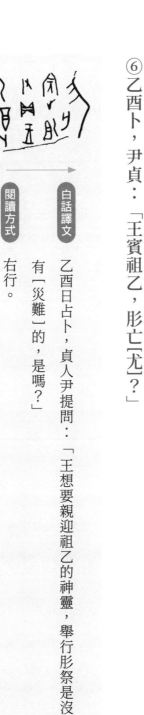

⑦辛卯卜，尹貞：「王賓祖辛，肜亡尤？」

白話譯文

辛卯日占卜，貞人尹提問：「王想要親迎祖辛的神靈，舉行肜祭是沒有災難的，是嗎？」

閱讀方式

右行。

⑦a辛[卯卜，尹]貞：「[王賓，叙亡尤]？」

白話譯文

辛[卯日占卜，貞人尹]提問：「[王想要親迎神靈，舉行叙祭是沒有災難的，是嗎]？」

閱讀方式

由右而左。

⑧丁酉卜，尹貞：「王賓祖丁，肜亡尤？」才二月。一（序數）

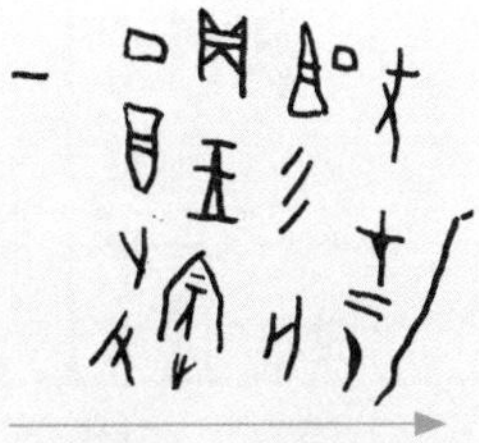

白話譯文

丁酉日占卜，貞人尹提問：「王想要親迎祖丁的神靈，舉行肜祭是沒有災難的，是嗎？」占卜日期在二月。第一次占卜。

閱讀方式

右行。

⑧a丁酉卜，尹貞：「王賓，叙亡尤？」

白話譯文

丁酉日占卜，貞人尹提問：「王想要親迎神靈，舉行叙祭是沒有災難的，是嗎？」

閱讀方式

左行。

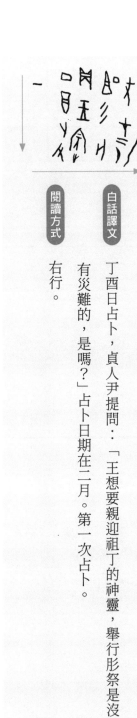

⑨〔乙卯卜，尹貞：「王賓小乙，彡亡尤？」〕

白話譯文 〔乙卯日占卜，貞人尹提問：「王想要親迎小乙神靈，舉行彡祭是沒有災難的，是嗎？」〕

閱讀方式 左行。

此卜位於斷裂處，實際內容已不可見，卜辭是藉由後文推論的。

⑨a 乙卯卜，尹貞：「王賓，叙亡尤？」

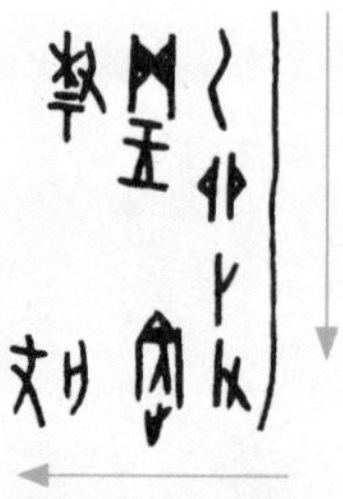

白話譯文 乙卯日占卜，貞人尹提問：「王想要親迎神靈，舉行叙祭是沒有災難的，是嗎？」

閱讀方式 左行。

⑩丁巳卜，尹貞：「王賓父丁，肜亡尤？」才三月。一（序數）

白話譯文　丁巳日占卜，貞人尹提問：「王想要親迎父丁的神靈，舉行肜祭是沒有災難的，是嗎？」占卜日期在三月。第一次占卜。

閱讀方式　左行。

⑩ⓐ丁巳卜，尹貞：「王賓，叙亡尤？」一（序數）

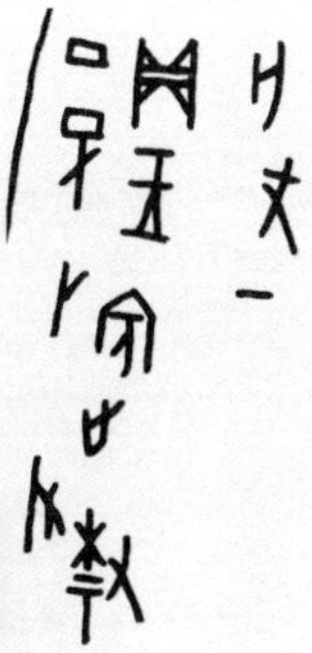

白話譯文　丁巳日占卜，貞人尹提問：「王想要親迎神靈，舉行叙祭是沒有災難的，是嗎？」第一次占卜。

閱讀方式　右行。

⑪□□卜，尹[貞]：「[王]賓，[叙]亡尤？」

白話譯文

□□日占卜，貞人尹〔提問〕：「〔王〕想要親迎神靈，〔舉行叙祭〕是沒有災難的，是嗎？」

閱讀方式

左行。

摹寫練習

214 問王親迎成湯神靈的祭祀儀式

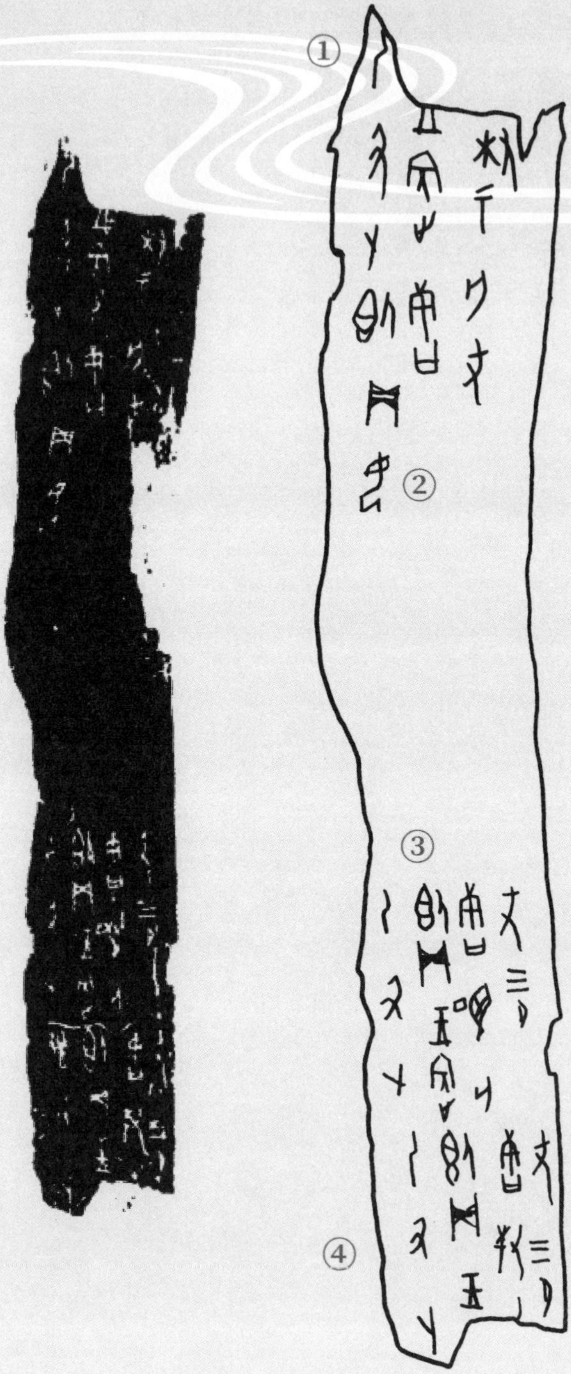

• 出處：《合》22744，骨。

• 斷代標準：貞人、書體、字形、事類。

• 說明：第二期分舊派、新派，祖庚為舊派，祖甲為新派。第一期稱成湯為成或唐，新派改稱成湯為大乙，而舊派在月份之前不加介詞「才（在）」。所以此版應是祖庚時期的刻辭。

①乙丑卜，即[貞]：「王賓唐，叙亡尤？」

白話譯文

乙丑日占卜，貞人即（提問）：「王想要親迎成湯（大乙）的神靈，舉行叙祭是沒有災難的，是嗎？」

閱讀方式

右行。

前辭部分：乙丑卜，即[貞]。「即」是甲骨第二期的貞人。

貞辭部分：王賓唐，叙亡尤？就第二期的辭例來說，先會占卜一個正式的祭祀，同日再提問「叙亡尤」，可知這條刻辭之前應先有「乙丑卜，……王賓唐，羽日亡尤」，才問「王賓唐，叙亡尤」。

②貞：「女（或毋）？」

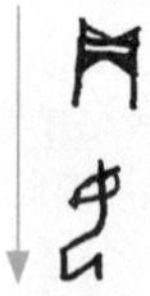

閱讀方式 由上而下。

貞辭部分僅一字，可隸定爲「女」、「母」或「毋」。若隸定爲「女」、「母」，表示用一女性爲祭品；若隸定爲「毋」，意謂不要。因爲刻辭太過簡略，無法確切判斷。

③乙丑卜，即貞：「王賓唐，羽日亡尤？」三月。

白話譯文 乙丑日占卜，貞人即提問：「王想要親迎成湯（大乙）的神靈，舉行翌祭是沒有災難的，是嗎？」占卜日期是三月。

閱讀方式 右行。

貞辭部分：王賓唐，羽日亡尤？「羽日」是五種祭祀之一，在第二期五種祭祀常和其他祭祀夾雜在一起，還不是很完整或特別重要，到第五期「翌、祭、壹、劦、肜」等五種祭祀形成專門且具規律的周祭系統，被賦予在日常代替曆日、用以記日的用途。

④乙丑卜，即貞：「王〔賓〕唐，叙亡尤？」三月。

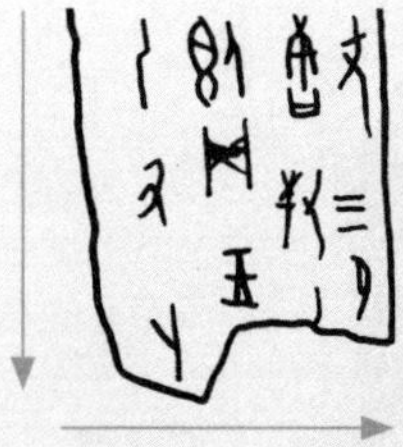

白話譯文

乙丑日占卜，貞人即提問：「王想要〔親迎〕成湯（大乙）的神靈，舉行叙祭是沒有災難的，是嗎？」占卜日期是三月。

閱讀方式

右行。

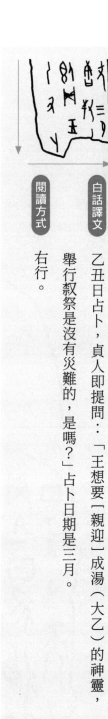

215 問出征運勢

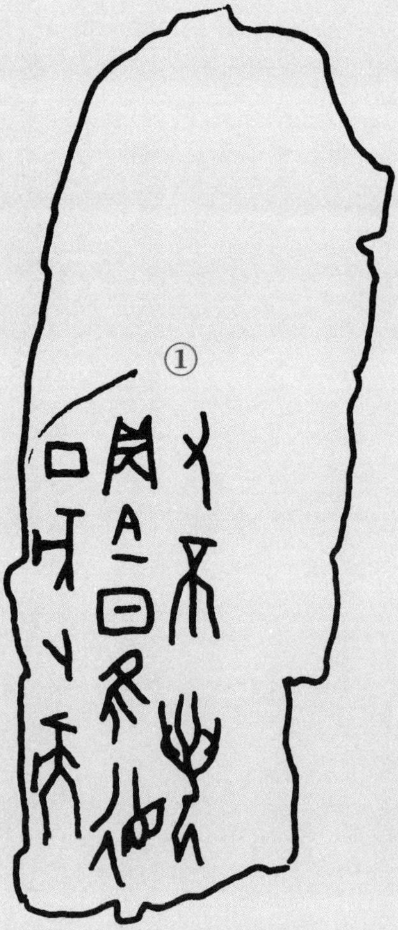

- 出處：《合》26092，骨。
- 斷代標準：貞人、書體。

①丁亥卜，疑貞：「今日隹徝，又不若？」

白話譯文 丁亥日占卜，貞人疑提問：「今日要正式出征，會有不順的事情，是嗎？」

閱讀方式 右行。

前辭部分：丁亥卜，疑貞。「疑」字甲骨或有从彳，寫作「」，象一老人手拄拐杖至路口猶疑、不知走向何方。「疑」至西周金文又加上牛聲，寫成「」。在這裡是第二期貞人的名字。

貞辭部分：今日隹徝，又不若？「徝」爲「彳」與「直」偏旁的組合，本義是具有修路使之筆直的才能，學者有時隸定爲「循」，在此指征伐敵人。可能師出有名，有對敵宣戰的意味。

216 問今年占卜有災難是否延續

- 出處：《合》26096，骨。
- 斷代標準：貞人、書體。

①丙午卜，出貞：「歲卜㞢祟，亡延？」

白話譯文　丙午日占卜，貞人出提問：「對於這年的占卜是會有災難的，（災難）不會延續下去的，是嗎？」

閱讀方式　右行。

貞辭部分：歲卜㞢祟，亡延？

「歲卜」就是針對一年的占卜。西周〈利簋〉：「歲貞，克夙夕有商。」這句的「歲貞」就是歲卜，意思是對於這一年的占卜，指示能夠早晚之間戰勝商、取代商。

而「亡延」在另一片甲骨提到「王疾首，亡延？」也是同樣的用法，意謂王頭痛的毛病，不會延續，是嗎？

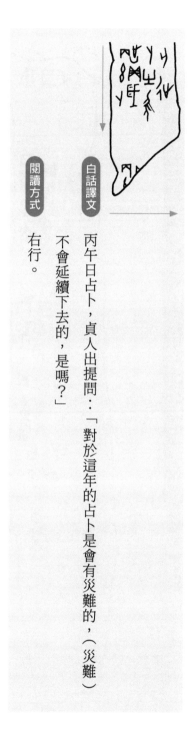

問三事——小[illegible]死亡時間、天氣、祭祀儀式

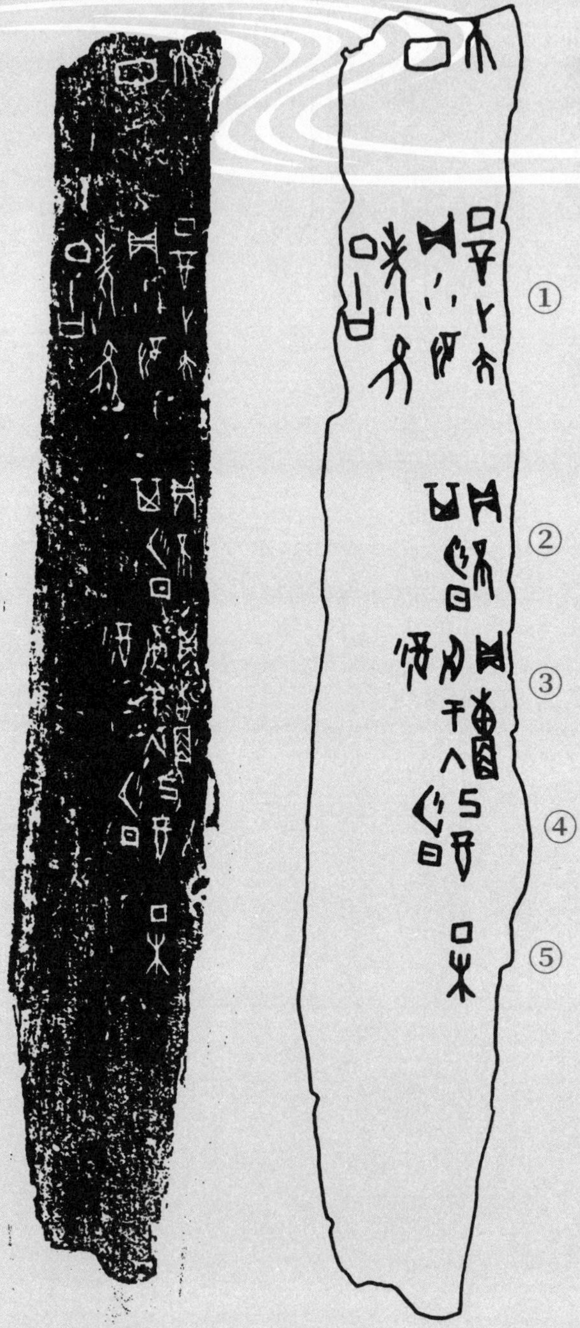

• 出處：《合》23715，骨。

• 斷代標準：貞人、字形。

①丁酉卜，大貞：「小⿰歹刀老，隹丁古？」

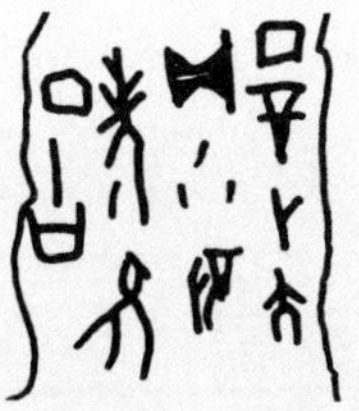

白話譯文

丁酉日占卜，貞人大提問：「小⿰歹刀已經老邁病危，會在丁日身故的，是嗎？」

閱讀方式

左行。

此卜與〈220〉是**異版同文**，異版同文是舊派的習慣，所以屬舊派的祖庚時代。

前辭部分：丁酉卜，大貞。從鑽鑿形態判斷，「大」可能是早從第一期晚期起即在王廷服務的貞人，橫跨至甲骨第三期。

貞辭部分：小⿰歹刀老，隹丁古？在〈205〉曾推論「龔⿰歹刀」爲祖己之名，此版的「小⿰歹刀」應是與商王有特別關係的長者，才會刻意詢問其卒日的問題。「古」通「故」，身故、死亡的意義。

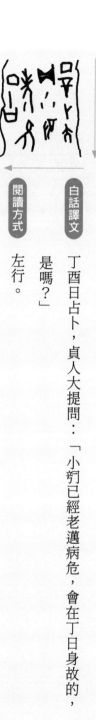

②**貞：「不其易日？」**

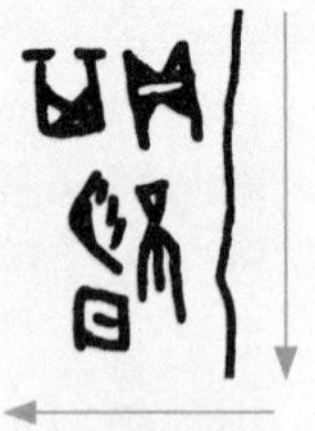

白話譯文 提問：「將不會是晴天的，是嗎？」

閱讀方式 左行。

第二卜和第四卜**對貞**。

③**貞：「叀丙取，于入酒？」**

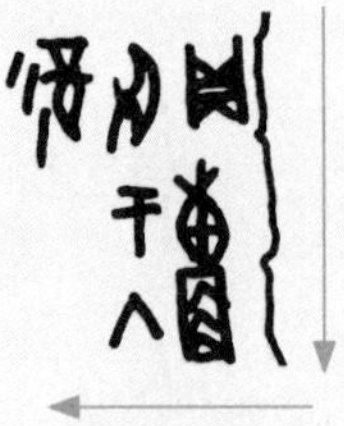

白話譯文 提問：「晚上舉行取祭，在進入時供奉酒，是合適的嗎？」

閱讀方式 左行。

貞辭部分：叀丙取，于入酒？

「叀」是助詞，意義同「唯」。甲骨「宿」字寫作「」，象人睡臥於室內草蓆上的樣子。

「囟」或從「宿」字減省而來，在此或當作晚上的時間副詞。「取」則是祭祀名稱。

「入」一般的意思是進入，「于」是時間或地點前的介詞，「入酒」或可能表示到達時用酒祭祀。

④「己酉易日？」

白話譯文 （提問：）「己酉日會是晴天的，是嗎？」

閱讀方式 左行。

⑤丁未。

閱讀方式 由上而下。

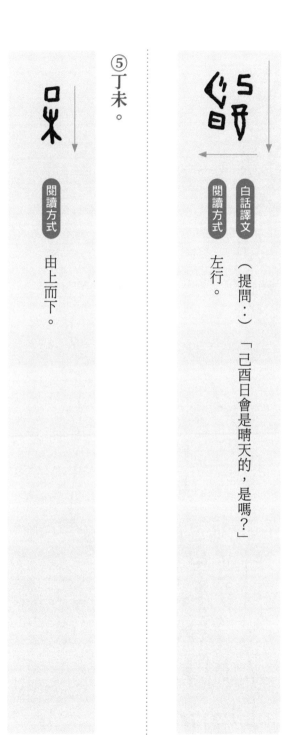

218 問三事——王的心願、酒祭時間、天氣

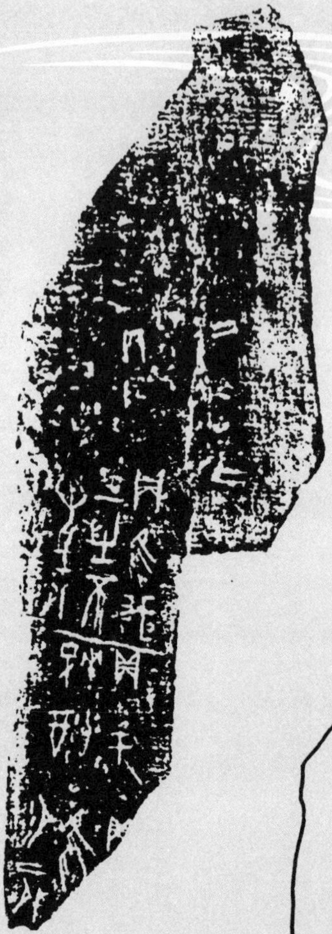

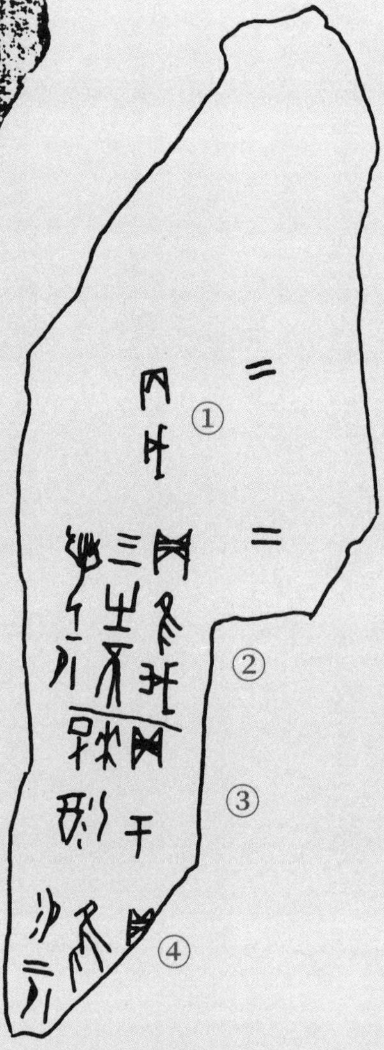

- 出處：《合》26091，骨。
- 斷代標準：貞人、書體。

①丙戌。二（序數）

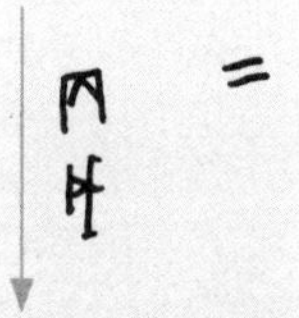

白話譯文 丙戌日。第二次占卜。

閱讀方式 由上而下。

只記錄占卜的日期，其他三卜有「貞」字而省略日期，這卜可能是以下三條占卜的第一卜。

②貞：「隹我乞，㞢不若？」十一月。二（序數）

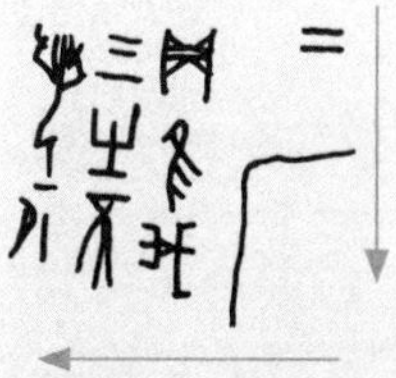

白話譯文 提問：「我的祈求，會有不順利的，是嗎？」占卜日期是十一月。第二次占卜。

閱讀方式 左行。

貞辭部分：隹我乞，㞢不若？「我」是第一人稱代詞，經常代表商王朝。「乞」字原爲「气」，指流動的空氣，在此假借爲乞求。乞求的目的有好年收、充足雨量、生育、田地（大概是開墾荒地爲良田）。這卜不知所求何事。

③貞：「于來乙巳酒？」

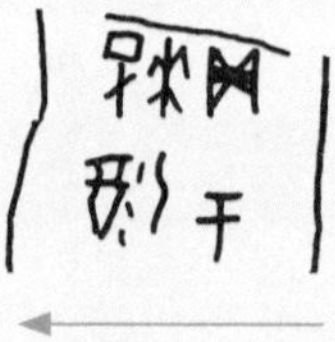

白話譯文 提問：「在未來的乙巳日舉行酒祭，是合適的嗎？」

閱讀方式 左行。

④貞：「⧄隹⧄易？」十二月。

白話譯文 提問：「⧄會是晴天的，是嗎？」占卜日期是十二月。

閱讀方式 左行。

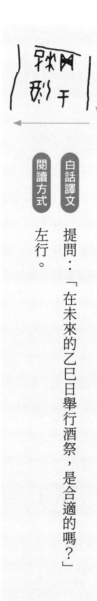

219 問一一事——祖乙的祭祀儀式、天氣

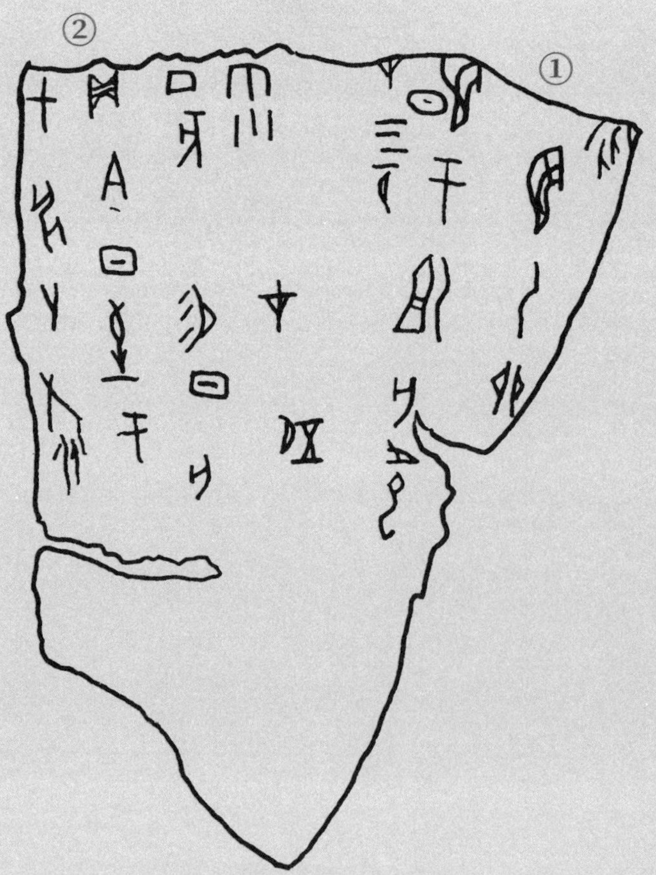

- 出處：《合》22915，龜腹甲。
- 斷代標準：貞人、書體。
- 說明：從占卜順序來說，一般是近中線的先卜，但從日期來看，羽日祖乙的卜問在四月，問易日的在五月，判斷此甲由骨緣先卜。

① ☐旅[貞]：「羽乙卯羽日于祖乙，亡它？」才四月。

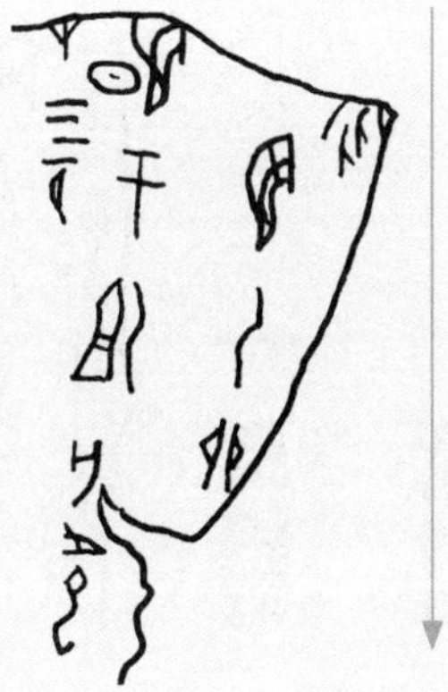

白話譯文 ☐貞人旅提問：「將到的乙卯日對祖乙舉行翌祭，不會有災禍的，是嗎？」占卜日期在四月。

閱讀方式 左行。

②甲申卜，旅貞：「今日至于丁亥易日?」亡雨。才五月。

白話譯文

甲申日占卜，貞人旅提問：「今天直到丁亥日都會是晴天的，是嗎?」結果沒有下雨。占卜日期在五月。

閱讀方式

右行。

第一期有「王占曰」的**占辭**、「允……」之**驗辭**，作爲和**貞辭**之間的區隔。可是第二期沒有**占辭形式**，若由刻辭形式組成來看，推測此版「今日至于丁亥易日」是**貞辭**，而「亡雨」是爲**驗辭**。

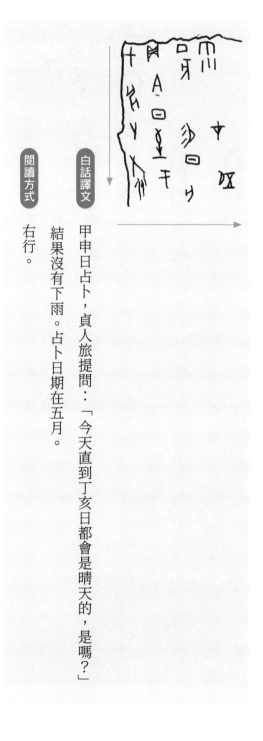

摹寫練習

220 問小⿰亏𠃌死亡時間

——217異版同文

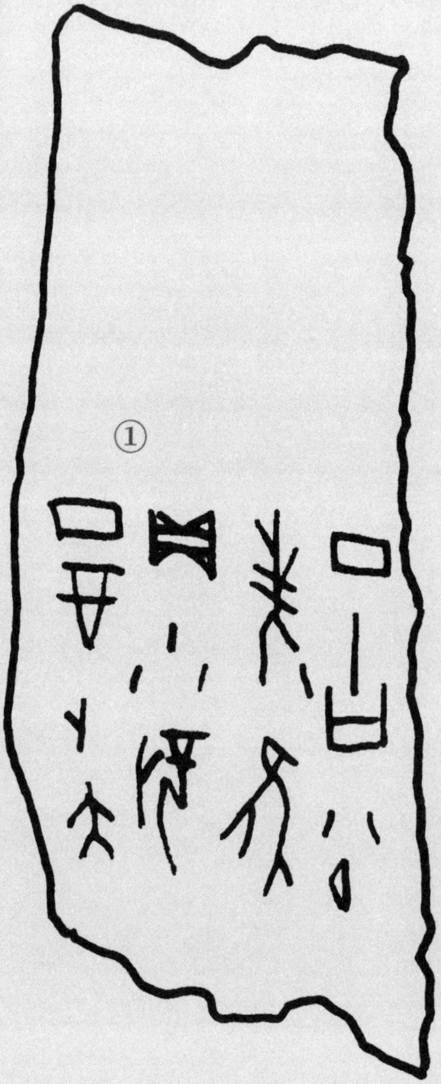

①

• 出處：《合》23716，骨。
• 斷代標準：貞人、書體。

①丁酉卜，大貞：「小列老，隹丁古？」八月。

白話譯文

丁酉日占卜，貞人大提問：「小列已經老邁病危，會在丁日身故，是嗎？」占卜日期是八月。

閱讀方式

右行。

此版與〈217〉是**異版同文**，內容幾乎相同，刻辭也出現在相同的骨的部位。是舊派祖庚時代的卜辭。

221

問二事——建小⿰亏𠃌紀念堂日期、完成祭祀時間

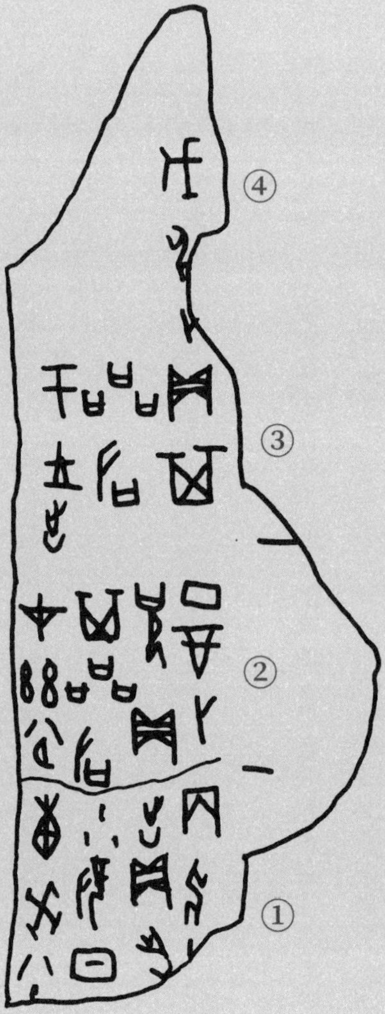

• 出處：《合》23712，骨。

• 斷代標準：貞人、字形。

①丙申卜，出貞：「乍小窌日叀癸？」八月。一（序數）

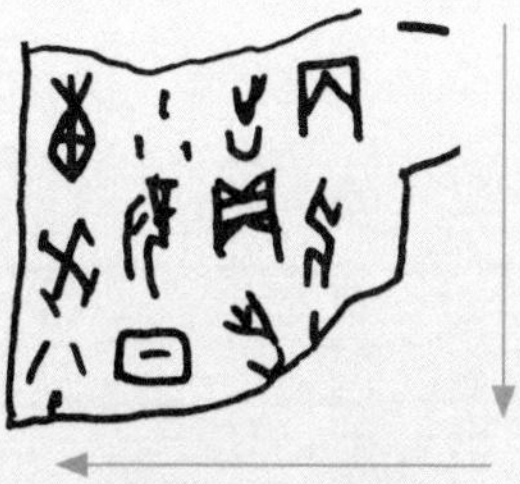

白話譯文 丙申日占卜，貞人出提問：「將在癸日建造紀念小窌的廟堂，是合適的嗎？」占卜日期是八月。第一次占卜。

閱讀方式 左行。

綜合〈217、220〉及此版，有學者由相關記載推論，以天干爲先王先祖命名，不是依照其死亡的日子，而是卜選後的結果。我們認爲干名不是根據出生日，而是死日。古人認爲屍體化成白骨才是眞死亡，一般死後三年選擇吉日撿骨，而以該日爲死者的忌日，才會出現商王名稱集中在某幾個古人認爲吉祥的干日上的情形。

貞辭部分：乍小窌日叀癸？「乍」即「作」字，用以建築的意思，有可能是建造拜祭的所在。

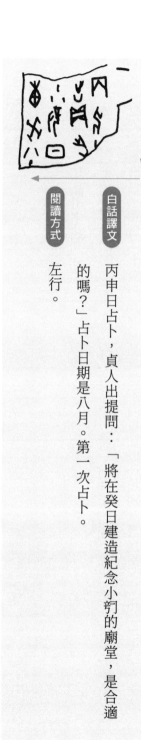

② 丁酉卜，兄貞：「其品司才茲八月？」一（序數）

白話譯文

丁酉日占卜，貞人兄提問：「將對所有種類的祭祀在這個八月加以舉行，是嗎？」第一次占卜。

閱讀方式

左行。

貞辭部分：其品司才茲八月？

「品」原指眾多不同類別的物品，在此表示所有不同種類的祭祀。「品」和「多」表達的重點不同，「多」是同樣事物但「數量」上充裕，而「品」是不同事物但「類別」上豐富。「司」是表示祭祀。「茲」字用在尚未確定某件事情，必須進一步指明時，後頭要加上名詞詞組。所以斷句不是「才茲」，而是「才茲八月」，指在這個八月。但這個八月並非意謂丁酉這天是八月，可能是指之後的八月，結合下一條卜辭，或者意謂在商王離開王城前的這個八月。

③ 貞：「其品司于王出？」

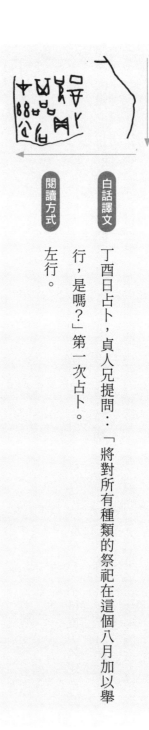

白話譯文　提問：「將在王離開王都前舉行完所有種類的祭祀，是合適的嗎？」

閱讀方式　左行。

④戊申卜。

白話譯文　戊申日占卜。

閱讀方式　由上而下。

第二期的**前辭形式**一般是干支卜某貞，或省減爲「貞」，所以這卜大概沒有完成全部內容。

222 問田獵日期

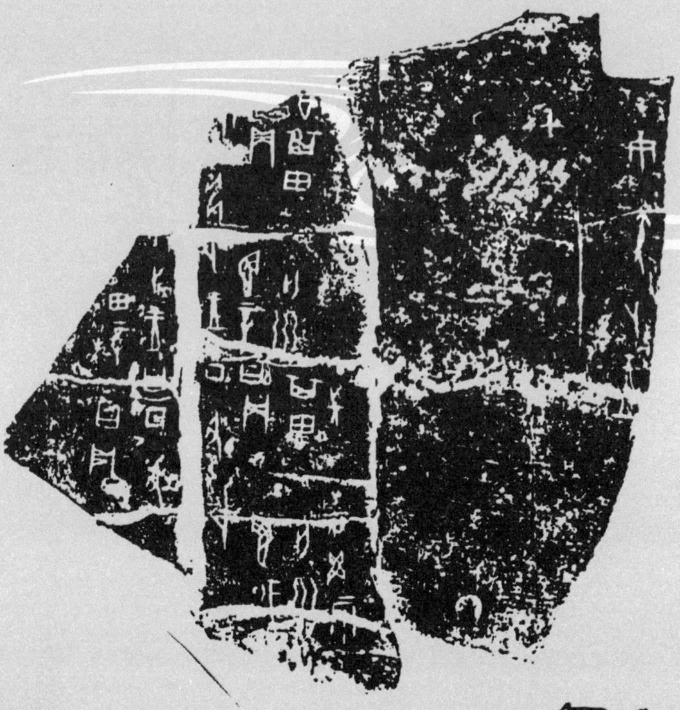

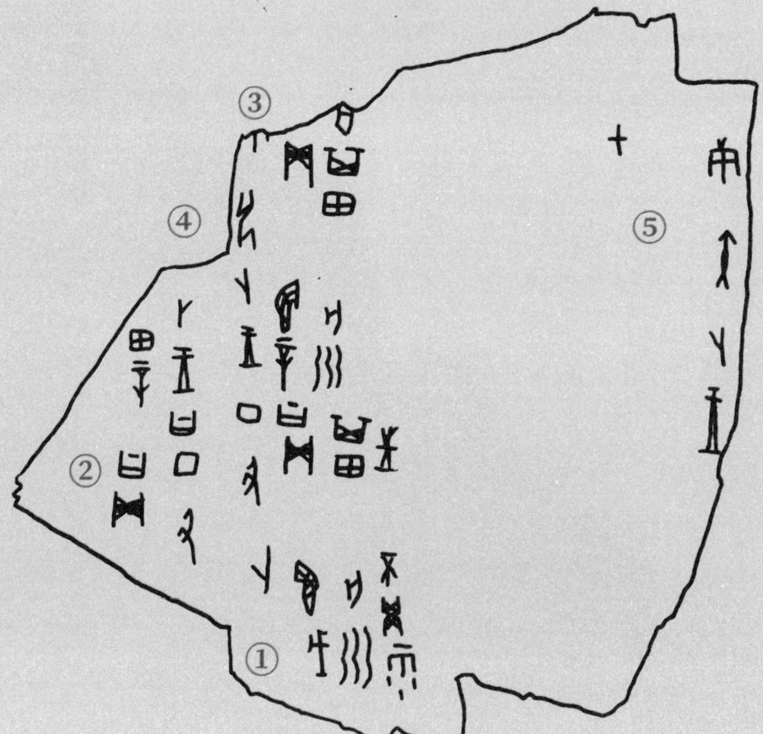

- 出處：《合》24501，龜背甲。
- 斷代標準：書體、字形。

①丁丑卜，曰貞：「羽戊其田亡災？」往不遘雨。

白話譯文

丁丑日占卜，（王）親自提問：「第二天戊（寅）日將去田獵，不會有災難的，是嗎？」（結果）前往田獵沒有遇到下雨。

閱讀方式

右行。

前辭部分：丁丑卜，曰貞。「曰貞」是第二期特有的現象，第三卜用「王〔曰〕貞」，可知「曰貞」是「王曰貞」的簡省。

驗辭部分：往不遘雨。陳述前往田獵途中沒有遇到下雨，而不是問田獵時有沒有下雨，或許有點迴避占斷錯誤的意味。第二期的刻辭很少出現驗辭。

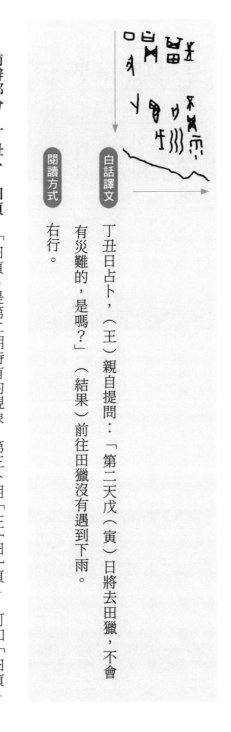

②丁丑[卜]，曰貞：「囗」

閱讀方式

左行。

③庚申卜，王[曰]貞：「翌辛酉其田亡災？」

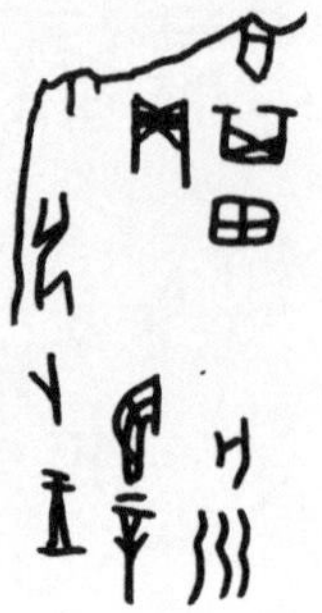

白話譯文

庚申日占卜，王親自提問：「第二天辛酉日將去田獵，不會有災難的，是嗎？」

閱讀方式

右行。

結合第一卜，可知第二期的田獵日大致在戊和辛日，另外還有乙日，也就是以乙、戊、辛為田獵的例行日，到了第三期又在例行日之外變異，增加壬日。

④☐卜，王曰☐田辛☐

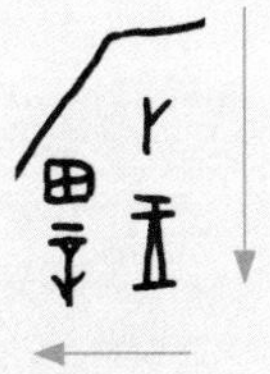

閱讀方式 左行。

⑤庚寅卜，王。七（序數）

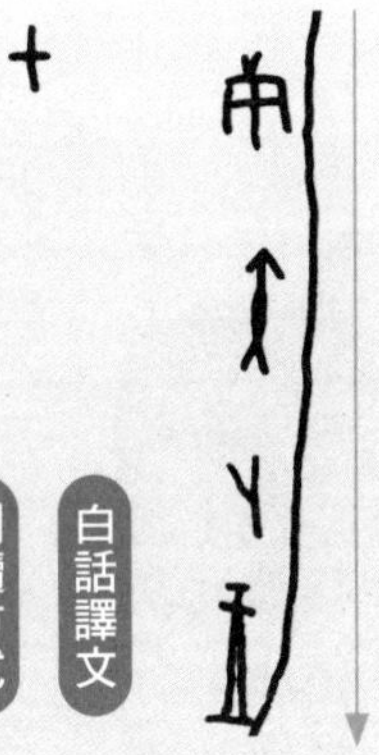

白話譯文 庚寅日占卜，王（親自提問）。第七次占卜。

閱讀方式 由上而下。

第五卜和前四卜之間有明顯的區隔，此卜形式爲第二期所特有，沒有顯示內容，大半不太重要。在第二期有時會把甲骨中間沒有刻辭的部分鋸下來，並裁切成一塊塊，作爲其他用途的骨器，如用來解繩結的觿。

223 問兩個行程是否下雨

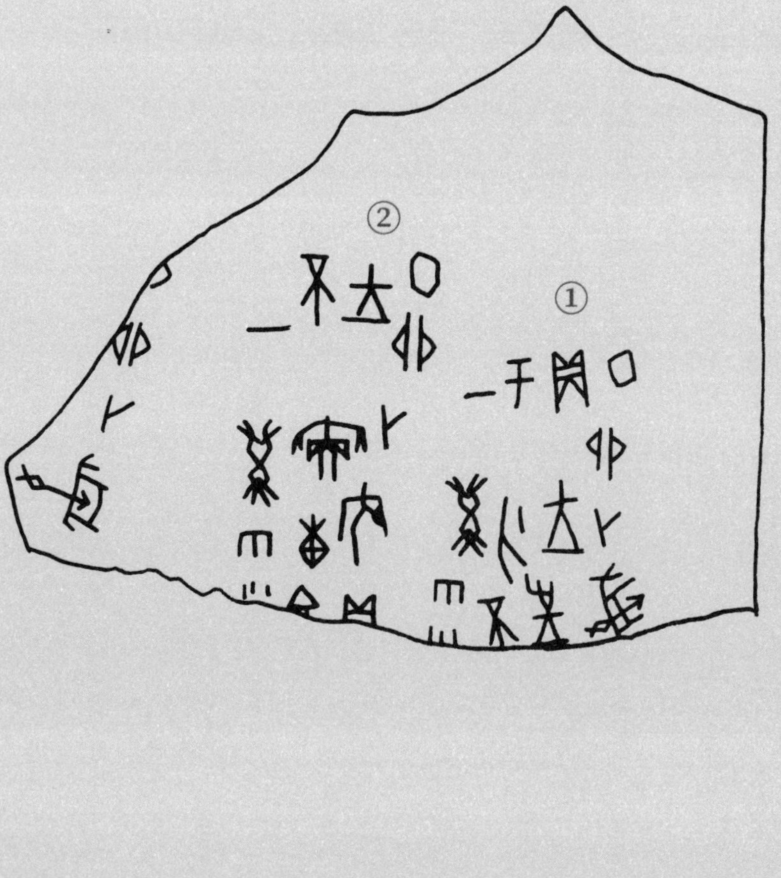

- **出處**：《合》27866，龜腹甲。
- **斷代標準**：貞人、書體。
- **說明**：此版的「貞人何」，學者們認為主要是第三期的貞人，但有些貞人供職於王廷，橫跨好幾代商王，如「大」是第二期的重要貞人，但他從第一期晚期就出現，還延續到第三期，貞人何也是如此。我們就「王」、「燕」的字體為舊派，判定此版時代應是第二期。

①丁卯卜，㱿貞：「王往于升，不遘雨？」一（序數）

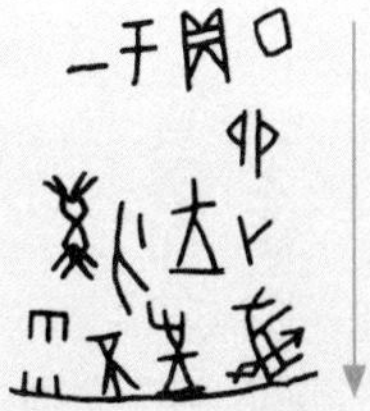

白話譯文 丁卯日占卜，貞人㱿提問：「王前往到升這個地方，不會遇到下雨的，是嗎？」第一次占卜。

閱讀方式 左行。

貞辭部分：王往于升，不遘雨？「遘」字象兩個削尖的木頭結構上下交接捆縛的樣子。雖然中國早在距今七千到六千年前的河姆渡文化遺址，就發現使用隼卯構件用於木構建築，但商代主要還是使用捆綁的方式連接木料。發展到戰國時代才改以合頁的銅構件來固定木頭，形狀多樣，在轉動上更具機動性。「不遘雨」也可能是驗辭，在這裡當作貞辭加以解釋。

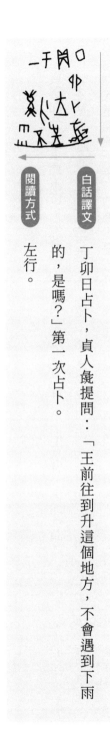

②丁卯卜，何貞：「王燕叀吉，不遘雨？」一（序數）

白話譯文 丁卯日占卜，貞人何提問：「王的饗宴是吉祥的饗宴，不會遇到下雨的，是嗎？」第一次占卜。

閱讀方式 左行。

貞辭部分：王燕叀吉，不遘雨？「燕」假借爲「宴」，指宴席，早期字形作「」，後期作「」。「王燕叀吉」是「王燕叀吉燕」的簡省，甲骨上有時「王燕叀吉燕」，兩個燕字寫法還有所不同。整句話先是陳述王舉行的饗宴是吉祥的饗宴，接著詢問會碰到下雨嗎？「不遘雨」也可能是驗辭，在這裡當作貞辭講。

摹寫練習

224 王在乙未日親自占問

正面

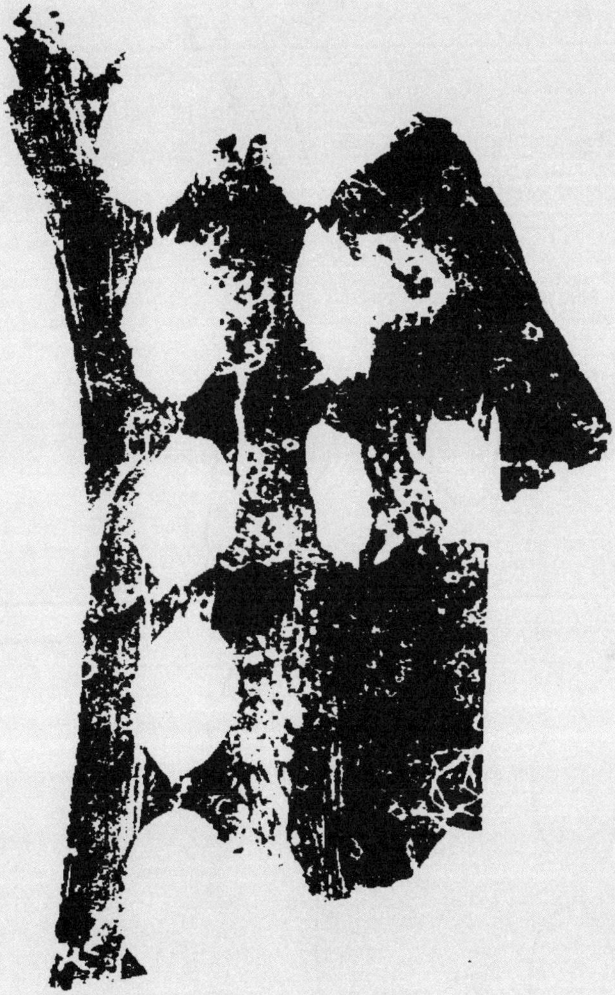

背面

正面

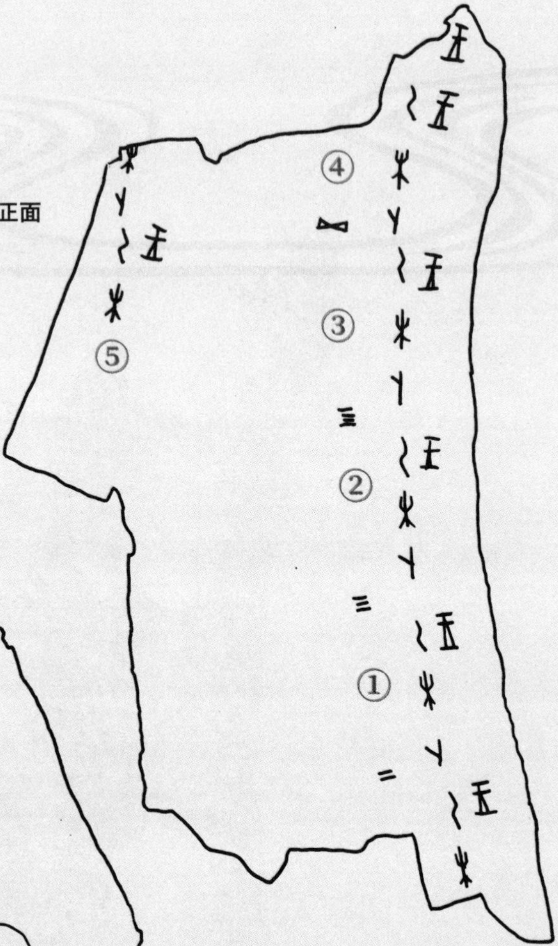

背面

- 出處：《合》23977，骨。
- 斷代標準：字形、卜法。
- 說明：此版的骨頭是從骨上鋸下來的，鋸下來的骨頭還會被製成如觽的小器物。小屯南地也有出土此類鋸下來另作其他用途的骨器。

此版具有第二期的特點，不是第三期的習慣，所以即使這版的背面出現第三期的貞人名——卯，我們還是斷定時代為第二期。通常這類骨頭上的刻辭都不太重要，所以才再利用作為小用具。

第一期的鑽鑿很規整，頭尾部常有尖針中突出，且表面光滑。第二期會先挖長鑿，再用刀將長鑿兩肩加寬。第三期的長鑿特別長。第四期則會在骨的正面鑽鑿，卻將字刻寫在背面。由於骨頭兩邊厚、中間薄，所以骨上的鑽鑿通常出現在兩邊。

①乙未卜，王。二（序數）

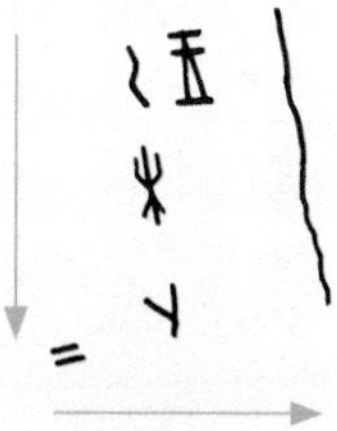

白話譯文 乙未日占卜，王（親自提問）。第二次占卜。

閱讀方式 右行。

②乙未卜，王。三（序數）

白話譯文 乙未日占卜，王（親自提問）。第三次占卜。

閱讀方式 右行。

③乙未卜，王。四（序數）

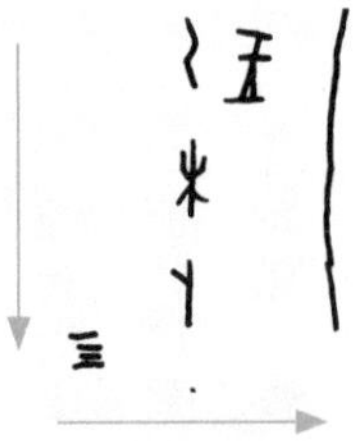

白話譯文 乙未日占卜，王（親自提問）。第四次占卜。

閱讀方式 右行。

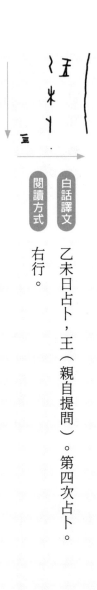

④乙未卜，王。五（序數）

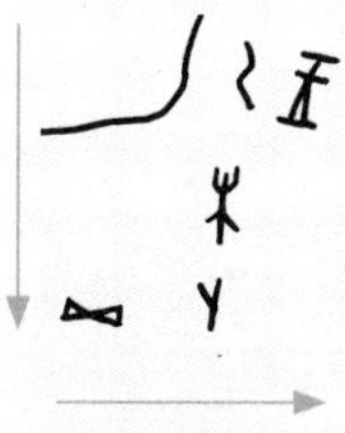

白話譯文

乙未日占卜，王（親自提問）。第五次占卜。

閱讀方式

右行。

⑤乙未〔卜〕，王。

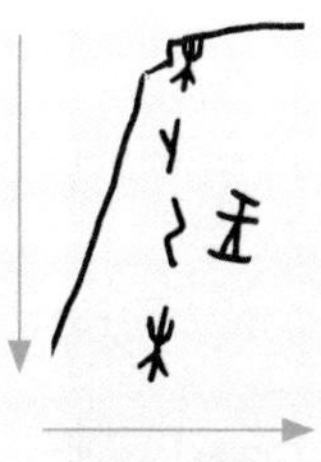

白話譯文

乙未日〔占卜〕，王（親自提問）。

閱讀方式

右行。

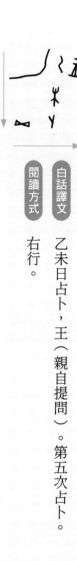

⑥（背面）卯。

閱讀方式

單一字。

背面出現甲骨第三期的貞人名——卯，卯在第二期應該就已在王廷服務。

摹寫練習

225 王親自占問二事——天氣、運勢

• 出處：《合》24769，骨。

• 斷代標準：書體、字形、介詞。

• 說明：第二期王親自占問的例子很多，到了第五期幾乎所有的卜辭都出現王字。

①丁酉卜，王囗：「今夕雨，至于戊戌雨？」戊戌允夕雨。四月。

白話譯文

丁酉日占卜，王（親自提問）：「今晚下雨了，到戊戌日會下雨的，是嗎？」戊戌日確實晚上下雨了。占卜日期在四月。

閱讀方式

右行。

貞辭部分：今夕雨，至于戊戌雨？「今夕雨」是事實，主要在貞問到了第二天戊戌日還會下雨嗎？卜「夕」的刻辭通常是商王離開安陽，在外地進行占卜的紀錄。

②丁酉卜，王貞：「其又禍，不系？」才四月。

白話譯文 丁酉日占卜，王親自提問：「將會有災禍，不會停住的，是嗎？」占卜日期在四月。

閱讀方式 右行。

貞辭部分：其又禍，不系？「系」字象用手把數股絲繩加以綁縛的樣子，所以引申有停住、不延長之意，在這裡意指災禍不會就此停止嗎？

按照語義發展，應該先出現第三卜的內容，詢問會不會有災禍，才進一步出現第二卜，卜問災禍會不會停止。

③丁酉卜，王貞：「亡禍？」才四月。

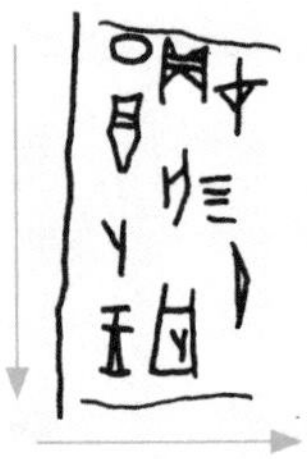

白話譯文 丁酉日占卜，王親自提問：「不會有災禍的，是嗎？」占卜日期在四月。

閱讀方式 右行。

④己亥卜，王貞：「亡禍？」才四月。

白話譯文

丁亥日占卜，王親自提問：「不會有災禍的，是嗎？」占卜日期在四月。

閱讀方式

右行。

⑤[己]亥卜，王貞：「其又禍，不系？」才四月。

白話譯文

[己]亥日占卜，王親自提問：「將會有災禍，不會停住的，是嗎？」占卜日期在四月。

閱讀方式

右行。

226 問下一旬運勢——結果出行遇犀牛

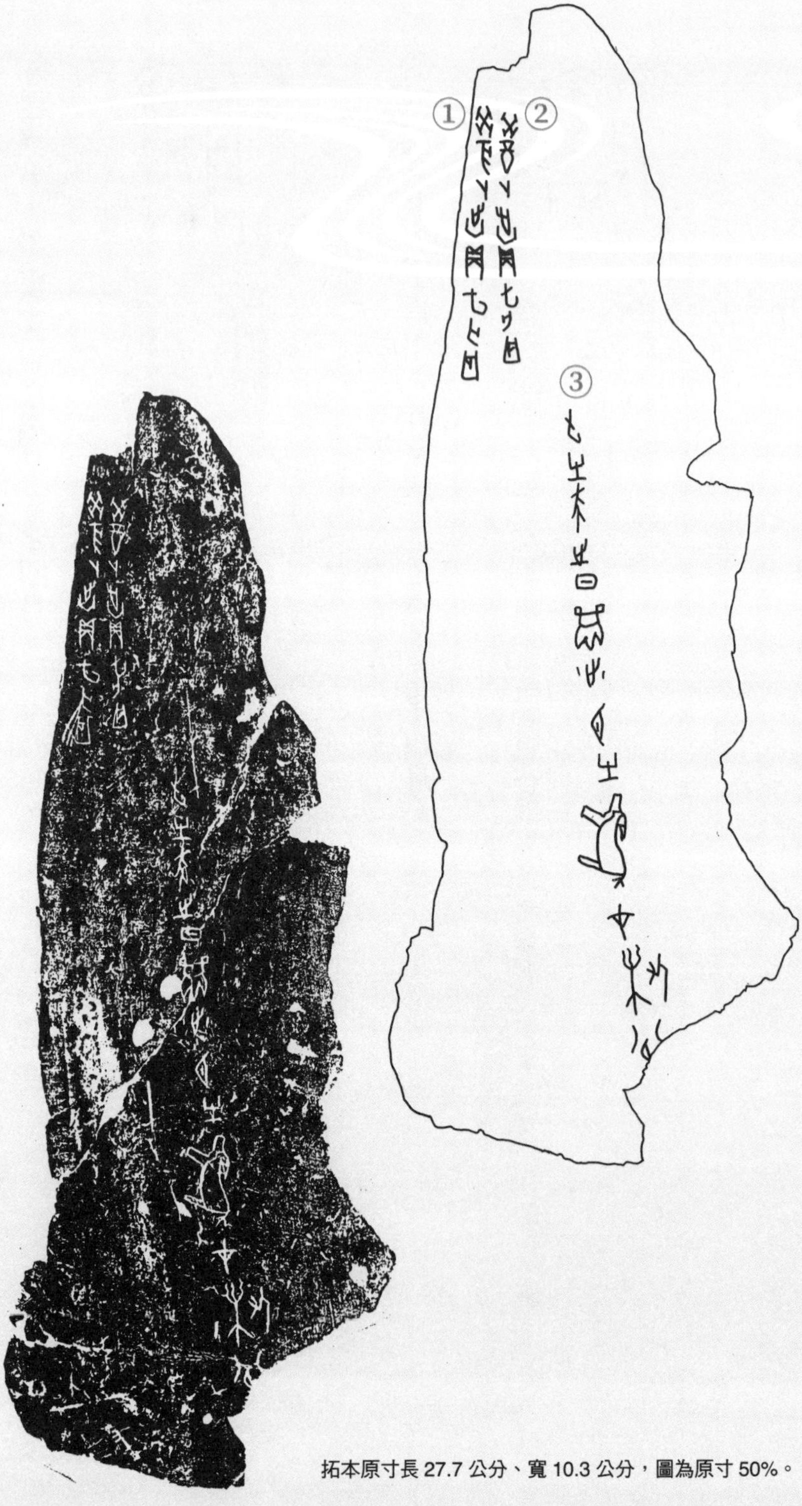

拓本原寸長 27.7 公分、寬 10.3 公分，圖為原寸 50%。

• 出處：《合》24358，骨。

• 斷代標準：貞人、書體。

①癸亥卜，出貞：「旬亡禍？」

白話譯文

癸亥日占卜，貞人出提問：「下旬不會有災禍的，是嗎？」

閱讀方式

由上而下。

②癸酉卜，出貞：「旬亡禍？」

白話譯文

癸酉日占卜，貞人出提問：「下旬不會有災禍的，是嗎？」

閱讀方式

由上而下。

③旬㞢祟。之日甗沚，夕㞢兕才休。八月。

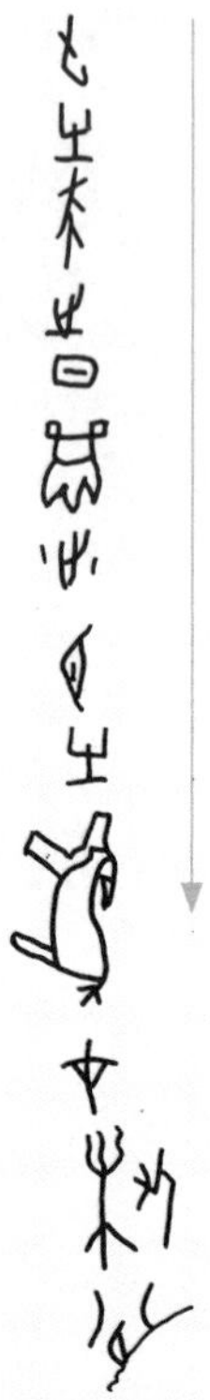

白話譯文 這旬有災禍發生。這天在沚炊煮，晚上在休這個地方發現有兕。占卜日期是八月。

閱讀方式 由上而下。

驗辭部分：旬㞢祟。之日甗沚，夕㞢兕才休。

《史記．周本紀》提到周昭王五十六年伐荊，涉漢，遇大兕（犀牛），所以發現犀牛表示會有災難發生，是不祥的徵兆。在此卜也是具有相同的意義，是凶兆的象徵。「甗」是炊具，形制有連體甗和分體甗兩種，在此或指炊煮或祭祀的意思；「沚」當作地名。

「」象一個人面向樹木，而「休」的甲骨字形作「」，是一個人背對樹木休息的樣子。兩字應不同，暫時隸定爲「休」。在這裡是當作地名。

摹寫練習

227 問王從尋地步行運勢

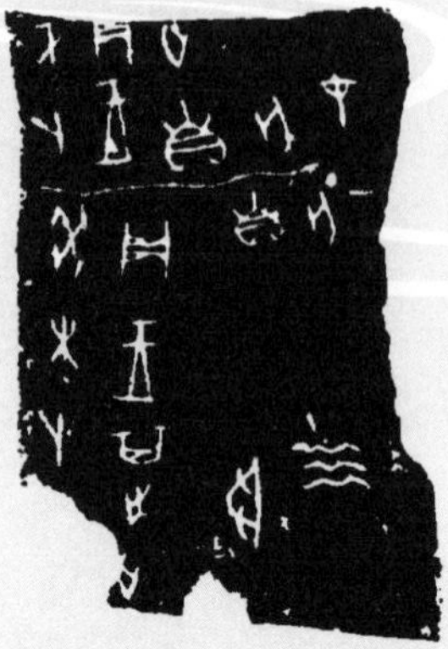

• 出處：《合》24399，骨。
• 斷代標準：書體、字形。

①癸未卜，□貞：「王其步自尋，亡災？」一（序數）

白話譯文

癸未日占卜，□提問：「王將從尋這個地方步行起，不會有災難的，是嗎？」第一次占卜。

閱讀方式

右行。

此版爲第二期祖甲時代。「王」字是新派的寫法，但「災」字使用的是早期第一期的字形「[illegible]」或作「[illegible]」，第二期的「災」大多作「[illegible]」「[illegible]」或「[illegible]」。

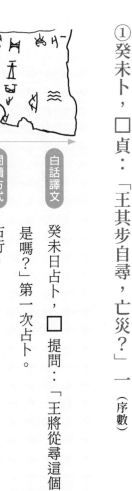

②□巳卜，□貞：「王□步自□，亡□？」才□。

閱讀方式

右行。

第三期

康丁時代

《史記・殷本紀》記載的商王世系為祖甲—廩辛—康丁，可是周祭卜辭並未提及廩辛。商王在正式繼位前會為先父守喪三年，推論廩辛應是康丁守喪期間代為處理政務的攝政之人，並未正式即位為王，因此周祭祭譜未見其諡號。第三期的刻寫規律是由下往上，前期廩辛時的書體，承繼第二期窄長形的特點，但筆力較為軟弱；康丁時主要的書體特色細小嚴飭，且剛勁有力。

301 問二事——祭祖、擔任史官

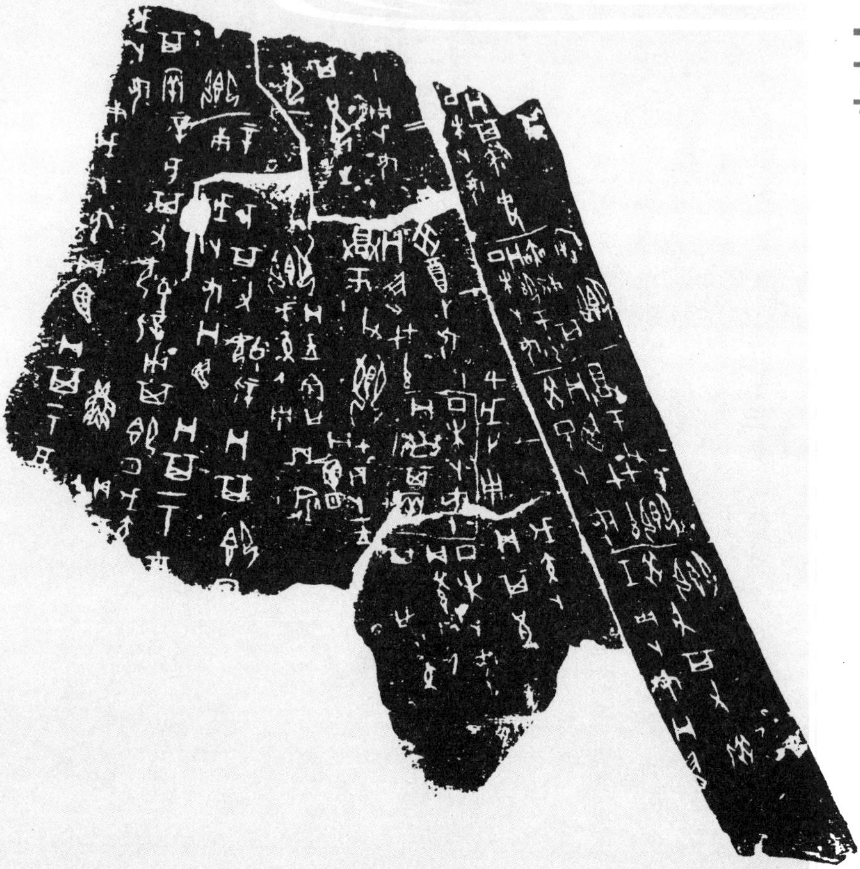

拓本原寸長 15.2 公分、寬 15.5 公分，圖為原寸 75%。

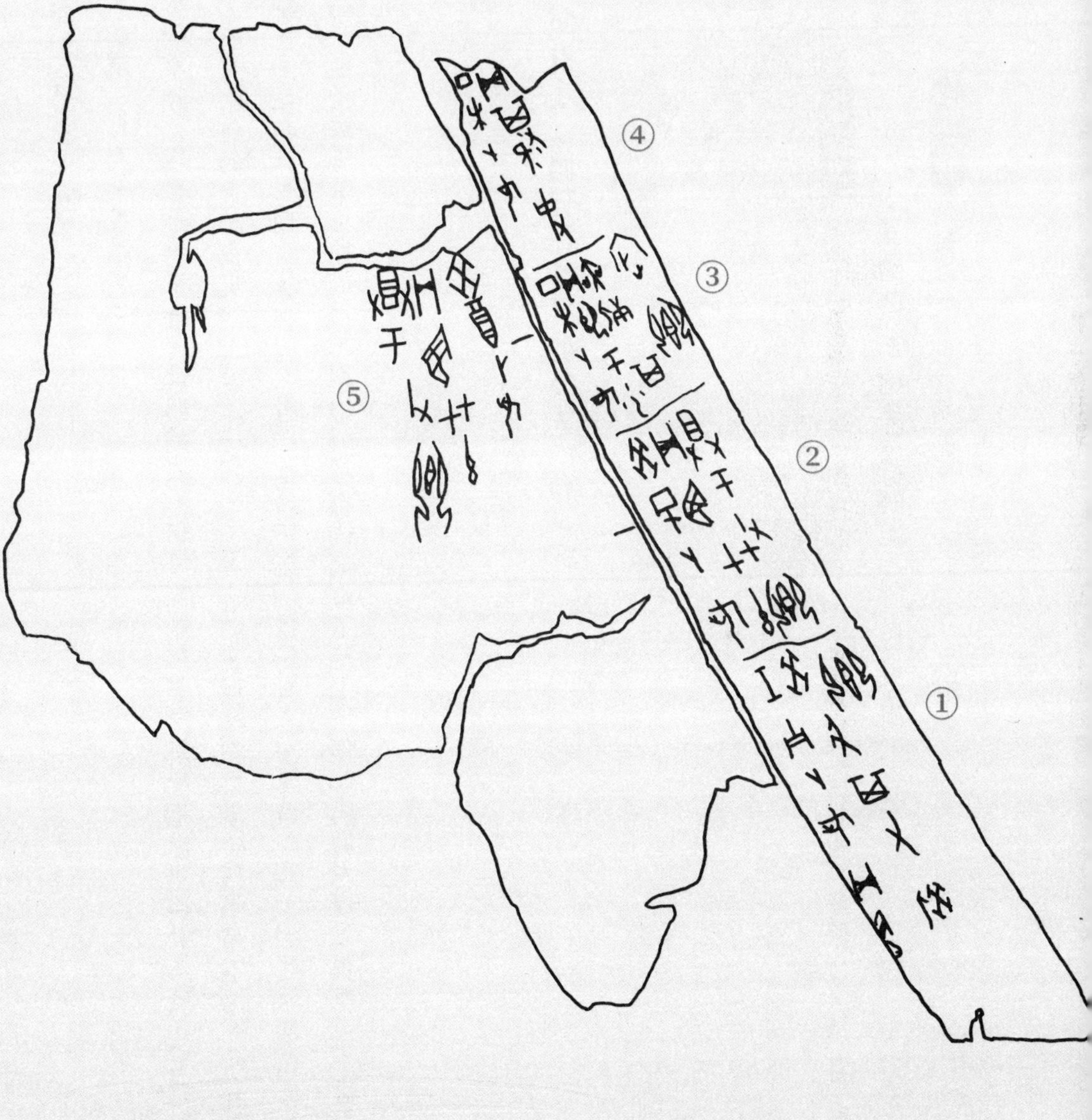

④
③
②
①
⑤

• 出處：《合》27456，骨。

• 斷代標準：稱謂、貞人、書體。

• 說明：從甲骨事類、鑽鑿形態來看，此版的貞人何可能早從第一期晚期就供職於王廷，時代稍晚於貞人大，而貞人何的卜辭出現「上吉」一詞，「吉」的字形特點與第一期早期不同、而有第一期晚期的特色，並和第三期寫法相同，所以推論「何」擔任貞人、服務於商王朝的時間應從第一期晚期開始，並橫跨至第三期。第三期的刻寫規律是由下往上，但此版的左邊呈現般商甲骨習刻的現象。

①壬子卜，何貞：「羽癸丑其又妣癸？」卿。

白話譯文

壬子日占卜，貞人何提問：「第二天癸丑日將對妣癸舉行又祭，是合適的嗎？」確實舉行祭祀，讓妣癸享用了祭品。

閱讀方式

右行。

貞辭部分：羽癸丑其又妣癸？ㄓ祭的「ㄓ」至新派祖甲時代和第三期都是寫成「又」，「又」是祭名，亦爲用牲法。

驗辭部分：卿。「卿」象兩卿士面對面用食，爲「饗」的初文，在這裡指讓先人享用所供奉的祭品。

②癸巳卜，何貞：「羽甲午具于父甲？」卿。一（序數）

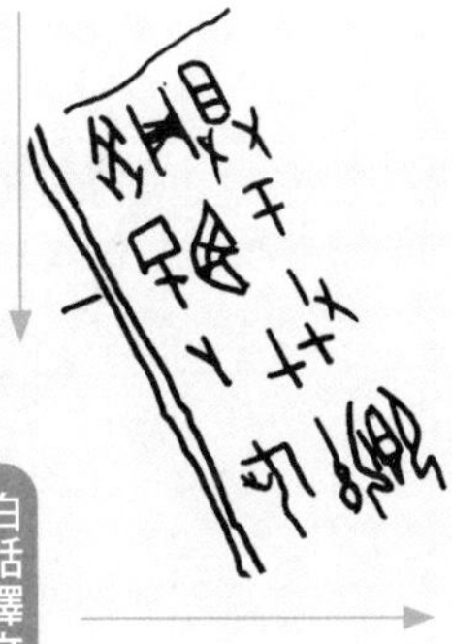

白話譯文

癸巳日占卜，貞人何提問：「第二天甲午日對父甲準備祭品、舉行祭祀，是合適的嗎？」確實舉行祭祀，讓父甲享用了祭品。第一次占卜。

閱讀方式

右行。

貞辭部分：羽甲午具于父甲？

「具」字（）原象雙手捧著或提著鼎、預備炊具，以煮食或行禮的樣子。此版的「具」字上半經過簡化，在金文上也有同樣的情形，西周早期「」→西周晚期「」→春秋早期「」。

「具」字在此表示對父甲舉行供給食物的祭祀，「父甲」是指第二期的祖甲，是康丁對祖甲的稱謂。

③丁未卜，何貞：「御于小乙奭妣庚，其賓？」卿。一（序數）

白話譯文

丁未日占卜，貞人何提問：「想要向小乙的配偶妣庚舉行祭祀以禳災除病，王將賓迎其神靈，是合適的嗎？」確實舉行祭祀，讓小乙的配偶妣庚享用了祭品。第一次占卜。

閱讀方式

右行。

貞辭部分：御于小乙奭妣庚，其賓？「御」呈現一人跪在繩索之前，進行禳災儀式的樣子，在此指攘除疾病或災禍。「御」字之後通常接一個受格，意謂替誰攘除疾病，此條卜辭省略了受格，對象應是商王康丁或其親屬。而「御」字「□□□」因爲和駕御的字「□□」相近，所以後來「御」字就兼有禳災和駕御的用法，之後可能因此又別造「馭」字來代替駕御的意義。

「奭」字從第二期祖甲時代開始出現，在周祭卜辭上是表示可與先王一起受祭的正式配偶，且該配偶必須有子即位爲王，才具有入祀受祭的資格。「奭」字象兩手各提攜某東西的樣子，不知具體表達什麼意義，今不傳。

「賓」爲迎神靈的意義。商代甲骨文反映出古人認爲疾病是由祖先造成的，自然災害則是由自然神致使的，因此商王康丁向小乙的配偶、武丁的母親——妣庚祈禳。另外，此條卜辭的「賓」字出現漏刻筆劃的情形。

④丁未卜，何貞：「其肄史？」

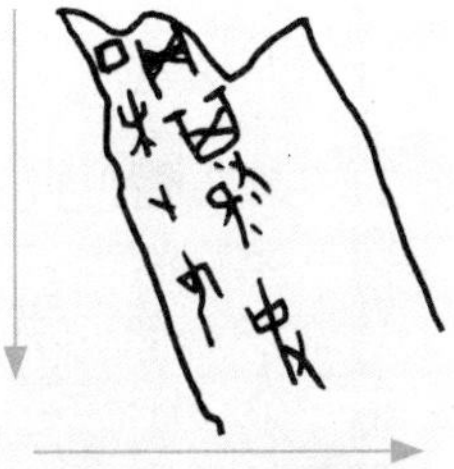

白話譯文 丁未日占卜，貞人何提問：「（省略了主語）將要學習當史官（或某事），是合適的嗎？」

閱讀方式 右行。

貞辭部分：其肄史？。「肄」字表現出一人用手洗刷馬匹的樣子，藉由洗刷的動作，了解其習性，以馴服馬匹，學會騎馬。商周金文的「肄」字還加上了「巾」的偏旁（商代晚期「□」↓西周早期「□」），也是表現出手拿布巾擦拭馬匹的樣子，所以「肄」有學習的意義。「史」、「吏」、「事」則是從同一字形發展而來，因爲文辭太簡略，無法確認是指學習擔任史官或是學習某件事情。

⑤癸酉卜，何貞：「羽甲午具于父甲？」卿。一（序數）

閱讀方式 左行。

將此卜與第二卜進行比對，可看出**習刻**的痕跡。第二卜的甲午和父甲（合文），兩個「甲」字非常靠近，習刻之人因爲誤解或不懂辭例，在仿刻時將甲午和父甲的兩個「甲」字寫在一起。而且甲骨文的「羽」（翌）大多指同一旬內的日子，癸巳的第二天是甲午，不是癸酉，癸酉和甲午相差了二十二天，在日子的刻寫上也弄錯。

此版除了第一卜到第四卜外，甲骨上其餘的字皆是**習刻**，其他習刻大多是練習干支表，唯這裡是仿抄眞正的貞辭。由於骨的背面施刻有規律的鑽鑿，因此正式的貞辭不會這樣密集、混雜。另外，從「毓」、「魚」等字形來判斷，與其他一般甲骨文的寫法不同，也可看出應是出自習刻的結果。

摹寫練習

302 問田獵旅程（貞人叩）

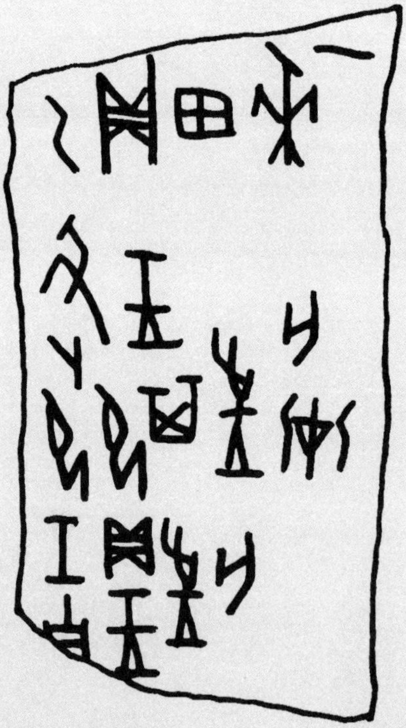

①
②

- 出處：《合》28475，龜腹甲。
- 斷代標準：貞人、書體。
- 說明：此版有學者透過字形認為是第五期，可是從鑽鑿形態來看，時代應該是第三期。

①乙丑卜，卯貞：「王其田，往來亡災？」

白話譯文

乙丑日占卜，貞人卯提問：「商王將要去田獵，前往和回來的路上不會有災難，是嗎？」

閱讀方式

右行。

前辭部分：乙丑卜，卯貞。「卯」字象人宴席或行禮時排列而坐的樣子，後來下頭加上「丌」的偏旁，成爲「巽」字。在這裡是第三期貞人的名字。

貞辭部分：王其田，往來亡災？「災」字在第一期寫作「巛 巛 灾」，前兩者表現出大水氾濫成災，後者呈現了屋內起火的樣子，到了第三、四期或可寫作「𡿧 𢦏」，前者从川才聲，後者从戈才聲。由表意字轉變成形聲字。

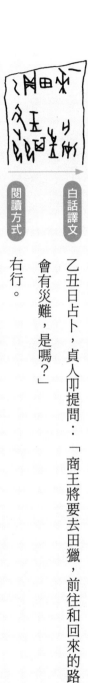

②壬子［卜］，□貞：「王［其田］，往［來］亡［災］？」

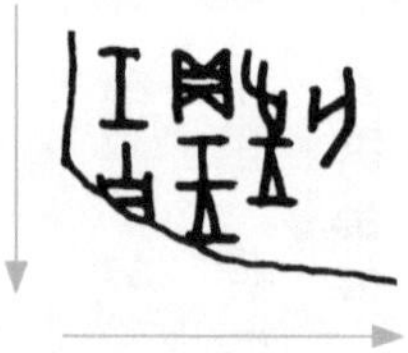

白話譯文 壬子日［占卜］，貞人□提問：「商王［將要去田獵］，前往［和回來］不會［有災難］，是嗎？」

閱讀方式 右行。

摹寫練習

303 問田獵旅程

（貞人狄）

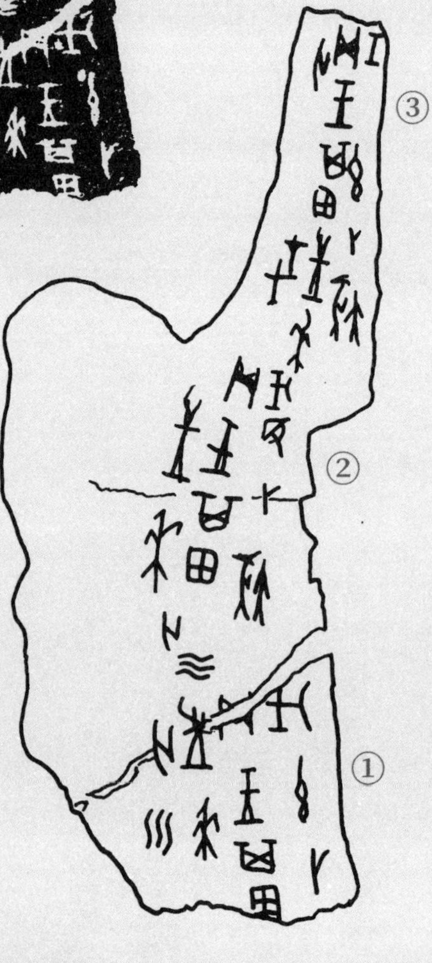

• 出處：《合》28466，龜腹甲左前甲。

• 斷代標準：貞人、書體。

① 戊午卜，□貞：「王其田，往來亡災？」

白話譯文 戊午日占卜，貞人□提問：「王將要去田獵，前往和回來的路上不會有災難的，是嗎？」

閱讀方式 左行。

② 戊辰卜，狄貞：「王其田，往來亡災？」

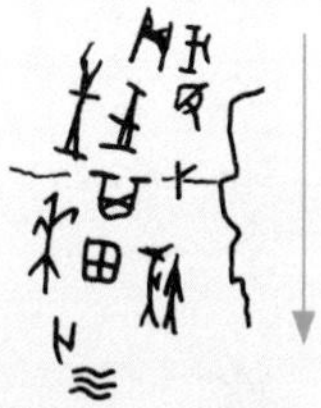

白話譯文 戊辰日占卜，貞人狄提問：「王將要去田獵，前往和回來的路上不會有災難的，是嗎？」

閱讀方式 左行。

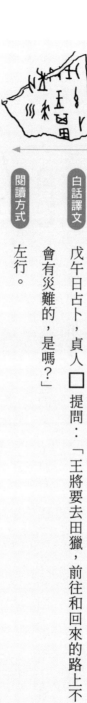

前辭部分：戊辰卜，狄貞。「狄」是第三期早期的貞人，現今並無此字，暫時隸定爲「狄」。

③壬午卜，狄貞：「王其田，往來亡𢦏？」

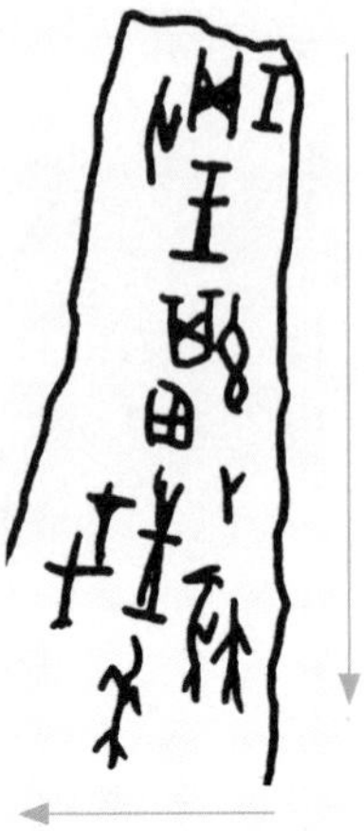

白話譯文

壬午日占卜，貞人狄提問：「王將要去田獵，前往和回來的路上不會有災難的，是嗎？」

閱讀方式

左行。

此版的「災」呈現三種不同寫法，表現出先民早期面臨的主要災難是水災，所以「昔」字寫作「」，以過去大水爲患，表示往昔、過往的意義。後來演變成人爲的征戰兵災，所以產生从戈才聲的「𢦏」字。

摹寫練習

304 問田獵方式、更動時間

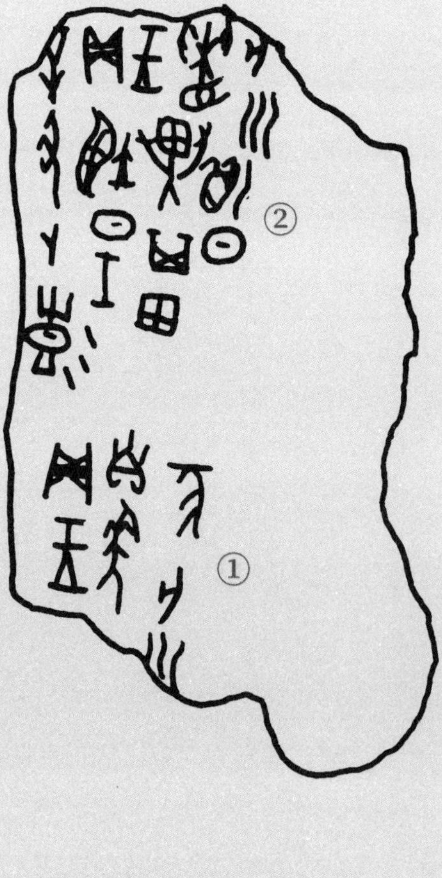

• 出處：《合》29395，龜腹甲。
• 斷代標準：貞人、書體。
• 說明：此版行款排列凌亂。

①貞：「王☒自麥，[衣]逐亡災？」

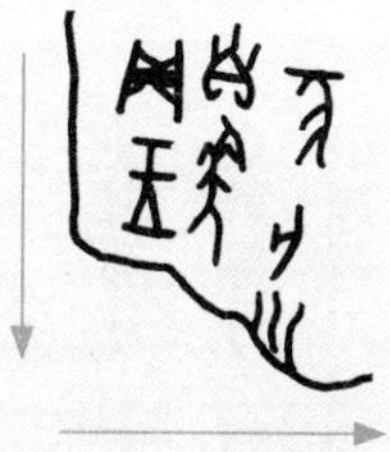

白話譯文

提問：「商王☒從麥地前往（田獵），使用大規模的追逐，不會有災禍的，是嗎？」

閱讀方式

右行。

貞辭部分：王☒自麥，[衣]逐亡災？「麥」是地名。「逐」字之前缺了「衣」字，田獵刻辭常出現「衣逐」一詞，「衣」讀爲「殷」，意思是大規模的追逐。甲骨文的「逐」字寫作「」，表現出人以足在豕、鹿、象等野獸後面追逐獵物的樣子，此條卜辭的「逐」字漏刻了下面「止」的偏旁。

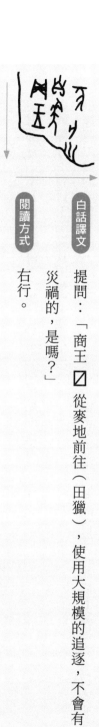

②辛丑卜，彭貞：「翌日壬王異其田□，湄日亡災？」

白話譯文　辛丑日占卜，貞人彭提問：「第二天壬日，商王想要改變例行的田獵日而前往□地進行田獵，整天不會有災禍的，是嗎？」

閱讀方式　右行。

前辭部分：辛丑卜，彭貞。「彭」是第三期早期的貞人

貞辭部分：翌日壬王異其田□，湄日亡災？

根據第二期的甲骨文例，商王是以乙、戊、辛爲正常進行田獵的日子。此條卜辭提到壬日，並用了「異」字，「異」有改變、變異的意義，反映出第三期在例行的日期之外，變異的將壬日也作爲田獵日，因此詢問是否會有災難發生。後來，壬日也成爲田獵的常日。

「□」是田獵的地名。筆者曾考釋過，「襄」字的甲骨文寫作「□□」，呈現人以兩手扶著曲板犁壁的犁，而前有牛曳拉犁以耕田的樣子。「□」字的上半類似「襄」字的上半，下半加上眼睛，但創意仍不明。「湄日」指彌日，整天的意思。

摹寫練習

305 問田獵運勢

②

①

• 出處：《合》28614，骨。

• 斷代標準：書體、卜習。

• 說明：第三期經常一事多卜，往往第一卜寫明占卜日的前辭形式，而於其他卜省略前辭形式；第四期武乙開始，越來越少出現省略前辭形式的情況。因此可作為判斷時代性的參考。

①「王于壬迺田，湄日亡𢦏？」

白話譯文 （提問：）「王延遲到（非正常的）壬日才去田獵，整天都不會有災禍的，是嗎？」

閱讀方式 右行。

「迺」同「乃」，表示「才」的意思。在第二期，商王是以乙、戊、辛爲正規田獵的日子，到第三期改變原來做法，增加了壬日，因爲壬日不是正規田獵的日子，所以用「迺」字特別強調。

②「王弜田，每？」

白話譯文　（提問：）「王不要去田獵，會有悔恨的（下雨），是嗎？」

閱讀方式　右行。

與上一卜爲**對貞**的內容。「弜」在甲骨文中，當作否定副詞。「每」指婦女頭上有豐富的裝飾，所以有豐盛的意義。此條辭例假「每」爲「悔」，其他刻辭的「悔」反映出是會下雨的情況。下雨不利於田獵，若進行可能會有悔恨。

306 問二事——水災、祭祀儀式

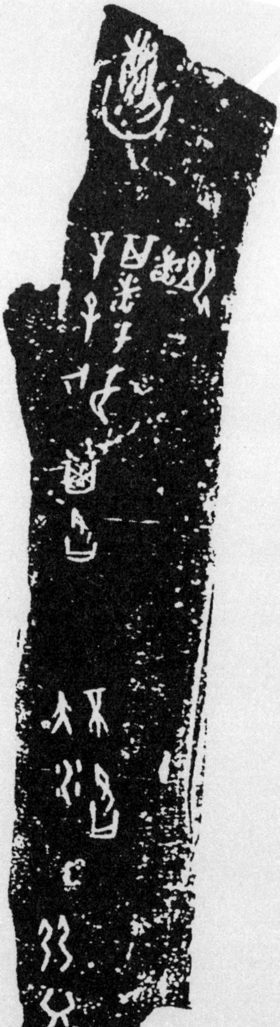

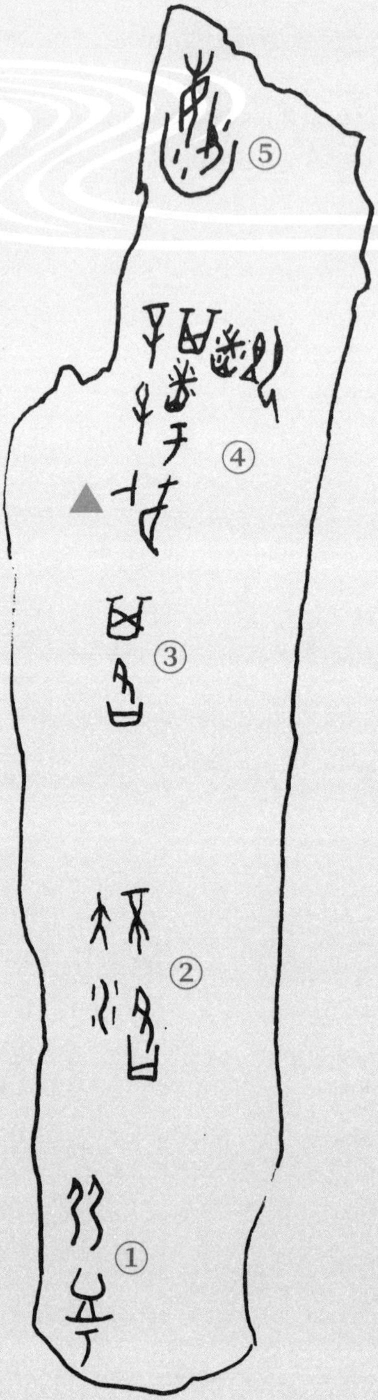

- 出處：《合》33348，骨。
- 斷代標準：書體、字形。
- 說明：前三條卜辭省略了前辭形式，第三期最常省略前辭形式。卜字短劃朝下是第三期獨有的字形。

①「弜寧？」

白話譯文 （提問：）「不會安寧的，是嗎？」

閱讀方式 由上而下。

「寧」字下半象一架子或托盤，上半爲盛裝熟食的熱皿，表達熱皿要以架子或托盤承接才安全的意思。「乎」字寫作「」，下半仍是支架或托盤的造型，三點可能表示熱湯湯汁濺出因而發出呼叫的樣子。「弜」爲否定副詞。從下卜來看，不安寧指大水的災難。

② 「大水不各？」

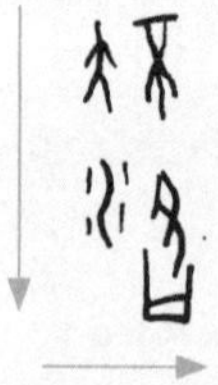

白話譯文 （提問：）「大水不會到來，是嗎？」

閱讀方式 右行。

此卜進一步詢問會不會安寧的原因，是因爲大水來襲嗎？《史記》記載盤庚遷殷後兩百七十三年再也沒有遷徙都城，因爲安陽地勢高，少有大水爲患，所以安陽沒有修築城牆以阻擋水患。

③ 「其各？」

白話譯文 （提問：）「（大水）將會到來，是嗎？」

閱讀方式 由上而下。

④ 辛巳卜，「其燎于？」燎即。

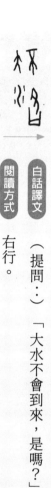

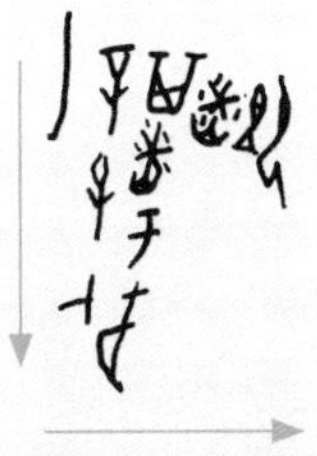

白話譯文

辛巳日占卜（，提問）：「將要在地舉行燎祭，是合適的嗎？」已經完成燎祭的施行。

閱讀方式

右行。

前辭部分的「卜」字，是第三期的特有寫法——短劃朝下（請見摹本▲處）。

貞辭部分：其燎于？「燎」指燎祭，第一期寫作「」，第二、三期在原先的燎字下頭加上「火」的偏旁，爲一種焚燒木頭的祭祀，原在郊野舉行，後移至室內，所以後世該字加上「呂（宮）」的偏旁以表意，後來「呂」的偏旁又訛變成「日」，成爲今日「尞（燎）」字。「」爲舉行燎祭的地名。

⑤「☒？」

閱讀方式

單一字。

可能與前一卜內容相近，是一事多卜。「」字呈現在一坑內以棍棒將人打死的樣子，可能詢問獻祭的牲體是否使用人牲。

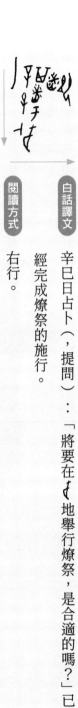

307 問降雨

• 出處：《合》28259，骨。

• 斷代標準：書體、字形。

• 說明：河（黃河）、岳（霍山）是殷商祈求下雨的兩大神祇。

① 「湄日☐」

閱讀方式 由上而下。

「湄日」指整天，在田獵刻辭出現最多，也會出現在詢問風雨、有關年收的甲骨文上。

② 「其風？」

白話譯文 （提問：）「將會颳風的，是嗎？」

閱讀方式 由上而下。

「風」字在第一期寫作「」，是假借鳳鳥表示風的意義。到了第三期在鳳鳥上又加了「凡」聲，且凡的字形一邊呈現長劃、一邊短劃；偶而還使用「兄」的聲符。有學者以爲這是古代一個字形但可讀兩個音節的現象。

③「求于河，年又雨？」

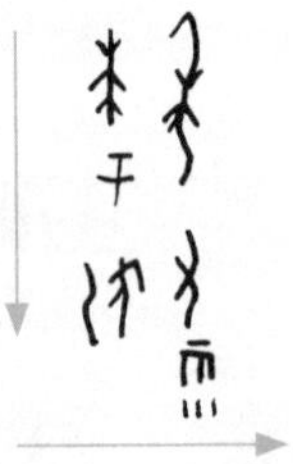

白話譯文 （提問：）「向黃河神靈祈求，能有充足的雨量讓農作物豐收，是嗎？」

閱讀方式 右行。

第三期「河」字呈現河水的偏旁和「」分開的字形，到了第四期寫作「」，兩個構件相疊，使得該字看起來象人以肩擔荷鋤頭的樣子。

第三期「雨」字上加了一個無意義增繁的短劃，分兩層各三點，到了晚期演變成「」，再變成小篆的字形「」。

④「⧄雨⧄」

閱讀方式　單一字。

可能與上一卜**對貞**，表示詢問不會有雨的選項。

308 問向武丁、父己、父庚祭祀情況

拓本原寸長 23.8 公分、寬 8.5 公分，圖為原寸 75%。

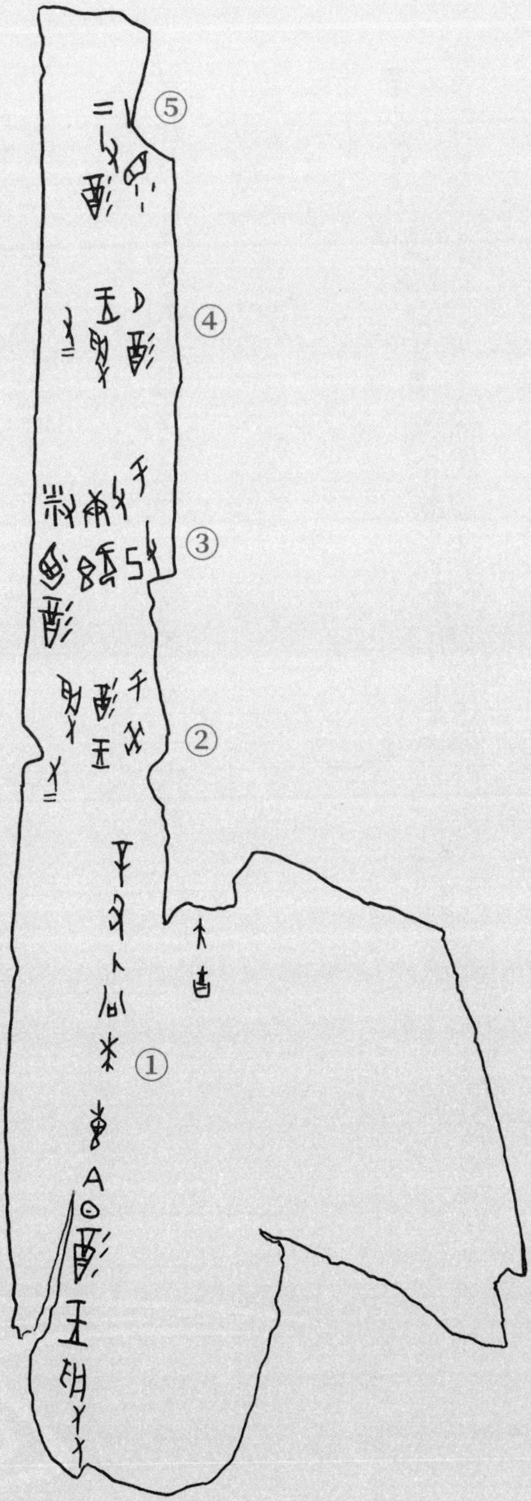
⑤
④
③
②
①

• 出處：《合》27416，骨。

• 斷代標準：稱謂、兆辭、書體。

• 說明：此版出現兆側刻辭，兆側刻辭是視兆象判定吉凶的簡單斷語，是分辨第三、四期的標準，因為第四期沒有兆側刻辭，而第三期沒有異版同文，但第四期卻有異版同文的現象。藉此可以作為判斷時代的切入點。

①辛丑卜，「公求，叀今日酒，王受又又？」大吉。

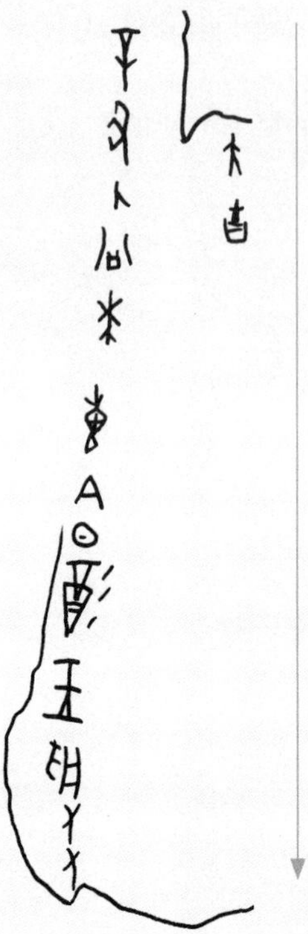

白話譯文

辛丑日占卜（，提問）：「向兩代前的先祖祈求，於今天白天舉行酒祭，王會受到福祐的，是嗎？」大吉。

閱讀方式

由上而下。

貞辭部分：公求，叀今日酒，王受又又？

第三期之前，原先對於兩代前的祖輩都是稱「祖」，「公」是第三期新創的詞，是對前兩代先祖的稱謂，至於兩代前更早的祖輩才稱「祖」，可知到了第三期「公」、「祖」的稱謂是有所區別的。但之後又不見使用「公」，不知是否與立嫡的制度有關。

「叀」的字形可作爲斷代指標，本義象紡磚形，上爲纏繞的線，第一期寫作「」，第三期寫作「」，下頭多了刻畫成三角形的紡輪，書體細小且剛勁有力，到了第四期演變爲「」，紡磚的線多了，下面的陶輪也成圓形。

「今日酒」的「日」指出舉行的時間在白天，與第四卜的「夕酒」相對。第一期的「受㞢又」，到第三期寫作「受又又」。

兆側刻辭：大吉。在第三期，吉祥程度大致可分成三個層級，第一最低層級是「不吉」，第二是「吉」，第三最高層級是「大吉」或「弘吉」。在一片甲骨上曾同時出現大吉和弘吉，但書體明顯有所差異，應是出於兩個不同的人所書寫，所以大吉和弘吉是相同程度，只是記錄甲骨的人不同，習慣用語也不同。「吉」字在第三期有著一般吉字的寫法「」，不同於第一期的字形「」。

② 「于癸酒，王受又又？」

白話譯文 （提問：）「於癸日舉行酒祭，王會受到福祐的，是嗎？」

閱讀方式 左行。

③ 「于父己、父庚，即□遒酒？」

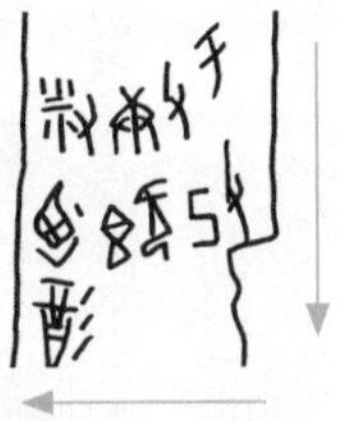

白話譯文 （提問：）「向父己、父庚的神靈，先舉行了□祭後才舉行酒祭，是合適的，是嗎？」

閱讀方式 左行。

父己指祖己、父庚指祖庚，未提到祖甲。有可能祖甲雖死，還沒有經過撿骨儀式，所以還沒有正式排入祀譜。「□」字不識，是祭祀名稱，「即□遒酒」說明了祭祀的前後程序。

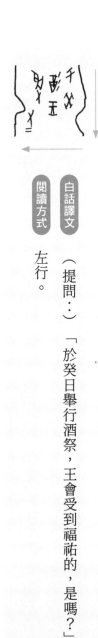

④「夕酒，王受又又？」

白話譯文 （提問：）「在晚上舉行酒祭，王會受到福祐的，是嗎？」

閱讀方式 左行。

「夕酒」說明舉行酒祭的時間是在晚上（前半夜）。

⑤「公眔二父，酒？」

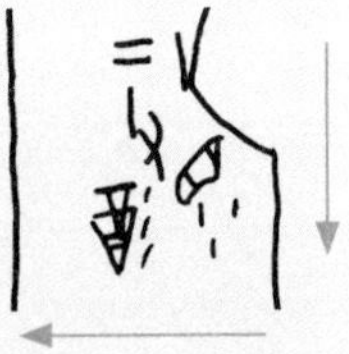

白話譯文 （提問：）「向公（此指武丁）以及父己、父庚的神靈祈求，舉行酒祭是合適的嗎？」

閱讀方式 左行。

「眔」象人淚流不止的樣子，在此作爲連接詞使用。

綜合前幾卜來看，此版詢問祭祀的對象有三種，包括：公；父己和父庚；公和父己、父庚。沒有康

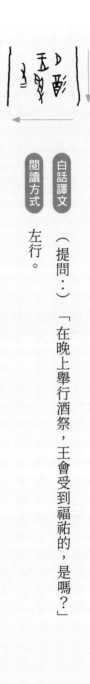

丁的親父祖甲。一般的情況是，對於親父的祭祀是特別隆重，此次卜問卻缺少，有可能是因爲三年撿骨的儀式還未實行，不能舉行常祀。祭祀時間也是有三種選擇：白天、晚上、癸日。

摹寫練習

309 問牲品的牛隻數量

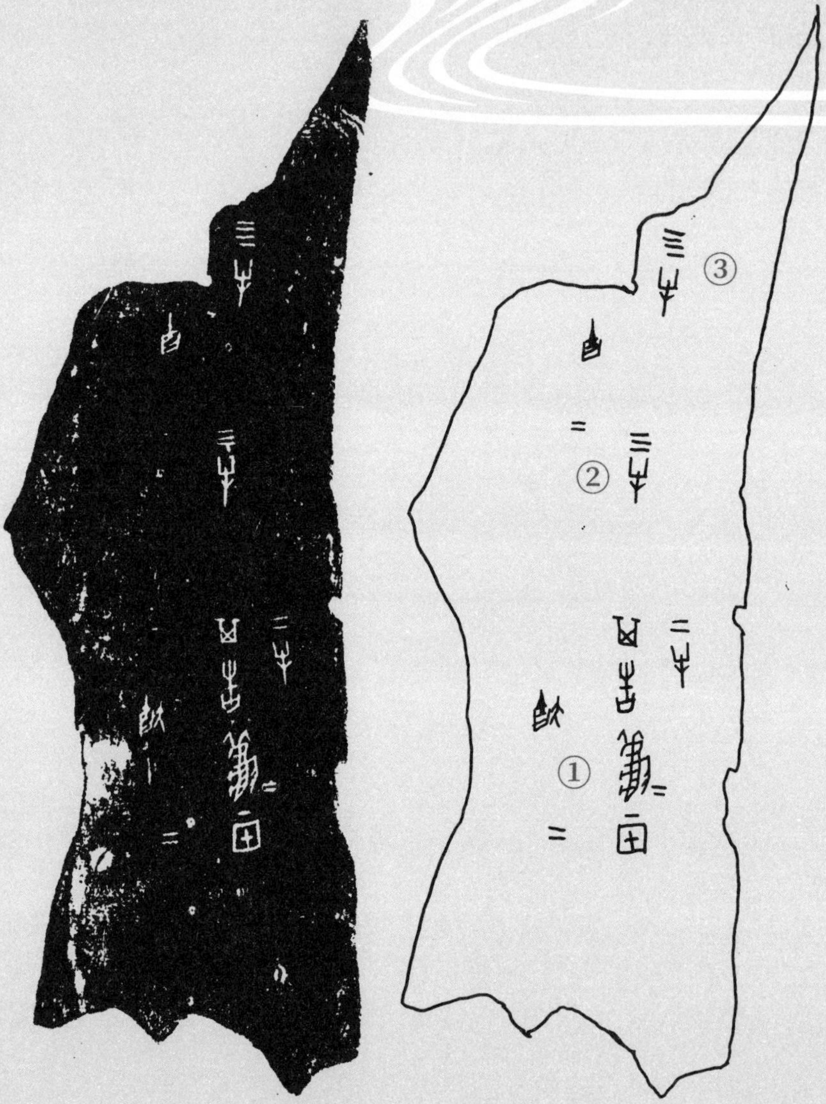

• 出處：《合》28206，骨。

• 斷代標準：兆辭、書體、字形。

• 說明：第三期的卜辭是列出幾個選項來詢問神靈，再選出適當的，所以通常只有第一卜有日期的紀錄。吉字是第三期兆側刻辭的寫法。

① 「其告秋上甲，二牛？」二（序數）。大吉。

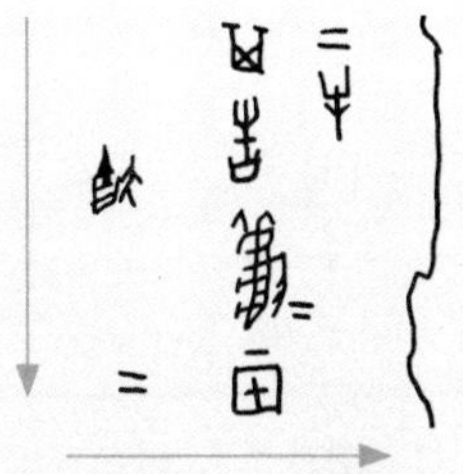

白話譯文 （提問：）「將要向上甲報告蝗蟲的來襲，使用二頭牛祭祀，是合適的嗎？」第二次占卜。大吉。

閱讀方式 右行。

甲骨文以蝗蟲之形代表秋天，因爲蝗蟲見於夏、秋之際，稻禾即將成熟的時節，會帶來很大的傷害。「告秋上甲」是說向上甲報告蝗蟲的到來，「上甲」一詞使用合文。

② 「三牛？」二（序數）。

白話譯文 （提問：）「使用三頭牛祭祀，是合適的嗎？」第二次占卜。

閱讀方式 由上而下。

③ 「四牛？」吉。

白話譯文 （提問：）「使用四頭牛祭祀，是合適的嗎？」吉。

閱讀方式 由上而下。

以上三卜，是牲品使用牛隻的數量選項。

摹寫練習

310 問祈求豐收的祭品

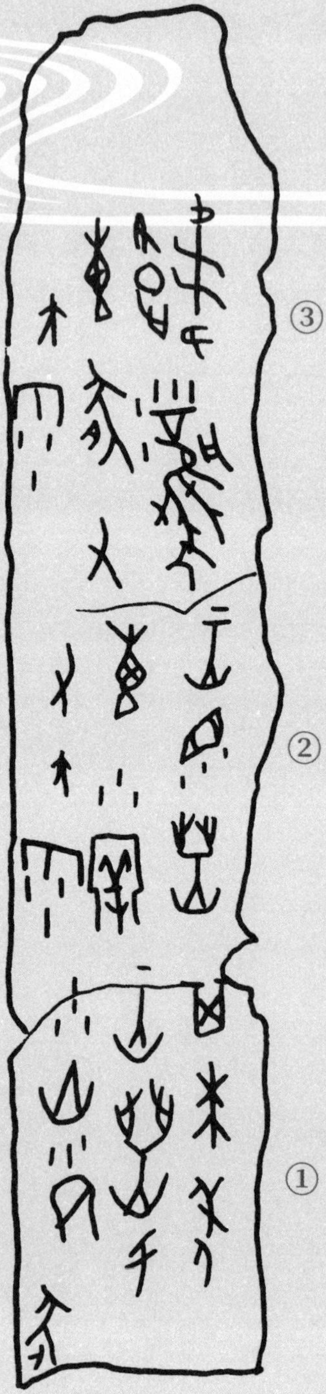

• 出處：《合》30393，骨。

• 斷代標準：書體、字形、卜習。

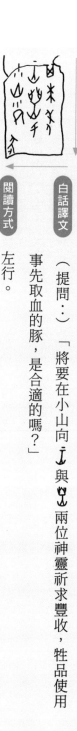

• 說明：第一期山字底部的筆劃平直，寫作「」，到了第三期底部的筆劃呈現彎曲的特點；而第一期的火字呈現三道火焰，到了第三期加上兩個小火點。這是區分「山」、「火」兩字的差別所在。

①「其求年于小山，豚？」

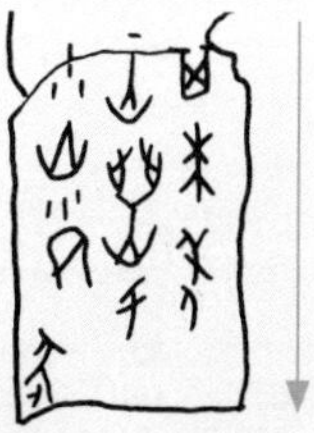

白話譯文 （提問：）「將要在小山向與兩位神靈祈求豐收，牲品使用事先取血的豚，是合適的嗎？」

閱讀方式 左行。

「、」爲兩個小山的神明。卜辭中求年的對象大多是河（黃河）、岳（霍山），這一版意外對其他個別的山神求年。「小山」指祭祀的所在，可能是一般的小山，不是專名。

「」字學者隸定爲「幾」字，無字形上的連繫，是薦血之祭。「血」字作血盛於皿中的樣子，通常是作爲結盟或祭祀時所需之物。至於「」和「血」的分別，或許「」是事先將牲體宰殺所

取之血，而「血」則是當場處理，已盛裝在器皿的血。

此條卜辭缺**前辭形式**，應該不是第一卜。此卜之前可能先詢問求年的對象，並加以確定。接著從此卜開始，才詢問牲品的問題。也就是卜辭在占問複雜的事情時，會按照事類分層，像是先占問祭祀的對象，再進一步卜問可能祭祀的牲體，最後還又確定數量。

②「□眔□叀小牢，又大雨？」

白話譯文

（提問：）「向神明□和□（祈求豐收），牲品使用小牢，就會有大雨（幫助豐收）的，是嗎？」

閱讀方式

左行。

「牢」、「宰」是被圈養在柵欄裡的牛、羊，爲較高級的牲品，牢、宰都有大與小的區別，依據後代禮制有太牢、少牢的規定來看，大牢、小牢和大宰、小宰可能是組合上的差異，而不是數量上的。如「大牢」可能是牛、羊、豬的組合，「小牢」是牛與羊的組合，「大宰」是羊、豬、犬的組合，「小宰」是羊與豬的組合。

求年主要是爲了求雨，古人的觀念認爲要有好的年收跟雨是有關的。穀物成長時需要及時雨，但收成時不能有雨，所以甲骨文提到「正雨」，就是指適當的雨。「又大雨」是概括性有豐沛的雨量。

③「⿰韋柬（）風叀豚，又大雨？」

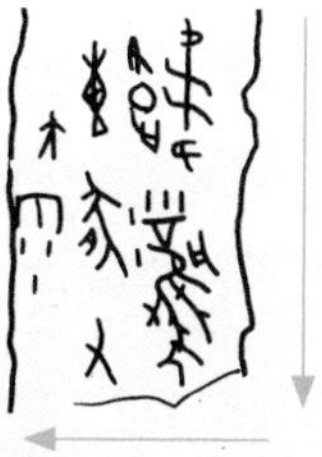

白話譯文

（提問：）「向西風（祈求豐收），牲品使用豚，會有大雨（幫助豐收）的，是嗎？」

閱讀方式

左行。

根據前文（〈111〉），第一期《合集》編號14295的甲文來看，「⿰韋柬（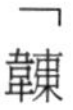）」風是爲西風，第一期寫作「」，第三期是在義符「」的基礎上，再加上「圍」的聲符，後來省略爲「韋」聲。甲骨文中，向河、岳求雨祈求豐收的例子多，向風求雨的例子少。從自然環境判斷，因爲位於山西的霍山阻擋了海上東來的水氣，所以向岳求雨的情況更爲頻繁。而從長沙子彈庫出土的楚帛書和《管子．幼官》的記載來看，古代天象的觀測是坐北朝南，所以方向名稱的使用，與現今不同，西風實爲東方吹來、帶有豐富水氣的風。

311 問向帝五臣的祭祀儀式

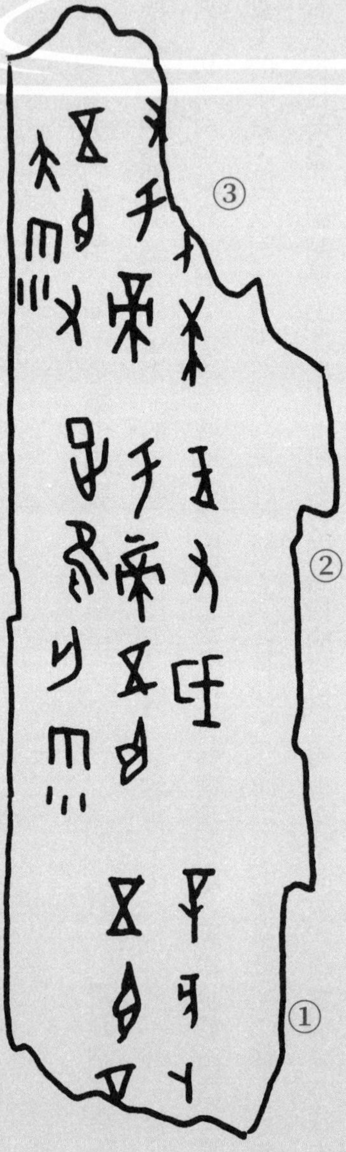

- 出處：《合》30391，骨。
- 斷代標準：書體、字形、卜習。
- 說明：第三期通常只有第一卜會出現占卜的干支日，其餘同一日卜辭的干支會省略不刻，這是第三期的特點。

①辛亥卜，「⧄五臣□⧄」

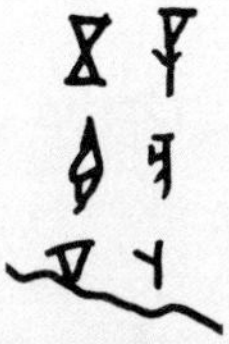

閱讀方式

左行。

②「王又歲于帝五臣正，隹亡雨？」

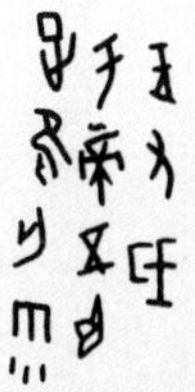

白話譯文

（提問：）「王向天帝的五部官長舉行又歲祭，不會下雨的，是嗎？」

閱讀方式

左行。

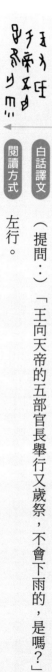

「帝五臣」是誰？五臣應是天帝的五個臣僚部門。因爲鬼神由人所創，天上世界與人間相應。商代官吏機構分內臣和外服，所以神界或分爲統轄天庭和四方山川兩個系統，相當於內臣的帝五臣或爲雲、雨、雪、雷、電，外服的四方山川神祇或爲山、岳、風、河。西周朝廷機構是司工、司土和司馬三個部門，分別管理器物營造、土地戶籍和軍事等相關事宜。若是天庭比附人間有帝五臣，那麼商代內臣的五個機構除了司工、司土、司馬，或許還有負責祭祀和刑獄訴訟的官僚編制。

「正」可當官正、官長，即作爲機構首長的稱呼。

③「▨求，又于帝五臣，又大雨？」

白話譯文 （提問：）「▨有所祈求，向天帝的五部官僚舉行又祭，會下大雨的，是嗎？」

閱讀方式 左行。

「又」一般是複祭的領頭，所以「求」可能是上一段落，表示有所祈求，接著詢問施行又的儀式是否適當。

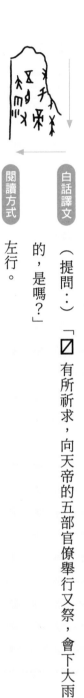

摹寫練習

312 問向岳、戛的祭祀儀式

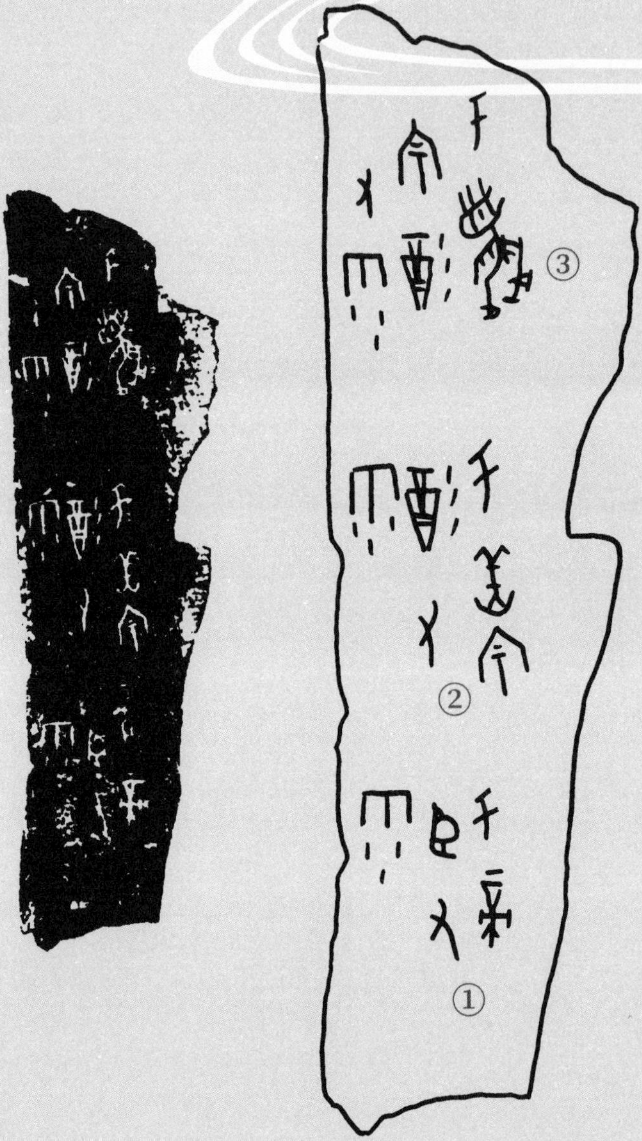

• 出處：《合》30298，骨。

• 斷代標準：書體、字形、卜習。

• 說明：結合〈311〉和〈312〉，帝五臣、岳和⿰夏戉都是人世間祈雨時所祭拜的自然神靈。

① 「于帝臣，又雨？」

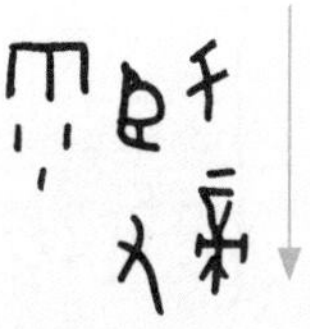

白話譯文 （提問：）「向天帝的臣僚舉行祭祀，會下雨的，是嗎？」

閱讀方式 左行。

② 「于岳宗酒，又雨？」

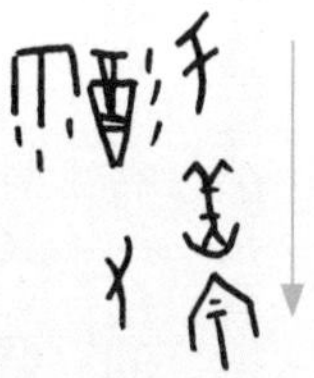

白話譯文 （提問：）「在祭拜岳的廟舉行酒祭，會下雨的，是嗎？」

閱讀方式 左行。

甲骨文上祭祀祖先的宗廟可稱「宗」，敬拜自然神靈的地方也可稱「宗」。「岳」是專指霍山，不是對所有山岳的通稱。綜合上下卜來看，「岳」和「⿰夏戈」是在「宗」舉行祭祀，可是對帝五臣、帝臣進行祭拜卻沒有指出廟址，是否表示這兩者是外臣和內廷的差異？

③「于⿰夏戈宗酒，又雨？」

白話譯文 （提問：）「在敬拜⿰夏戈的廟舉行酒祭，會下雨的，是嗎？」

閱讀方式 左行。

「⿰夏戈」或爲受崇拜的某一神靈，有人隸定爲「**襲**」，暫定爲「⿰夏戈」。

摹寫練習

313 問祭祀時間、器具

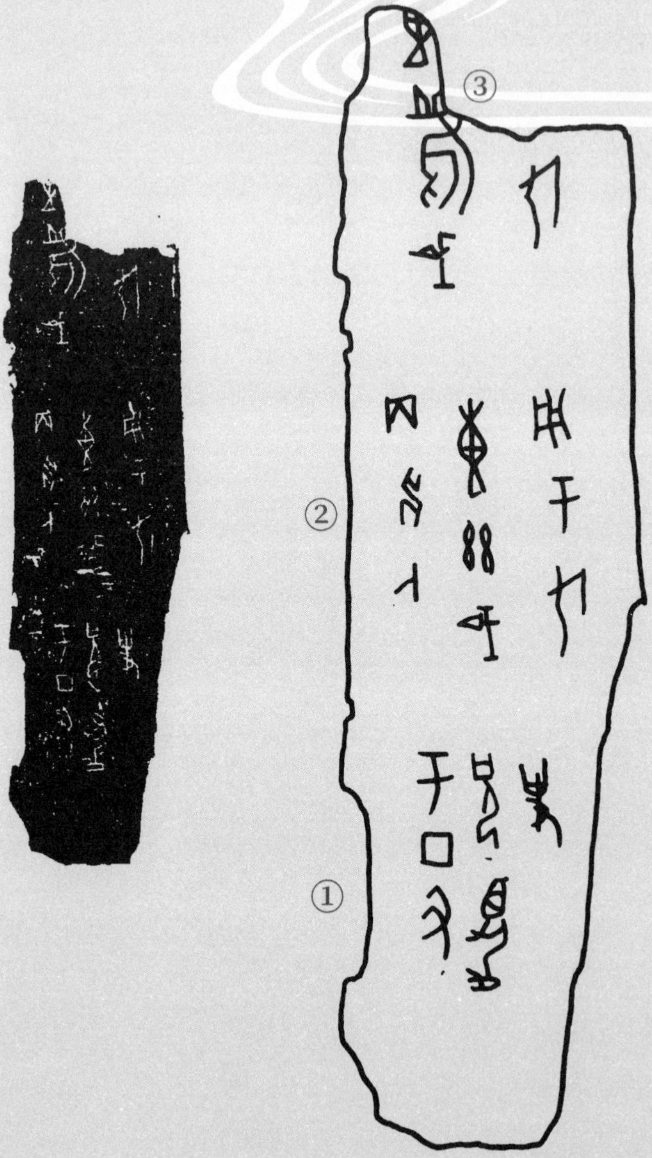

• 出處：《懷》1461，骨。

• 斷代標準：書體、字形。

① 「于丁丑兄夒史？」

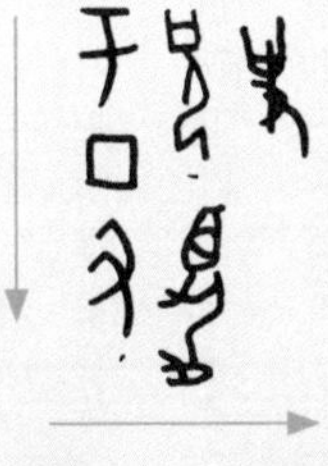

白話譯文 （提問：）「在丁丑日向神靈夒史（或夒的史臣）舉行祝禱，是合適的嗎？」

閱讀方式 右行。

「兄」爲祝，祝禱的意思；「夒」爲受祭的神靈，「史」不知是指「夒」在天帝內廷擔任史的職務，還是稱呼在「夒」底下擔任臣屬的史官。

②丙申卜，「叀茲戈用于河？」

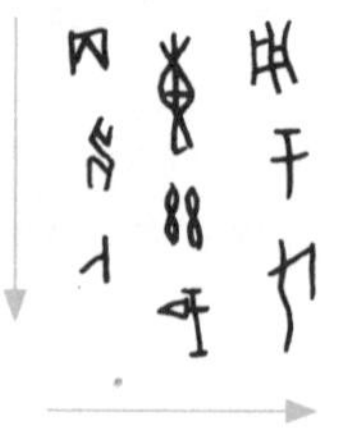

白話譯文　丙申日占卜（，提問）：「用現在使用的戈向河神獻舞，是合適的嗎？」

閱讀方式　右行。

貞辭部分：叀茲戈用于河？後世沒有「」字，暫時隸定爲「戈」。「戈」除了殺敵外，還可作爲代表身份或地位的儀杖。從地下出土物來看，晚商有種銅戈（如圖）刃部造型鈍圓、不具有殺傷力，或是敬神時跳舞的工具，「」應該就是這類用途的戈。另外，在北京琉璃河西周燕國墓地（M1029）出土一件銅戟有「匽侯舞戈」四字，湖北荊門亦出土一件戰國銅戈有「大武開兵」四字，後世文獻《禮記．明堂位》說道：「開歌清廟下管象，朱干玉戚，冕而舞大武。」可知古代有持戈戟跳大武舞，以展示君王威權或軍事成就。

結合上下卜，出現茲戈、舊戈，可見此版是在詢問：要用現在的戈還是舊時的戈，來向黃河神靈獻舞。從獻舞道具的講究，可見商代對於祭祀的重視。

③「叀舊戈[用于]河？」

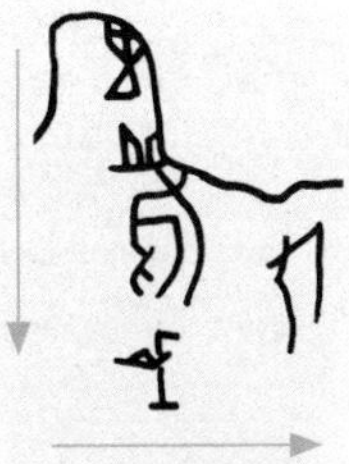

白話譯文 （提問：）「[用]舊時使用的戈[向]河神獻舞，是合適的嗎？」

閱讀方式 右行。

314 問宴席料理

拓本原寸長 22.6 公分、寬 9.6 公分，
圖為原寸 60%。

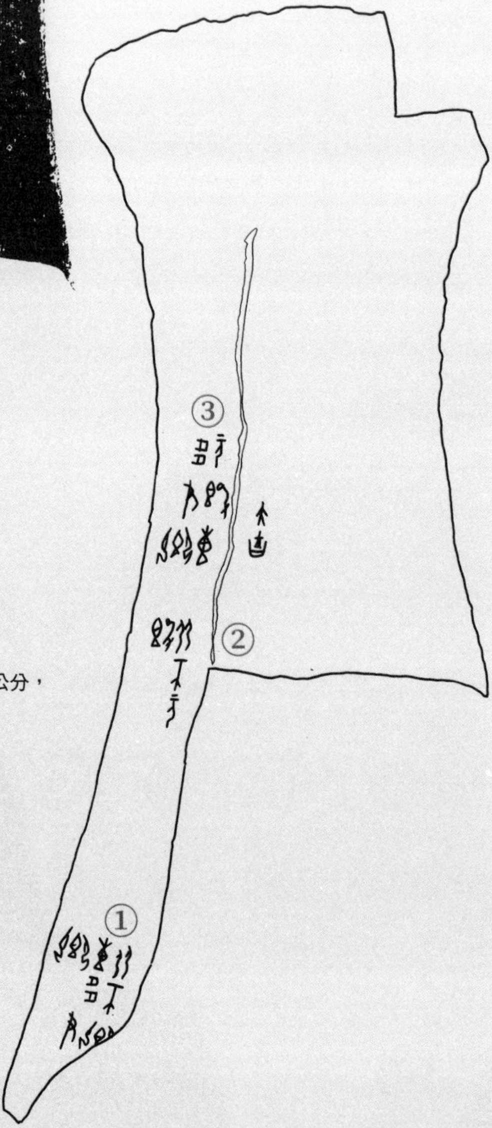

• 出處：《合》27894，骨。

• 斷代標準：兆辭、書體、卜習。

• 說明：從兆側刻辭、占卜由下而上、叀字下頭呈現三角形的紡輪，以及此版書體細小且剛勁，判斷時代是屬於第三期。

① 「弜帀卿，叀多尹卿？」

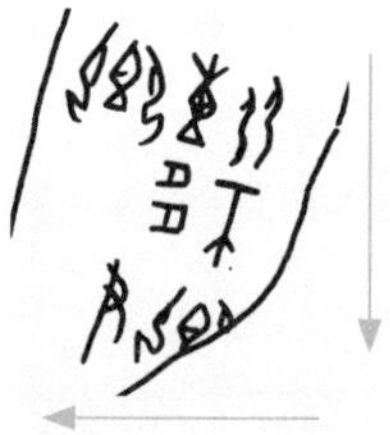

白話譯文 （提問：）「不要對全部官吏進行宴饗，只設宴供諸多官長享用，是合適的嗎？」

閱讀方式 左行。

「弜」當作否定副詞；「帀」不清楚其創意的表達，在這裡作爲副詞，表示全部的意思；「卿」是爲「饗」，指宴饗。

②「弜市元簋？」

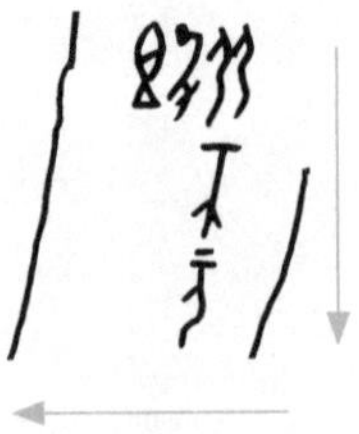

白話譯文 （提問：）「不要全部都用大簋，是合適的嗎？」

閱讀方式 左行。

「元簋」指大簋。

③「元簋，叀多尹卿？」大吉。

白話譯文 （提問：）「用大簋，宴饗諸多官長，是合適的嗎？」大吉。

閱讀方式 左行。

「大吉」在第三期是表示最高等級的吉祥程度。

摹寫練習

315 問祭祀日會不會下雨

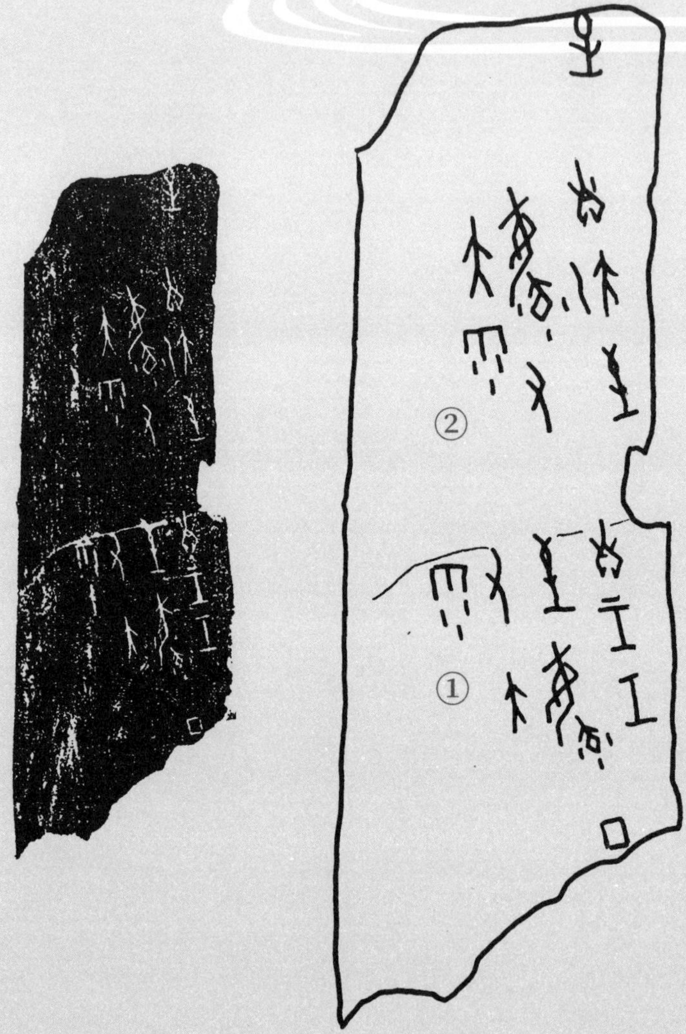

• 出處：《懷》1369，骨。

• 斷代標準：書體、字形、卜習。

①「自示壬至毓，又大雨？」

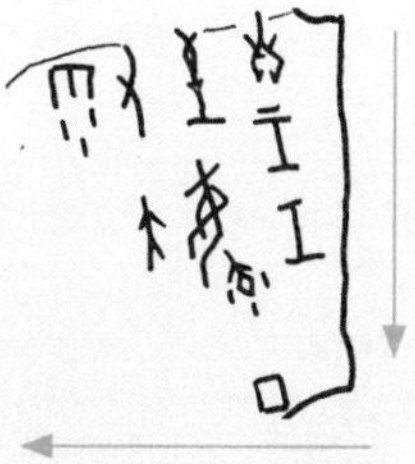

白話譯文 （提問：）「對示壬到祖甲等先祖舉行合祭時，會遭遇大雨的，是嗎？」

閱讀方式 左行。

「示壬」是大乙的祖父，是商第一個眞正存在的先祖，因爲周祭顯示，從示壬開始有配妣。「毓」是指與現任商王最親近的祖先，在此版指祖甲。「又大雨」是問祭祀時會不會下大雨，干擾祭祀，而不是向祖先祈雨的卜問。

② 「自大乙至毓，又大雨？」

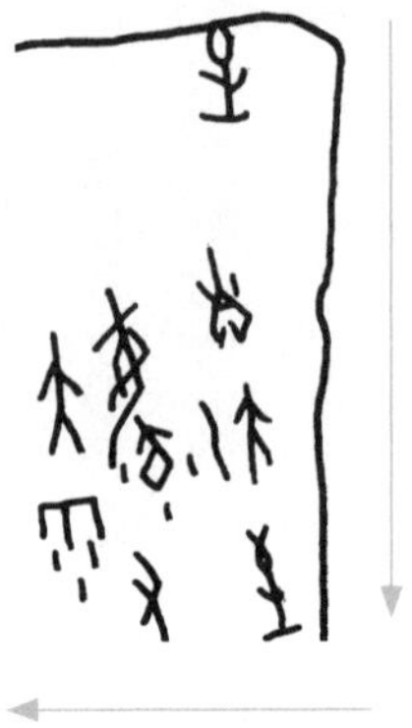

白話譯文 （提問：）「對大乙到祖甲等先祖舉行合祭時，會遭遇大雨的，是嗎？」

閱讀方式 左行。

「大乙」是商的開國君主——成湯，第一期稱之爲「成」或「唐」，至新派改稱爲「大乙」。

摹寫練習

316 問牲品可否用圈養的牛

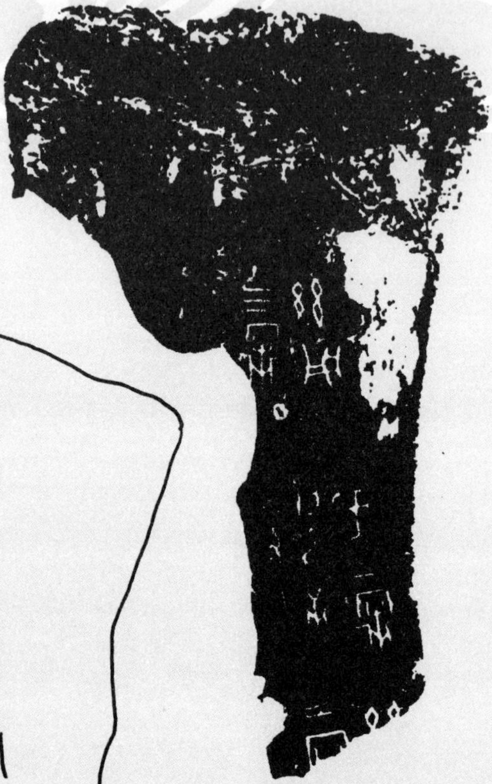

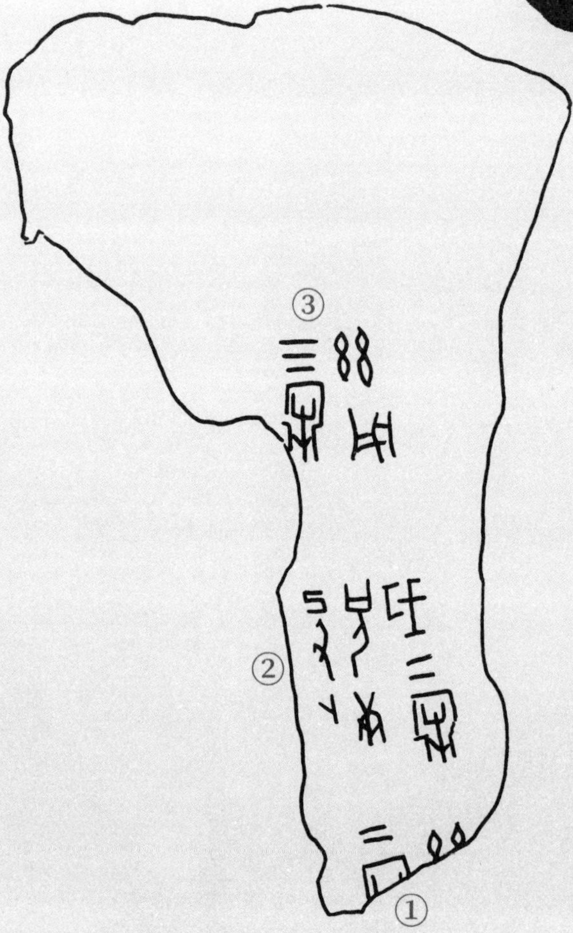

• 出處：《合》27621，骨。

• 斷代標準：兆辭、書體、卜習。

• 說明：此版的時代，有學者從兄庚的稱謂，判斷是第二期祖甲時代的甲骨；還有學者根據書體——如「牢」字筆畫轉折，不似第三期，接近第四期，而斷定時代是第四期。綜合〈316〉、〈317〉和〈318〉，這三版當中提到兄庚或兄己、兄庚，但由於「肄釐」一詞只出現於第三期，加上「卜」字短劃朝下是第三期獨有的現象。第三、四期的區分標準還可看兆側刻辭，第三期有但第四期闕如，即使出現兄己、兄庚的稱謂，我們卻不將此數版置於第二期。此數版或表示當時攝政之人是與祖甲同輩者。基於上述幾項理由，我們將這幾版刻辭劃歸於第三期，或許反映出處於第二到第四期過渡階段的情形。

① 「二牢？」茲[用]。

白話譯文 （提問：）「牲品採用二頭被圈養在柵欄裡的牛，是合適的，是嗎？」[採用]這一卜的預示。

閱讀方式 由上而下。

②己丑卜，「兄庚歲二牢？」

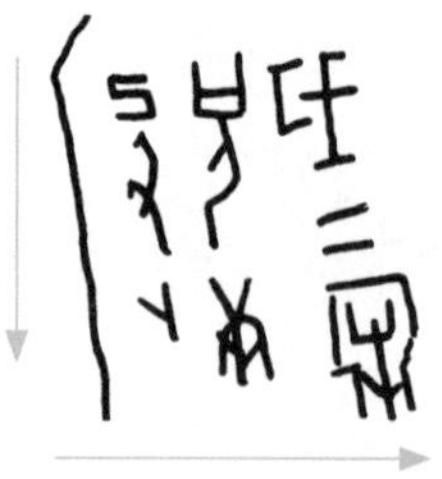

白話譯文

己丑日占卜（，提問）：「對兄庚舉行歲祭，牲品採用二頭被圈養在柵欄裡的牛，是合適的，是嗎？」

閱讀方式

右行。

③「三牢？」茲用。

白話譯文

（提問：）「牲品採用三頭被圈養在柵欄裡的牛，是合適的，是嗎？」

採用這一卜的預示。

閱讀方式

由上而下。

摹寫練習

317 問延長祭祀

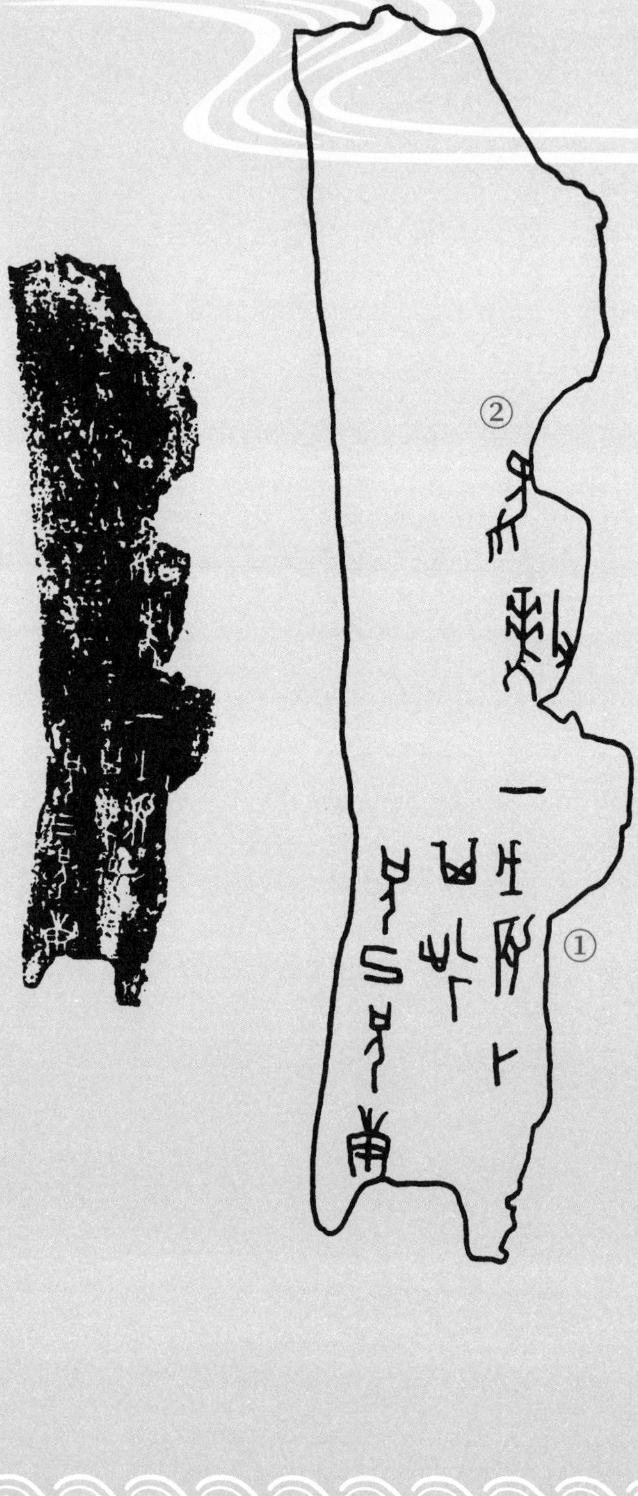

• 出處：《合》27616，骨。

• 斷代標準：書體、熟語。

• 說明：「肄釐」一詞，僅見於第三期。與下一版〈318〉綜合來看，像是成套刻辭，但只出現序數一，缺乏序數二、三，無法確證是異版同文。從一版左行、另一版右行的情形來看，應是分別刻在右、左肩胛骨上的對貞刻辭，所以時代不劃歸於第四期，書體則延續第二期窄長形的特點。

①戊辰卜，「其祉兄己、兄庚[歲]？」

白話譯文

戊辰日占卜（，提問）：「將要延長（或延後）對兄己、兄庚［所舉行的歲祭］，是適合的嗎？」

閱讀方式

左行。

貞辭部分：其祉兄己、兄庚［歲］？「祉」為今「延」字，但不知是延長時間，還是延後舉行。根據下一版〈318〉的第三卜將「歲」字補上。

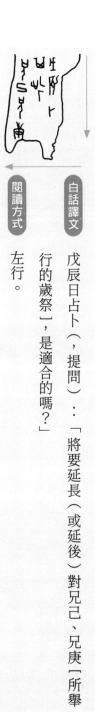

②「肄釐？」一（序數）

白話譯文（提問：）「肄釐？」第一次占卜。

閱讀方式 由上而下。

「肄」是以手替馬刷洗之意，表示正在學習馴服馬匹，字形有時還可加上水滴，發展至西周金文，又加上擦拭的「巾」的偏旁，而補足意義。「釐」字象一手執稻穗、一手以工具打下稻穗以表豐收，而豐收是欣喜之事。至於「肄釐」一詞，現今其義不明。

摹寫練習

318 問祭品、延長祭祀

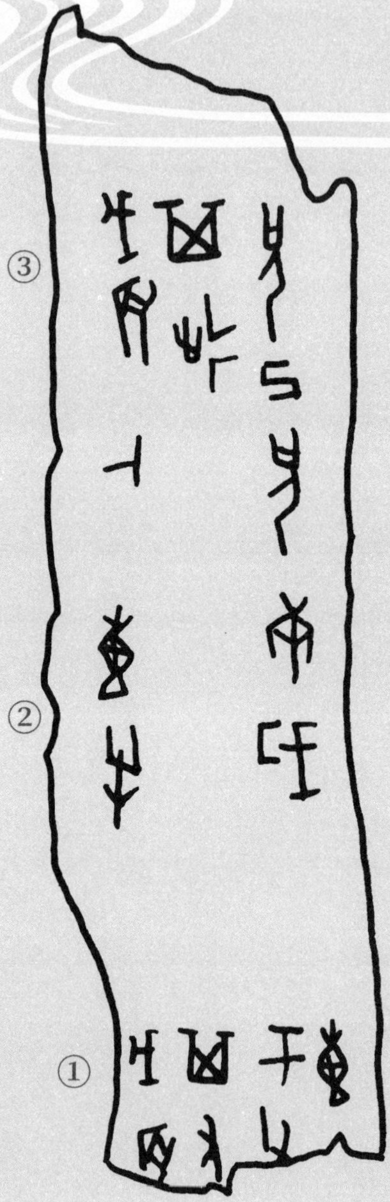

• 出處：《合》27617，骨。
• 斷代標準：書體、卜字形。
• 說明：「卜」字橫劃向下是第三期特有的字形，又「叀」字在第三期寫作「」。由字形特點判斷此版屬於第三期。

①戊辰☐「其又☐于父☐叀☐」

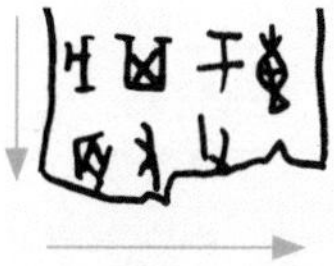

閱讀方式 右行。

②「叀牛？」

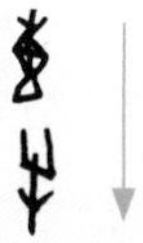

白話譯文 （提問：）「將使用牛祭祀，是嗎？」

閱讀方式 由上而下。

③戊辰卜，「其祉兄己、兄庚歲？」

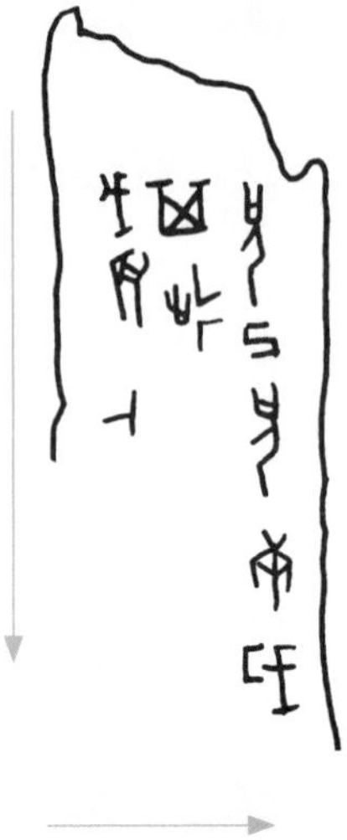

白話譯文

戊辰日占卜（，提問）：「將要延長（或延後）對兄己、兄庚所舉行的歲祭，是適合的嗎？」

閱讀方式

右行。

摹寫練習

319

問五事

——祭祀儀式、祭品、祈雨、聚會、栽種範圍

拓本原寸長 26.1 公分、寬 7.1 公分，圖為原寸 70%。

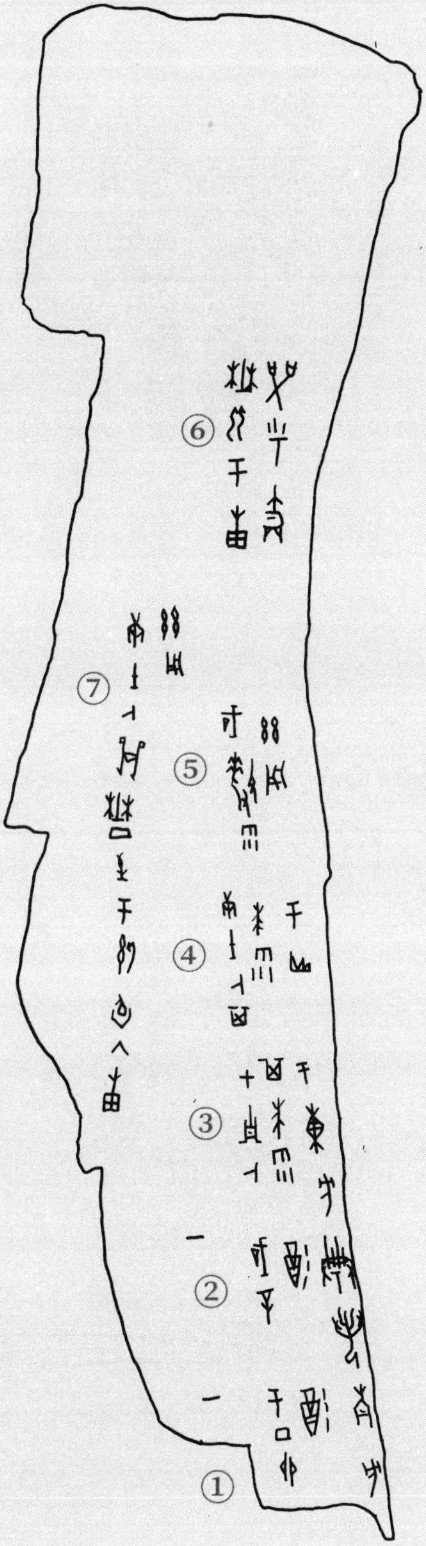
⑥
⑦
⑤
④
③
②
①

• 出處：《合》30173，骨。

• 斷代標準：書體、卜字形。

• 說明：由「卜」字短畫向下，斷定此版時代為第三期。

①「于丁卯酒？」一（序數）

白話譯文 （提問：）「在丁卯日舉行酒祭，是合適的嗎？」第一次占卜。

閱讀方式 右行。

②「戠，辛酒？」一（序數）

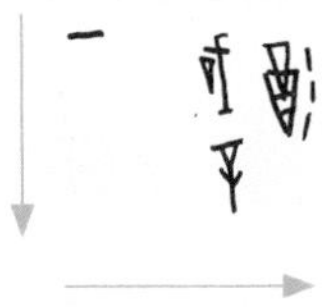

白話譯文 （提問：）「將舉行戠祭，在辛日舉行供酒，是合適的嗎？」第一次占卜。

閱讀方式 右行。

「戠」是一種祭祀。想要舉行戠祭，需問要何日供酒。在甲骨還有「日㞢戠」和「戠：牛」的用法，前者表示太陽有陰影，即日蝕的現象；後者是爲處理牲體的方式。

③甲子卜，「其求雨于東方，⿰示⿱冊又若？」南方⧄

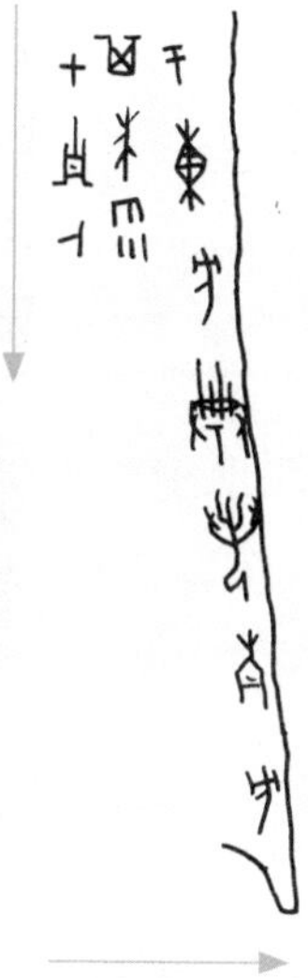

白話譯文 甲子日占卜（，提問）：「將向東方求雨，供奉祝冊會順利的，是嗎？」南方神⧄

閱讀方式 右行。

貞辭部分：其求雨于東方，⿰示⿱冊又若？「⿰示⿱冊又」在周祭是將祭祀日期、對象寫下，呈給神明。該字出現在祈雨刻辭中，可能表示將求雨的請求或對神明賜雨的感謝寫在冊上。

驗辭部分：南方⧄。第一期在占辭後或有驗辭，或將驗辭補刻在背面，但第三期並沒有在甲骨背面刻寫的習慣。就此版刻寫的位置來看，貞辭後沒有多餘的空間，因此將事後追記的驗辭，補刻在第

一、二卜空餘的地方。貞辭問將向東方求雨，是否最後東方沒有下雨，反倒南方降下甘霖，所以驗辭記錄爲向南方獻冊，是貞人迴避占卜錯誤的措辭。

④庚午卜，「其求雨于山？」

白話譯文　庚午日占卜（，提問）：「將向山巒的神靈求雨，是合適的嗎？」

閱讀方式　右行。

⑤「戠，釐雨？」茲用。

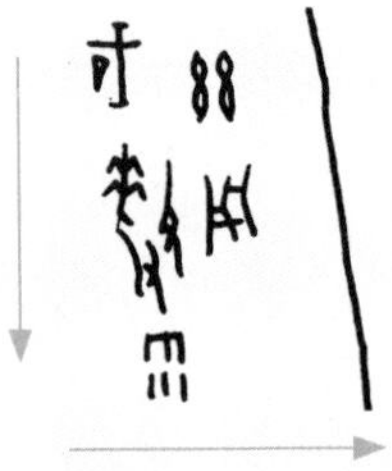

白話譯文　（提問：）「將舉行戠祭，會降下幫助豐收、令人喜悅的雨，是嗎？」採用這一卜的預示。

閱讀方式　右行。

第三期的「茲用」大都出現在**兆側刻辭**，少量刻寫在**貞辭**後面。

⑥「野，弜于甫勞，乎爵？」

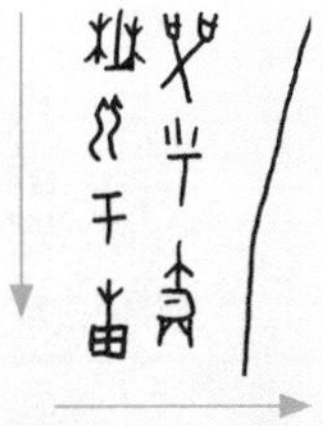

白話譯文　（提問：）「在野外墾作，不要在田圃上從事耕作，召喚人們來喝酒加以慰勞，是合適的嗎？」

閱讀方式　右行。

「野」是田（耕種區）以外的地域。「甫」象栽種農作物的田圃之形。「勞」以兩支火把表意，表示晚上仍設有火把來照明，辛勞地從事勞動或工作。「爵」是一種溫酒器，在這裡當作動詞，指喝酒。

⑦庚午卜，貞：「野，祊至于斦卣，入甫？」茲用。

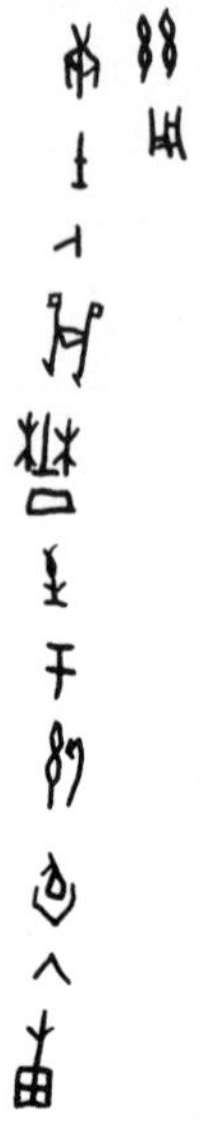

白話譯文

庚午日占卜，提問：「在野外墾作，從祭祖的祊到斦地的卣這一個範圍，進入栽種的階段，是合適的嗎？」採用這一卜的預示。

閱讀方式

右行。

貞辭部分：野，祊至于斦卣，入甫？「祊」、「卣」都是指建築物，前者爲祭祖宗廟，後者是「學」。甲骨提到「學」內有「左卣」、「右卣」，商王在征戰結束、凱旋歸來後，會在「學」告祭祖先。

摹寫練習

320 問在哪一側的山腳進行燛

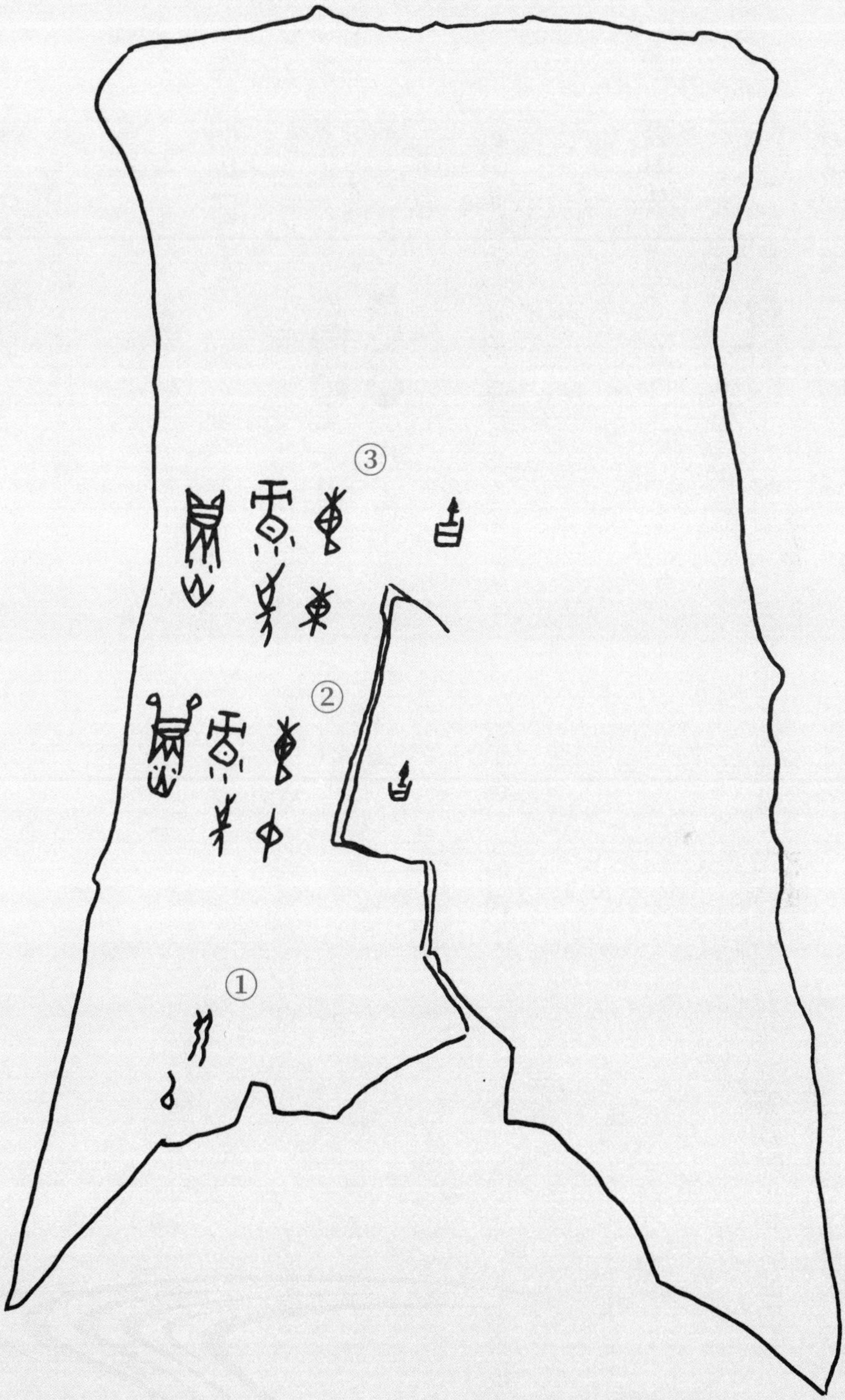
③
②
①

• 出處：《合》28124，骨。
• 斷代標準：兆辭、書體、卜習。

① 「弜以☒？」

白話譯文 （提問：）「不要用☒？」

閱讀方式 由上而下。

「以」是從第一期的「氏」字省略而來，「氏」象手提一物的樣子。

② 「叀中彔先爂？」吉。

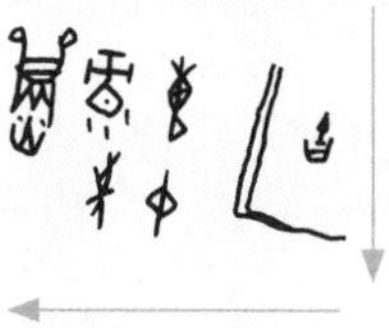

白話譯文 （提問：）「在中麓的地點，先進行爂的方法烹煮食物，是合適的嗎？」吉。

閱讀方式 左行。

「彔」是「麓」的通假字。第二、三卜應該是卜問要在東麓、中麓（應該還有西麓）哪一個方位的山腳先進行⿱鼎火。「⿱鼎火」是某種烹煮食物的方式，可能與軍事紮營設灶或祭祀烹製祭品有關。

在第三期，**兆側刻辭**「吉」是次於大吉、弘吉，第二層級的吉祥用語。

③「叀東彔先⿱鼎火？」吉。

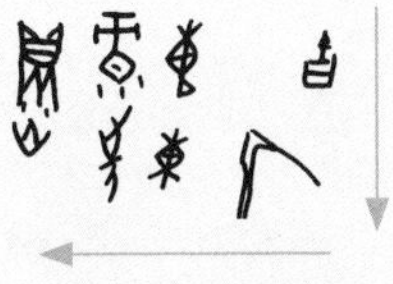

白話譯文 （提問：）「在東麓的地點，先進行⿱鼎火的方法烹煮食物，是合適的嗎？」吉。

閱讀方式 左行。

321 問向河或岳祈雨、祭品

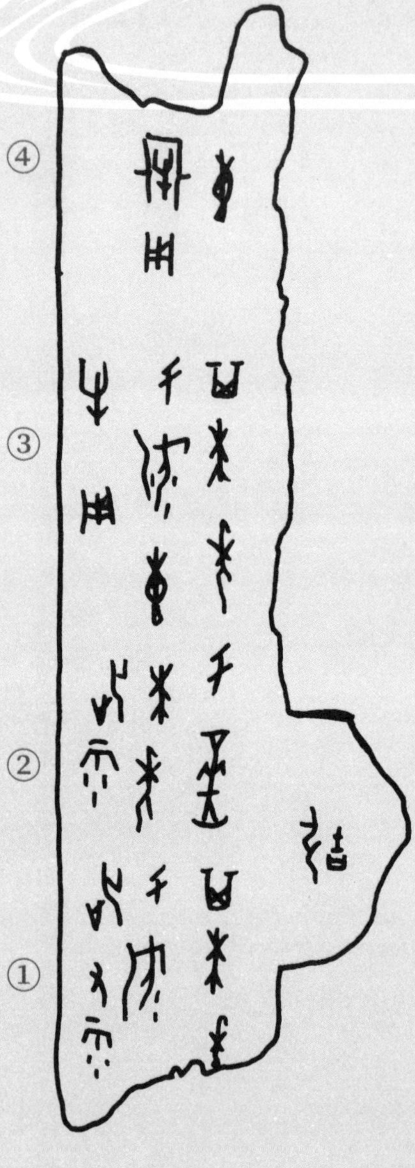

- 出處：《合》28258，骨。
- 斷代標準：兆辭、書體、字形。
- 說明：第三期的刻辭常省略前辭形式，或者通常只有第一卜有日期，之後的卜問因為內容同一類型或是相關問題的延伸，所以都省略日期的紀錄。

① 「其求年于河，此又雨？」弘吉。

白話譯文　（提問：）「將向河祈求好的年收，因此會有雨的，是嗎？」弘吉。

閱讀方式　左行。

卜辭另有「叀牛，此又大雨」、「其烄，此又雨」、「茲夕，王此受又」，「此」原指腳步所在，在這裡是因此的意思，「此又雨」指因此會有雨嗎？「王此受又」指王因此會受到上天的福佑嗎？此與「之」、「茲」等字現今都當代詞使用，但在殷商甲骨中辭例的使用並不同。至於「弘吉」是第三期特有的**兆側刻辭**。

② 「于岳求年，此雨？」

白話譯文　（提問：）「向岳祈求好的年收，因此會（有）雨的，是嗎？」

閱讀方式　左行。

綜合第一、二卜，河、岳是祈雨、希冀有好年收的兩大重要自然神靈。河、岳的字形在不同時期有不同的特點，「河」在第一期作「」，何組卜辭的「河」作「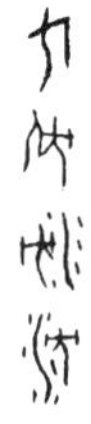」，歷組卜辭的「河」作「」。「岳」在第一期作「」，到第三期時下半的「山」字寫得像火沒有加上火點，最後一劃呈現彎曲狀，作「」。

③ 「其求年于河，叀牛用？」

白話譯文　（提問：）「將向河祈求好的年收，祭品使用牛，是合適的嗎？」

閱讀方式　左行。

④「叀牢用？」

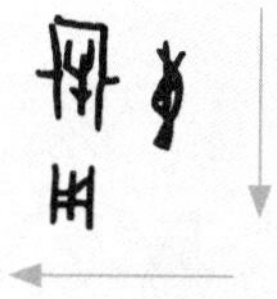

白話譯文　（提問：）「祭品使用牢，是合適的嗎？」

閱讀方式　左行。

綜合第三、四卜，可知確定向誰祭祀後，會再進一步卜問祭祀的牲品，並在牲品等第和數量上逐漸升高加多。在數量的表達上，常常是詢問一、二、三頭（個），然後跳過四，詢問五頭（個）適合嗎？

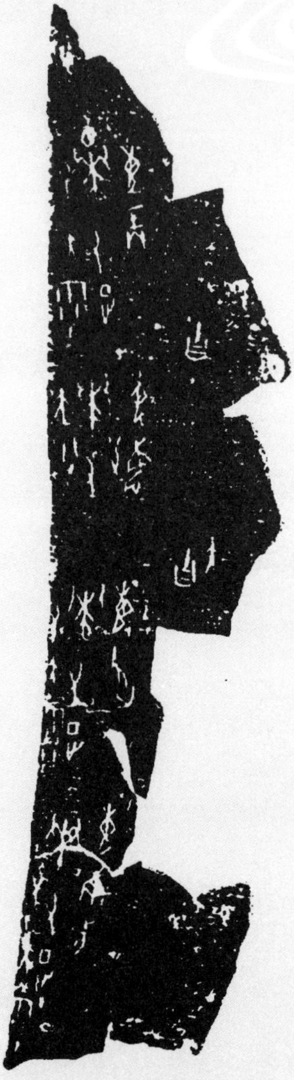

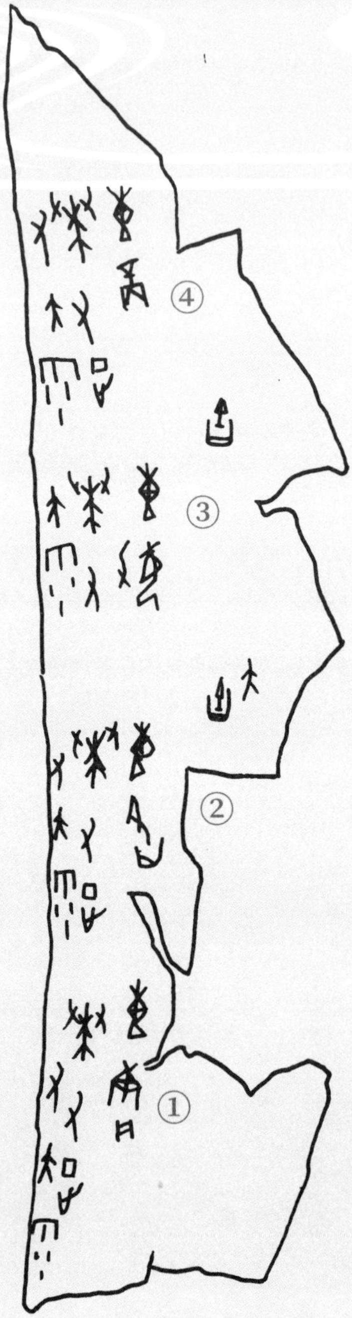
④
③
②
①

- 出處：《合》30032，骨。
- 斷代標準：兆辭、書體、字形。

① 「叀庸奏又正，又大雨？」

白話譯文 （提問：）「使用庸奏是正確的，會有大雨，是嗎？」

閱讀方式 左行。

「奏」象雙手拿道具演奏的樣子，與「舞」的區別是什麼？「奏」可能除了音樂演奏，還包括跳舞，而演奏的目的不一定只爲了祈雨，有時是爲了求年；「舞」指向神明呈獻舞蹈動作，目的一定是爲了祈雨。綜合第一到第四卜，庸奏、各奏、嘉奏和商奏，不同的「奏」可能是指演奏時不同的樂曲、曲調，可見商代音樂應該已經發展得非常進步。

「又正」有學者釋爲「又足」，我們認爲「」是「正」，金文「」是「足」，兩字的意義是不同的，「又正」意謂是正確的。

②「**叀各奏又正，又大雨？」大吉。**

白話譯文（提問：）「使用各奏是正確的，會有大雨，是嗎？」大吉。

閱讀方式 左行。

第三期的**兆側刻辭**分成三種等級：最高級是大吉、弘吉，次之是吉，最低階是不吉。最高級的大吉和弘吉，基本上是不會同時出現的，但有一版有這個狀況，可是看起來兩者書體不同，應是出於不同人所刻寫的，所以刻寫的習慣性用語因人而異。

③「**叀嘉奏，又大雨？」吉。**

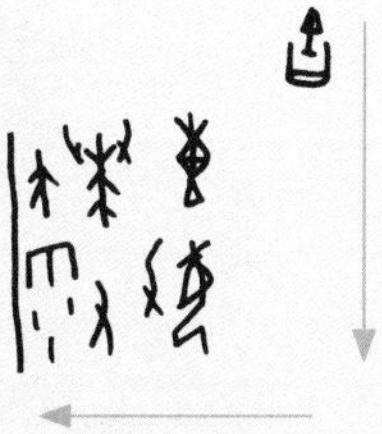

白話譯文（提問：）「使用嘉奏，會有大雨，是嗎？」吉。

閱讀方式　左行。

④「叀商奏又正，又大雨？」

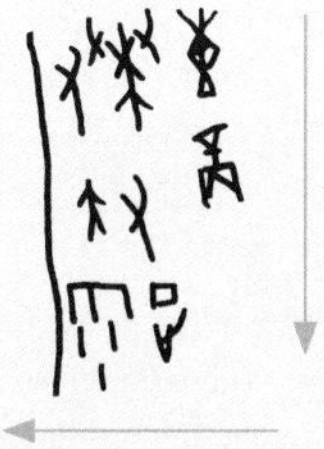

白話譯文（提問：）「使用商奏是正確的，會有大雨，是嗎？」

閱讀方式　左行。

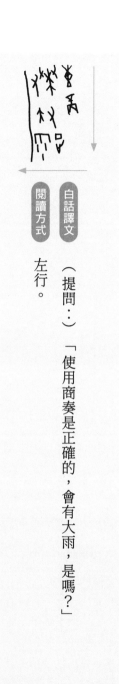

323 問去雨儀式

• 出處：《合》30178，骨。

• 斷代標準：書體、卜字形。

• 說明：有一類田獵刻辭，學者判定時代或歸屬於第三或第五期，說法不一，通過鑽鑿形態判別，加上「卜」字在第三期短劃朝下的特殊寫法，我們把這類的田獵刻辭歸併在第三期。

① □申卜，「其去雨于，望利？」

白話譯文

□申日占卜（，提問）：「將在這個地方舉行去雨的儀式，採用望的方式（或人員）會有利的，是嗎？」

閱讀方式

由上而下。

「去雨」是指去除雨，因爲雨量短期內太多也會釀成災害；第一期使用「退雨」。「」的本義尚不可知，在這裡當作地名。「望」字推測應是與去除雨有關的方法或人員，此字在甲骨還可當作軍事或戰爭時的戰術。

324 問牲牛數量

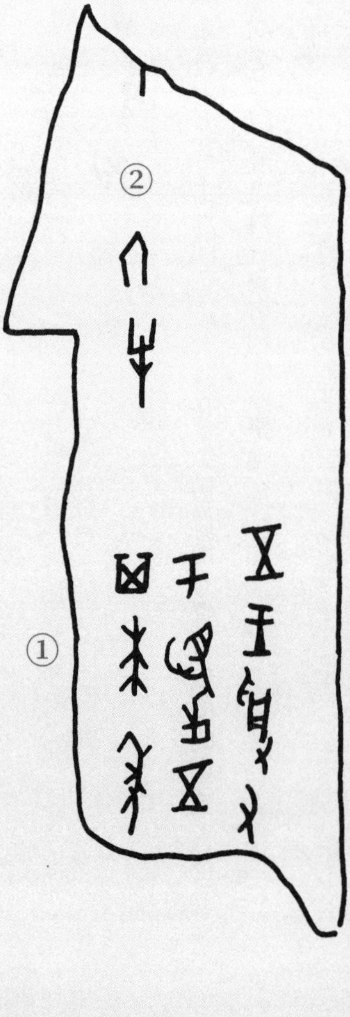

‧出處：《合》28249，骨。

‧斷代標準：書體、熟語、卜習。

① 「其求年于夒五五，王受又？」

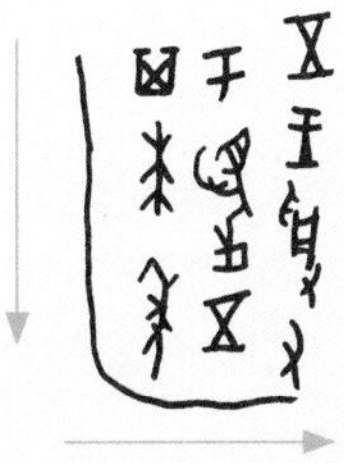

白話譯文 （提問：）「將向夒祈求有好的年收，牲品使用五牛，王會受到上天的福佑的，是嗎？」

閱讀方式 右行。

由第二卜可知「五五」是「五牛」的錯字。而「」暫時隸定爲「夒」，是自然山川的神靈。因爲夒和河、岳一樣，都是求年所祭拜的對象。

②「六牛？」

白話譯文　（提問：）「牲品使用六牛，是適合的嗎？」

閱讀方式　由上而下。

摹寫練習

325 問儀式使用奏或舞

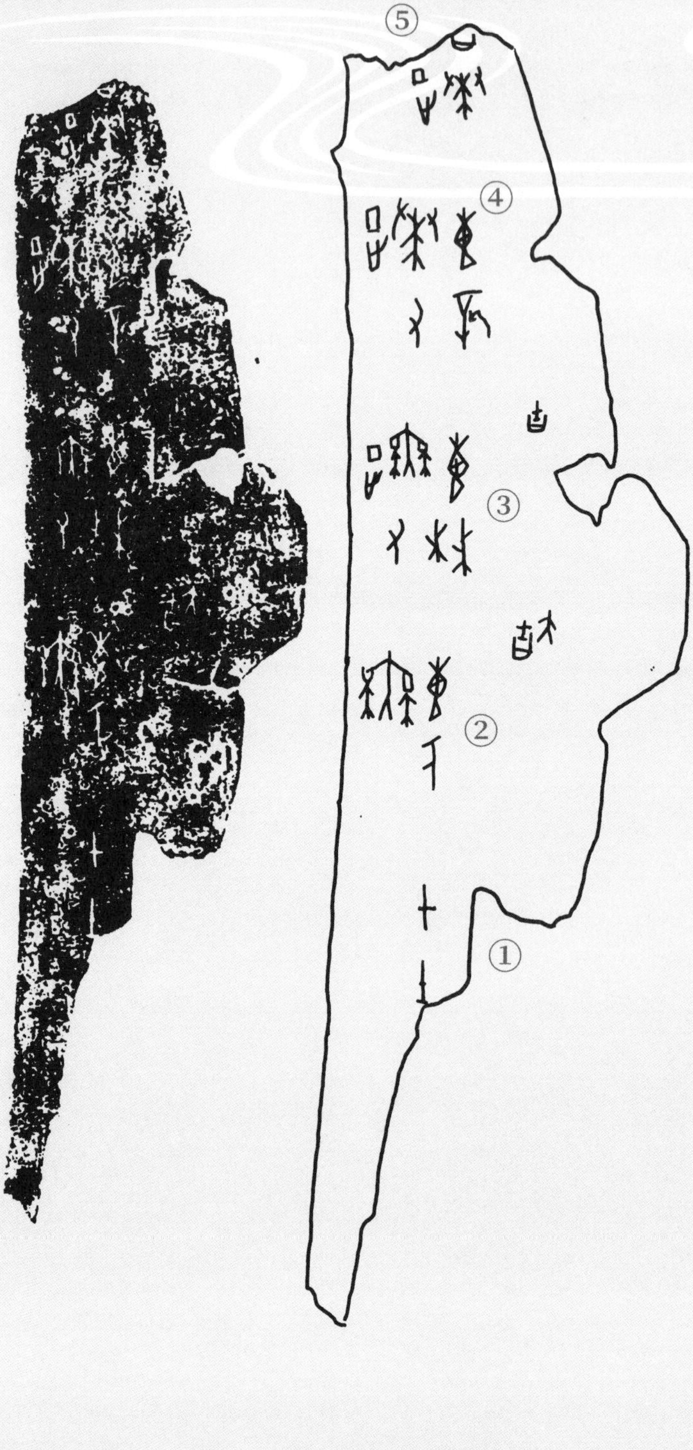

• 出處：《合》31033，骨。

• 斷代標準：兆辭、書體、字形、卜習。

① 甲午☐

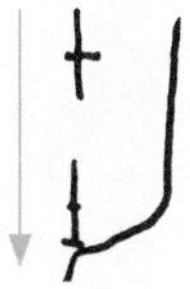

閱讀方式 由上而下。

② 「叀元舞？」大吉。

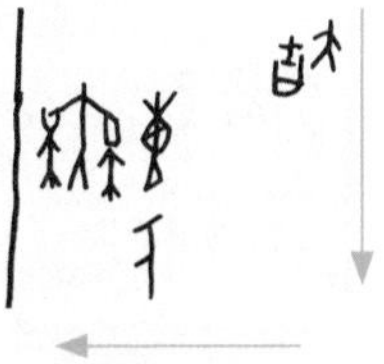

白話譯文 （提問：）「使用元舞，是適合的嗎？」大吉。

閱讀方式 左行。

第一卜已記錄占卜的日期，所以之後的卜問都省略**前辭形式**。此版卜辭出現「奏」或「舞」的目的應該是爲了祈雨，而兩者的差別在於「舞」表現舞蹈動作，但「奏」可能兼含音樂演奏和舞蹈。

③「叀林舞，又正？」吉。

白話譯文 （提問：）「使用林舞，是正確的嗎？」吉。

閱讀方式 左行。

④「叀新奏，又正？」

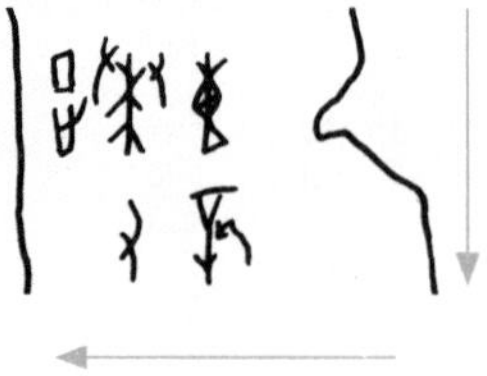

白話譯文 （提問：）「使用新奏，是正確的嗎？」

閱讀方式 左行。

⑤「[叀]各奏，[又]正？」

白話譯文 （提問：）「使用各奏，是正確的嗎？」

閱讀方式 左行。

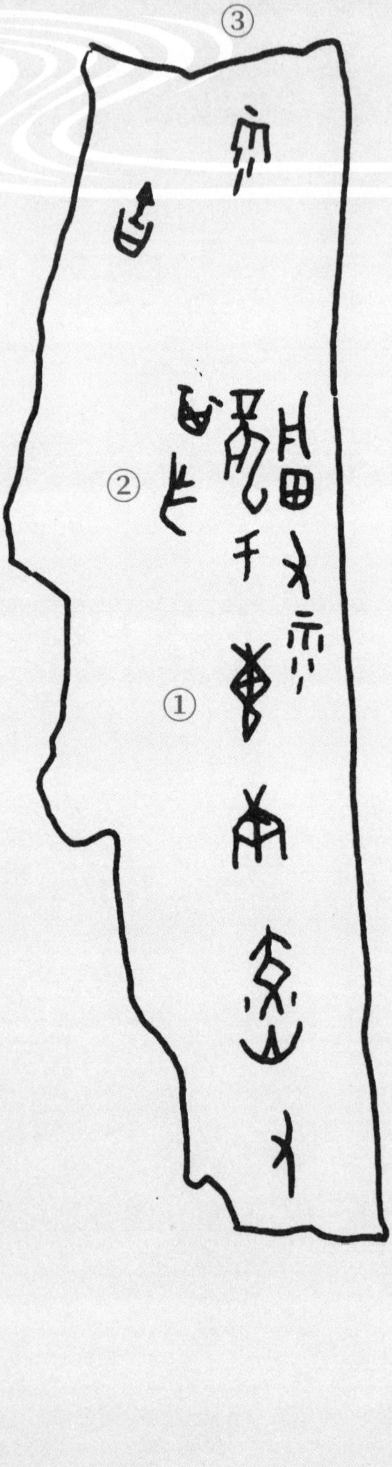
③
②
①

• 出處：《合》29990，骨。

• 斷代標準：兆辭、書體、字形。

① 「叀庚熯，又[雨]？」

白話譯文 （提問：）「在庚日焚巫，會有[雨]的嗎？」

閱讀方式 由上而下。

「熯」表示焚燒巫師，以祈雨。

② 「其乍龍于凡田，又雨？」吉。

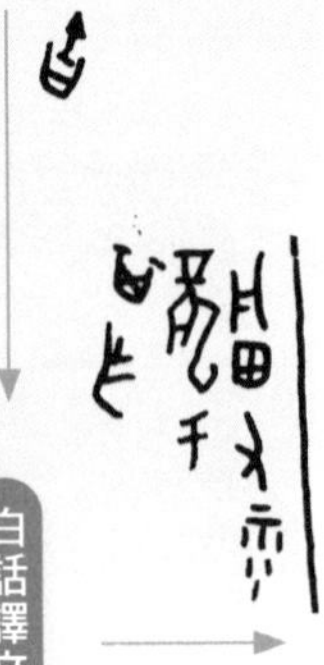

白話譯文 （提問：）「將要在凡田建造土龍，會有雨的嗎？」吉。

閱讀方式 右行。

「凡田」在這裡當作地名。董仲舒《論衡．亂龍》提到「申春秋之雩，設土龍以招雨，其意以雲龍相致。」土龍還有不同顏色，《春秋繁露．求雨》提到在春、夏、季夏、秋、冬乾旱時可分別準備青龍、赤龍、黃龍、白龍、黑龍來求雨。此卜的「乍龍」應該就是後代建造土龍習俗的由來，中國人歷來認爲龍與降雨有關。而龍的形象應從「揚子鱷」而來，後來又附加其他動物的形象而被神話化。

③ 「☑雨？」

閱讀方式 單一字。

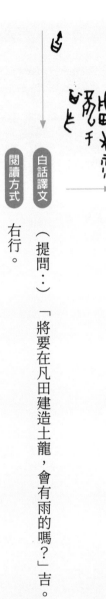

摹寫練習

327 問田獵方式

• 出處：《合》28398，骨。

• 斷代標準：書體、字形。

①「叀襄☒先逐，禽亡[𢦏]？」

白話譯文 （提問：）「在襄地先從後追逐☒（兕），會有所擒獲，不會有災害的嗎？」

閱讀方式 左行。

「襄」象雙手扶犁，牛於前曳拉犁的樣子。此版的「襄」字特別繁複，下半以三頭牛的形象來拉犁耕種。許慎《說文解字》依照「襄」的小篆字形「」說道「解衣耕謂之襄」，我們認爲小篆字形呈現勞動前將長袍下擺塞入口袋的樣子，而所列古文字形「」反倒保存了牛拉犁的本義，所以小篆和古文的「襄」字應該是不同的兩個字，卻被許慎混用。

綜合第一、二卜，詢問田獵時是先用「逐」還是「圍」的方式，才會擒獲到兕。而「襄」、「」則是田獵地。

②壬寅卜，「王其田，叀□兕先圍，亡𢦏？」禽，王永。

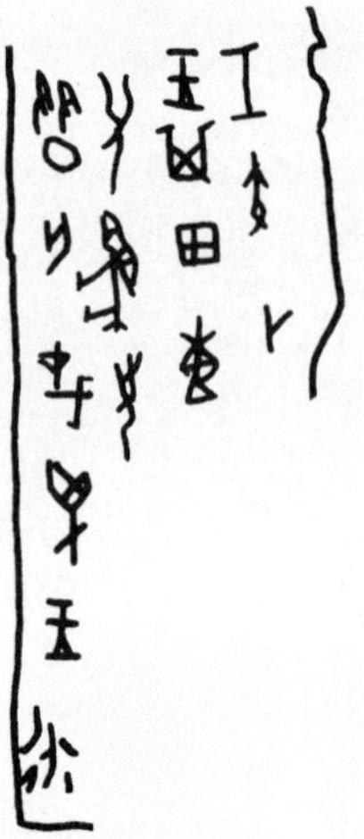

白話譯文 壬寅日占卜（，提問）：「王將要田獵，在□地先包圍兕，不會有災害的嗎？」有所擒獲，希冀王命能永久綿延不已。

閱讀方式 左行。

貞辭部分：王其田，叀□兕先圍，亡𢦏？此版的「圍」字，兩隻腳出現在同一側，很特別。

驗辭部分：王永。有時作「永王」，類似希冀王長長久久，歌頌王萬萬年的意味。

摹寫練習

328 問人牲數量

• 出版：《合》26910，骨。
• 斷代標準：書體、字形。

① 「其又羌十人，王受又？」

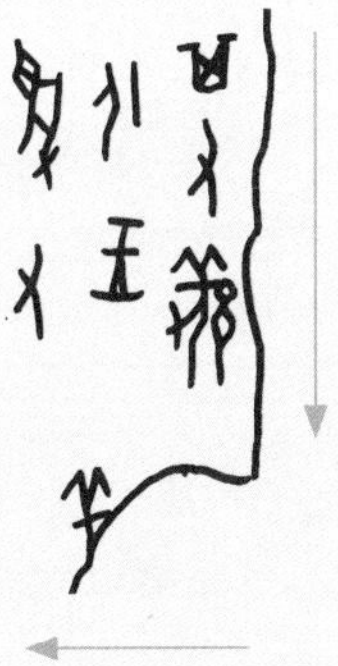

白話譯文 （提問：）「又祭將用十名羌人，王會接受到上天的福祐的，是嗎？」

閱讀方式 左行。

「其又羌十人」的「又」就是「㞢祭」新派的寫法。甲骨的「羌」是對西北少數民族的稱呼，在這裡是用以祭祀的人牲。綜合這三卜，可知內容是在詢問要用十個、二十個或三十個羌人來祭祀。卜問時，牲品的數量或等第會逐漸增多提高。

②「廿人，王受又？」

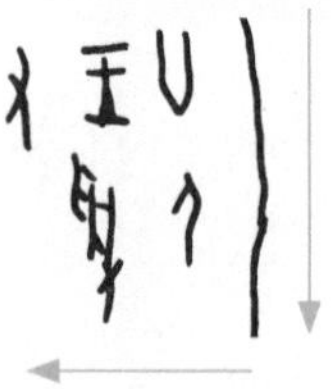

白話譯文 （提問：）「用二十名（羌）人，王會接受到上天的福祐的，是嗎？」

閱讀方式 左行。

③「三十人，王受又？」

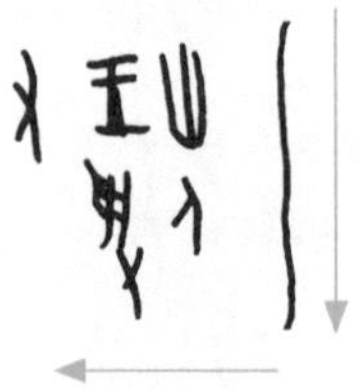

白話譯文 （提問：）「用三十名（羌）人，王會接受到上天的福祐的，是嗎？」

閱讀方式 左行。

摹寫練習

329 問田獵時間

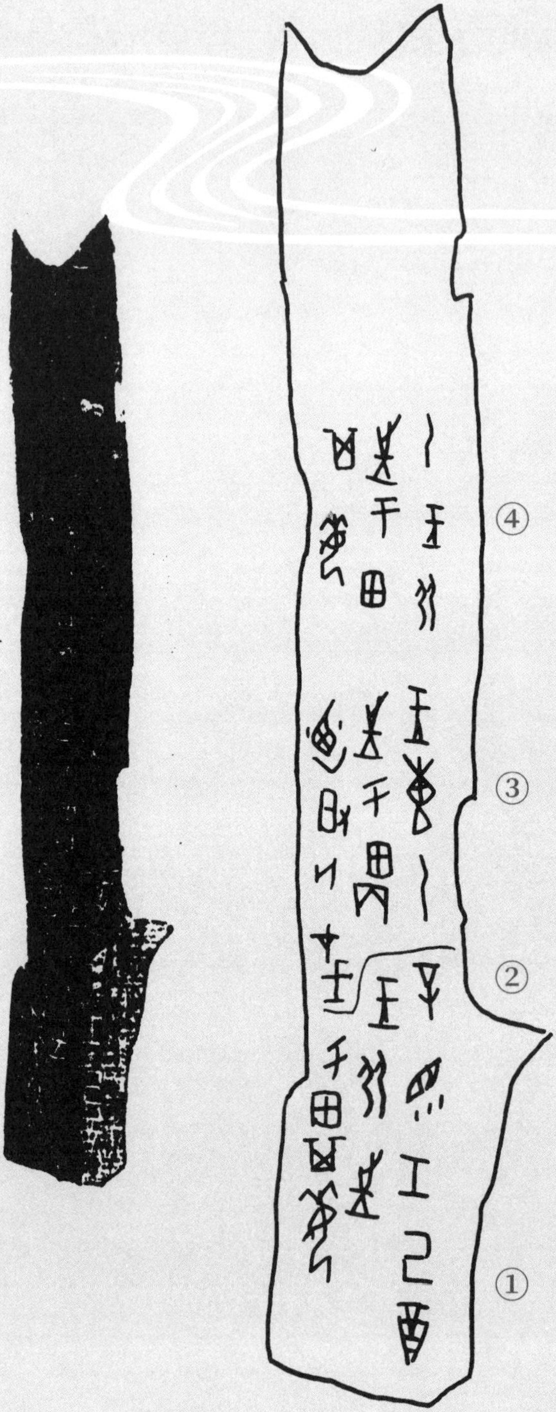

- 出處：《合》28605，骨。
- 斷代標準：書體、字形、卜習。

①己酉☐

閱讀方式　由上而下。

②「辛眔壬王弜往于田，其每？」

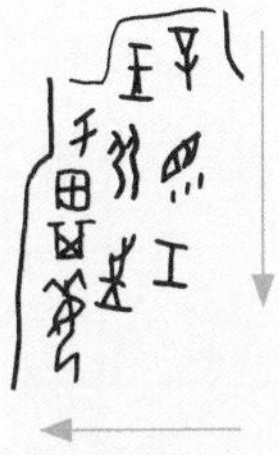

白話譯文　（提問：）「辛和壬日王不要前往去田獵，將會有悔恨的，是嗎？」

閱讀方式　左行。

第三期在例行的田獵日——乙、戊、辛日，又變異增加了壬日。「眔」在卜辭作為連接詞使用，「弜」是否定副詞。「每」則是「悔」的假借，表示悔恨之意，所謂的悔恨是指田獵會不順利，所以感到悔恨。

③「王叀乙往于田，丙乃啓，亡𢦏？」

白話譯文（提問：）「王在乙日前往出發去田獵，到丙日才開始進行田獵，不會有災禍的，是嗎？」

閱讀方式 左行。

「啓」有啓動、開始進行的意思。此卜大半反映前一日出發，第二日一早才前往田獵。

④「乙王弜往于田，其每？」

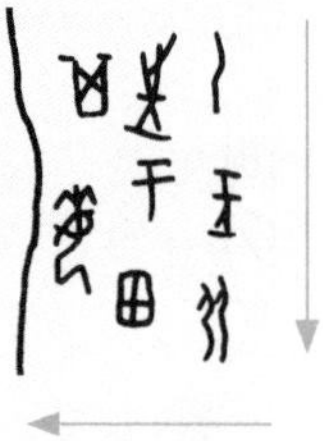

白話譯文（提問：）「乙日王不要前往去田獵，將會有悔恨的，是嗎？」

閱讀方式 左行。

摹寫練習

330 問田獵或視察的地點

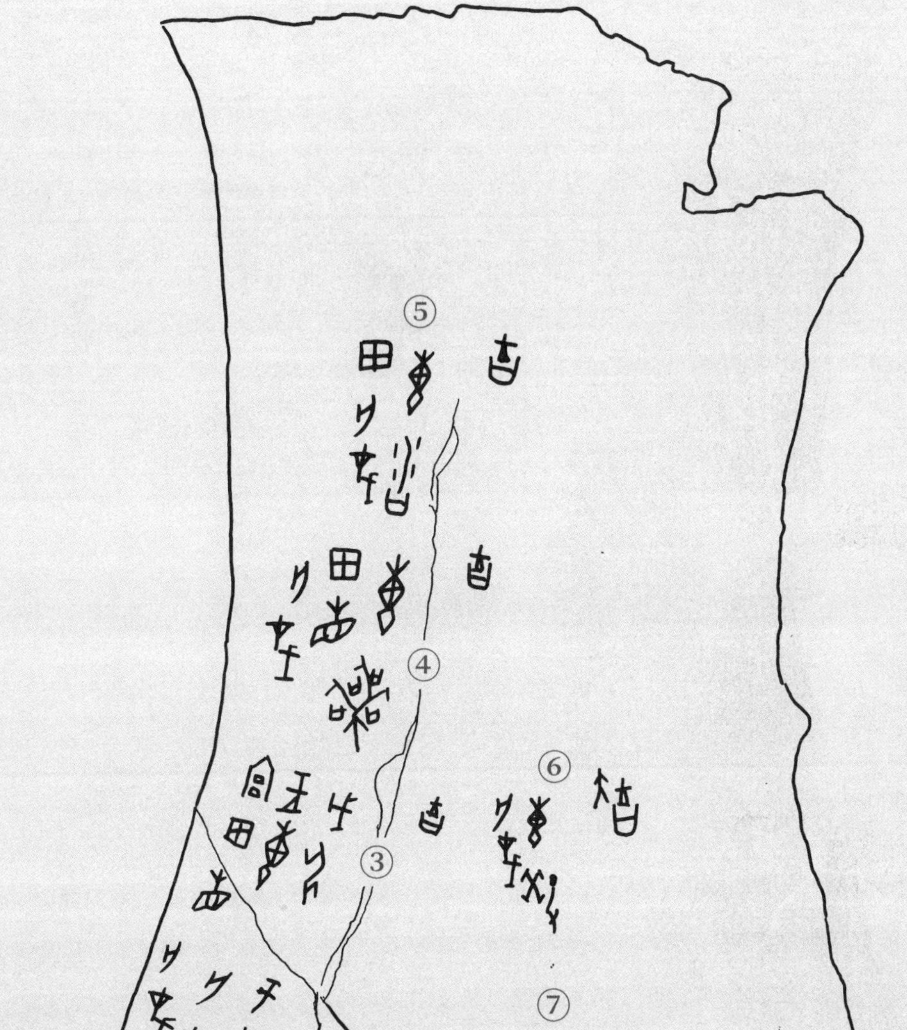
⑤
④
③
⑥
⑦
②
①

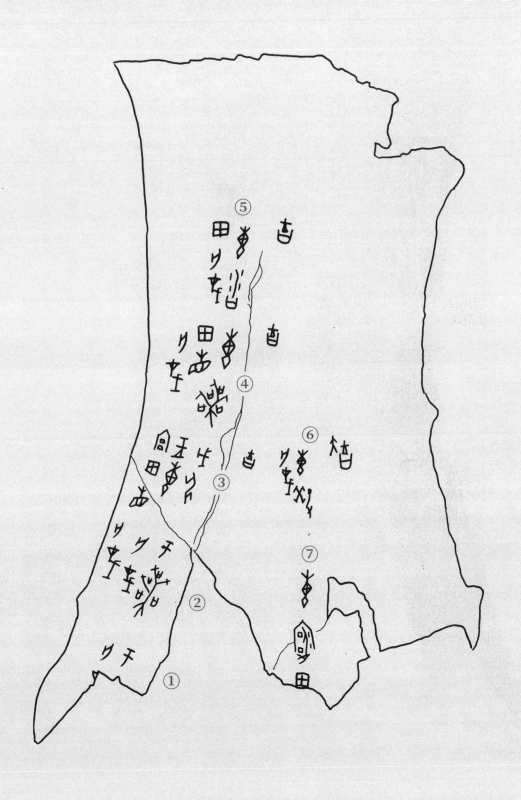

• 出處：《合》28982，骨。

• 斷代標準：兆辭、書體、卜習。

①「于口，亡𢦔？」

閱讀方式

由右而左。

②「于喪，亡𢦔？」

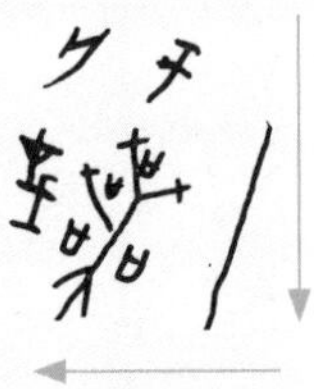

閱讀方式

左行。

③「戊申王叀宮田省，亡𢦏？」吉。

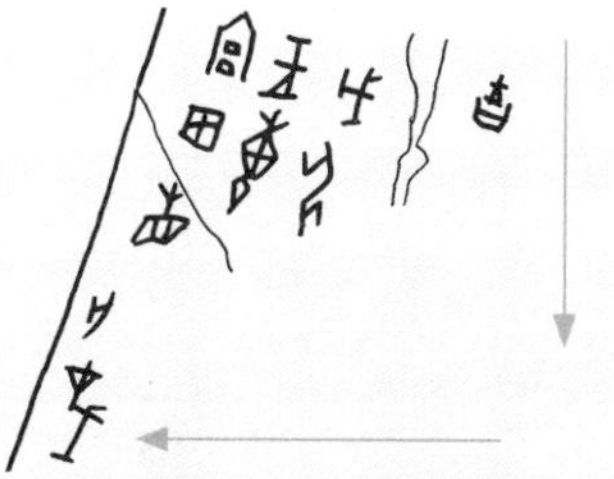

白話譯文

（提問：）「戊申日王在宮這個地方田獵、視察，不會有災禍的，是嗎？」吉。

閱讀方式

左行。

「田省」是指田獵和軍容的視察。綜合第三到第六卜，可知內容在詢問王想要進行「田省」，有「宮」、「喪」、「」（沓）、「殺」這四個地方，要選擇哪一個地點呢？第三期對於田獵地的選擇，通常都是從四個地點選擇一個。到了第四期，第一個地點不適宜，再卜問第二個地點，一旦確定就不再卜問。這是兩期卜問習慣上的差異。

④「叀喪田省，亡𢦏？」吉。

白話譯文 （提問：）「在喪這個地方田獵、視察，不會有災禍的，是嗎？」吉。

閱讀方式 左行。

甲骨中「桑」字（）是桑樹形象，但沒有採桑的籃框；但「喪」字（）則是借用桑樹形象，以出現採桑的籃框爲特點，也表達喪亡的意思。

⑤「叀田[省]，亡𢦏？」吉。

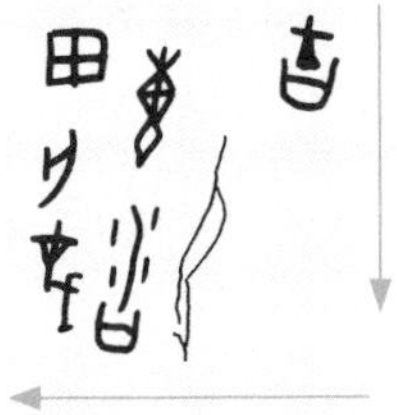

白話譯文 （提問：）「在（㣪）這個地方田獵[、視察]，不會有災禍的，是嗎？」吉。

閱讀方式 左行。

⑥「叀殸，亡𢦏？」大吉。

白話譯文 （提問：）「在殸這個地方（田獵、視察），不會有災禍的，是嗎？」大吉。

閱讀方式 左行。

「殸」的「殳」作曲柄狀，很可能是表現演奏樂器的動作。

⑦「叀⿰田囗」

閱讀方式 由上而下。

331 問田獵時間、獵物品種

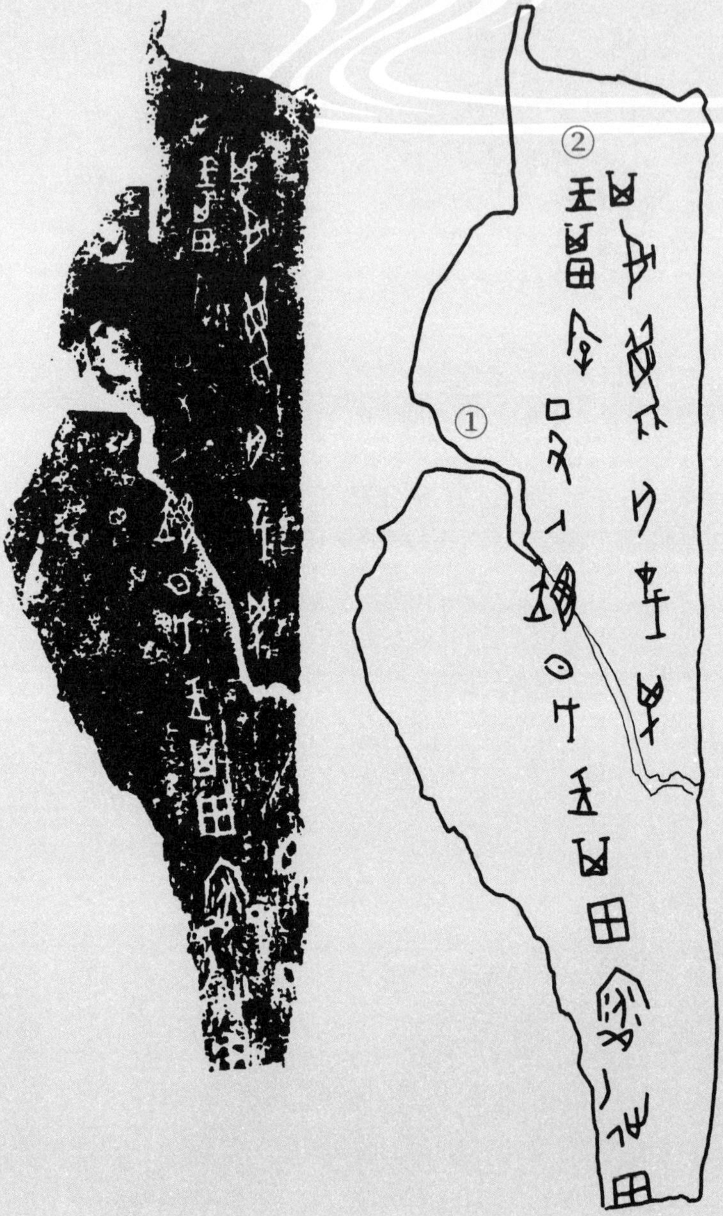

• 出處：《合》28371，骨。

• 斷代標準：書體、字形、卜字形。

① 丁丑卜，「翌日戊王其田□，祉田⧄」

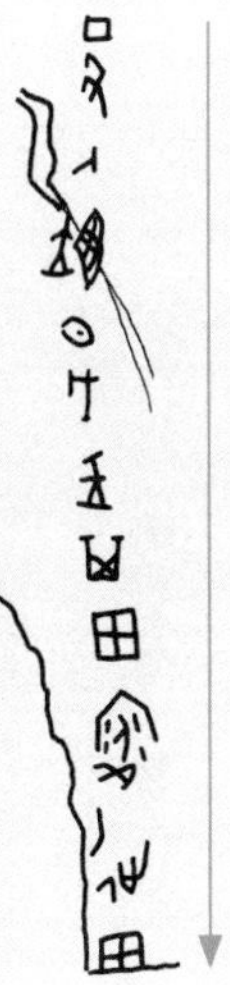

白話譯文

丁丑日占卜（，提問）：「第二天戊（寅）日王將到□地田獵，延長田獵到⧄」

閱讀方式

由上而下。

「戊日」爲第三期例行的田獵日之一。「翌」字到了第三期在原先假借鳥的翅膀的「羽」字上又加上「立」的聲符，所以形聲字的結構不一定是一個形符加上一個聲符，第三期的「翌」字就是雙聲符的例子。

綜合第一、二卜，「□」、「游」都是田獵的地點。「□」和〈330〉第七卜的「□」應是同一個字繁簡不同的寫法，至於該字的本義則尚不可知。

「𢓊田」意指延續到某地田獵。所以商代田獵並非於某一定里程內、在當天白日時來回，更有可能的情況是超過一天，如〈329〉「王叀乙往于田，丙乃啓」，就是於前一天乙日出發，後一天丙日才啓動、開始進行田獵活動；以及如同此卜所記錄，是會從某一田獵地延續至另一田獵地，而田獵地之間的範圍以當時的腳程來說，應該也不可能在同一天的白天就能從安陽往返超過兩個以上的田獵地，所以第三期的**田獵刻辭**才會在四個地點中選擇最適當的一個。而田獵活動應該包括出發的過程，以及抵達後展開田獵活動的當下。後面幾版我們還會陸續介紹到「埶入」、「夕入」和「月出乃往」的**田獵刻辭**。

② 「王其田游，其射麋，亡𢦔？」禽。

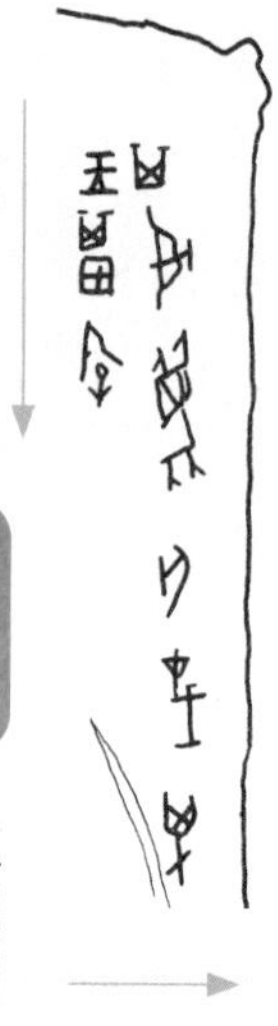

白話譯文 （提問：）「王將到游地田獵，將會射獵到麋，不會有災難的，是嗎？」有所擒獲。

閱讀方式 右行。

射獵的動物暫時隸定爲「麋」，爲鹿的一種。而按照辭例，這裡的「禽」應是**驗辭**。

摹寫練習

332 問田獵地點與方向

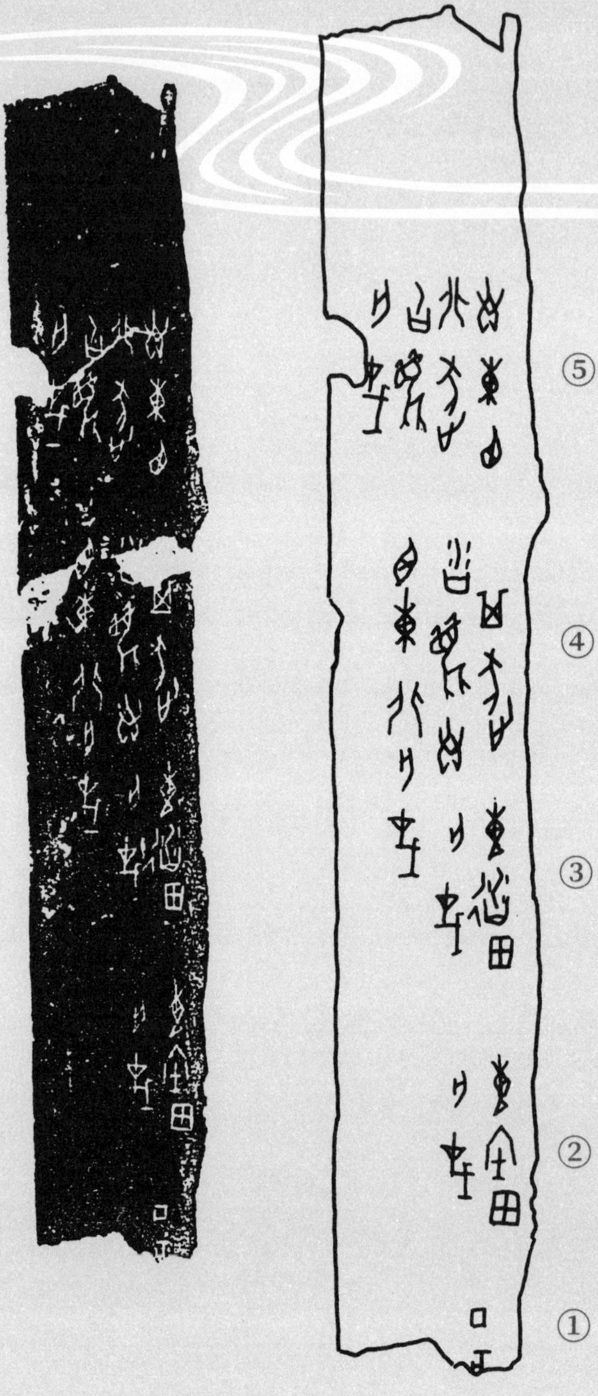

• 出處：《合》28789，骨。
• 斷代標準：書體、字形、卜習。

①丁亥☐

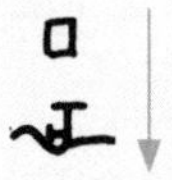

閱讀方式　由上而下。

第三期通常只有第一卜出現干支日期，其後幾卜都加以省略。

②「叀宰田，亡𢦏？」

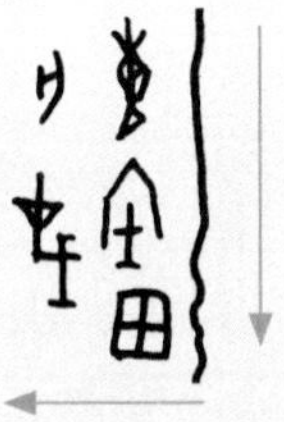

白話譯文　（提問：）「到宰地田獵，不會有災難的，是嗎？」

閱讀方式　左行。

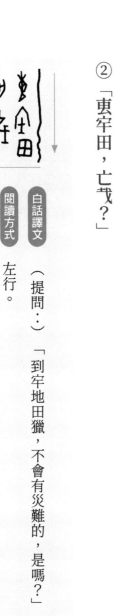

綜合第二到第五卜，「宰」、「㣖」都是田獵的地點。

③「叀㣖田，亡𢦏？」

白話譯文　（提問：）「到㣖地田獵，不會有災難的，是嗎？」

閱讀方式　左行。

④「其逐㣖麋自西東北，亡𢦏？」

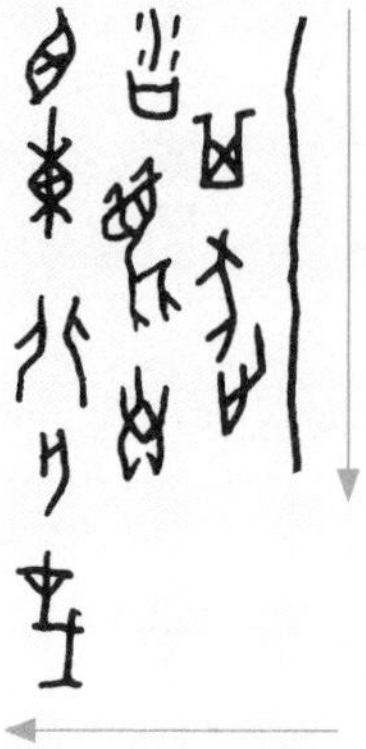

白話譯文　（提問：）「將到㣖地自西東北三方追逐麋，不會有災難的，是嗎？」

閱讀方式　左行。

前兩卜是對田獵地的選擇，後兩卜是詢問田獵的方式自西東北或東西北「逐」獵物，能否順利捕獵到。「逐」推測應是將野獸驅趕至一個設限區域的田獵方式，西東北和東西北分別卜問，應該是有所區別的，但都表達出從三方加以包夾的狀態。

⑤「自東西北逐畓麋，亡𢦏？」

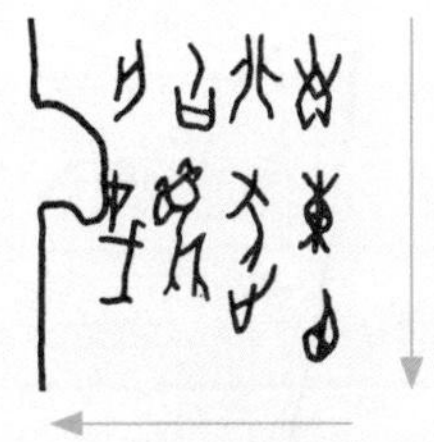

白話譯文 （提問：）「到畓地自東西北三方追逐麋，不會有災難的，是嗎？」

閱讀方式 左行。

第三、四、五卜都刻寫「畓」字，以第二卜的「畓」字字體結構最完整，第五卜的「畓」字上半「水」的偏旁還出現漏筆的情況。

333 問田獵的出發地點

• 出處：《合》29156，骨。

• 斷代標準：書體、字形、卜習。

① 「翌日壬王其省田，從宮？」

白話譯文 （提問：）「第二天壬日王將進行視察和田獵，從宮地（出發），是合適的嗎？」

閱讀方式 左行。

在第三期早期，壬日原先並不是常設的田獵日，後來或因爲延宕等因素，逐漸成爲正規的田獵日之一。「省」或是對士兵人員或必要設備的巡視；「從」的意思大致同「自」，表示出發行動的起點。綜合四卜占問，宮、、喪、盂是四個田獵地點，預備從這四個地點選擇最適宜出發的一個。

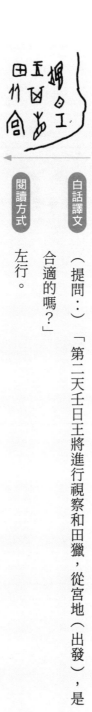

② 「從？」

白話譯文 （提問：）「從地（出發），是合適的嗎？」

閱讀方式 由上而下。

③ 「從喪？」

白話譯文 （提問：）「從喪地（出發），是合適的嗎？」

閱讀方式 由上而下。

④ 「從盂？」

白話譯文 （提問：）「從盂地（出發），是合適的嗎？」

閱讀方式 由上而下。

摹寫練習

334 問在行軍中的田獵地點

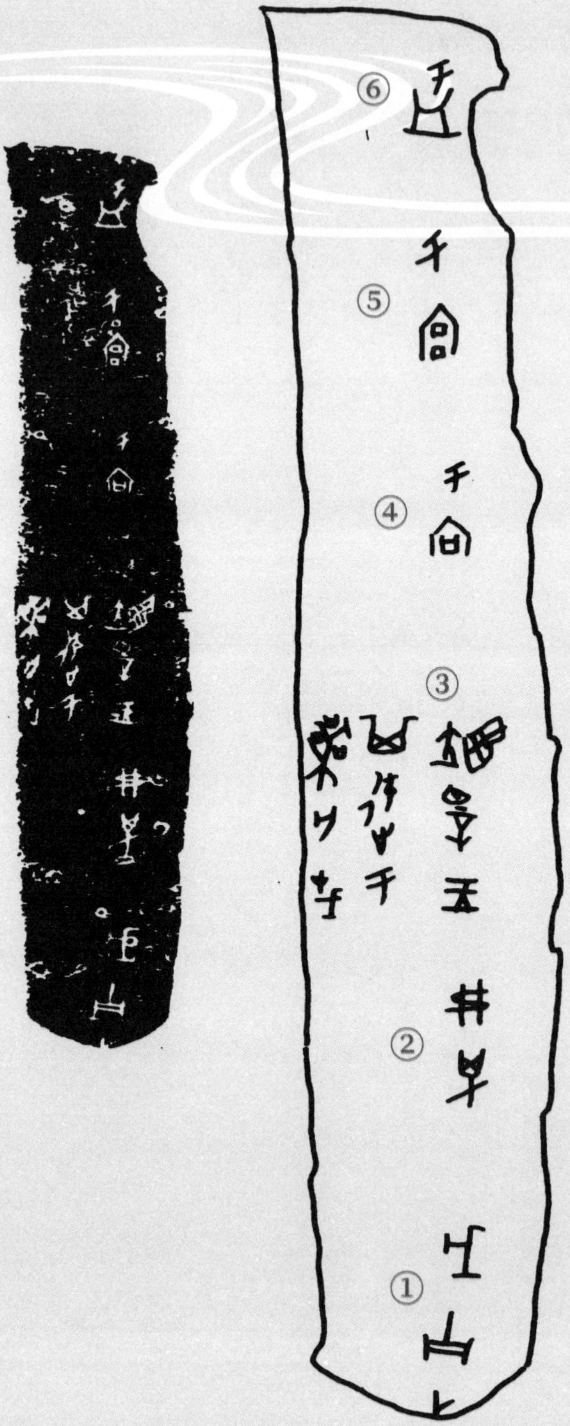

- 出處：《合》29030，骨。
- 斷代標準：書體、字形、卜習。

①戊子卜☐

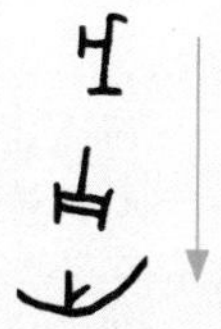

閱讀方式　由上而下。

②「弗禽？」

白話譯文　（提問：）「不會有所擒獲的，是嗎？」

閱讀方式　由上而下。

③「翌日辛王其過于喪，亡𢦏？」

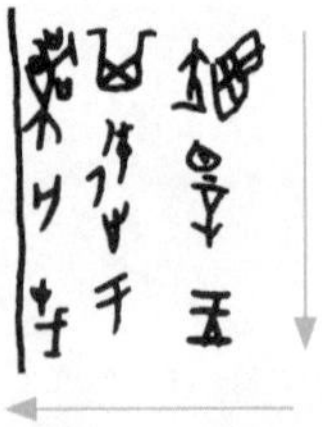

白話譯文　（提問：）「第二天辛日王將到喪地進行「過」的行動，不會有災難的，是嗎？」

閱讀方式　左行。

「過」字出現在第三和第五期，或隸定爲「𨑨」或「迖」。從事「過」的日期和商王進行田獵活動的日期呈現一致性，推測兩者的區別，「田」是短期、短程且固定在一個田獵區的活動；「過」則是在長期、長程的行軍中，出於訓練、覓食或娛樂等特殊目的，順道進行的田獵活動。

由鑽鑿形態來看，第三期占卜其他事類的長鑿大約超過二點五公分上下，兩頭呈圓頭狀；但卜問「過」的**田獵刻辭**，有很多長鑿約一點五公分，外形呈橄欖球形或棗核形。這種鑿形不見於其他貞問事類，或許是商王長期離開安陽，某治骨者事先修治好這一類的卜骨，攜於長程路途使用的，以後不再製作，所以別具特殊的長鑿形態。

前兩卜先詢問會不會有收獲，再從第三到第六卜占問喪、向、宮、盂四個田獵地點，何者最適當。

④「于向？」

白話譯文（提問：）「到向地（進行「過」的行動），是嗎？」

閱讀方式 由上而下。

⑤「于宮？」

白話譯文（提問：）「到宮地（進行「過」的行動），是嗎？」

閱讀方式 由上而下。

⑥「于盂？」

白話譯文（提問：）「到盂地（進行「過」的行動），是嗎？」

閱讀方式 由上而下。

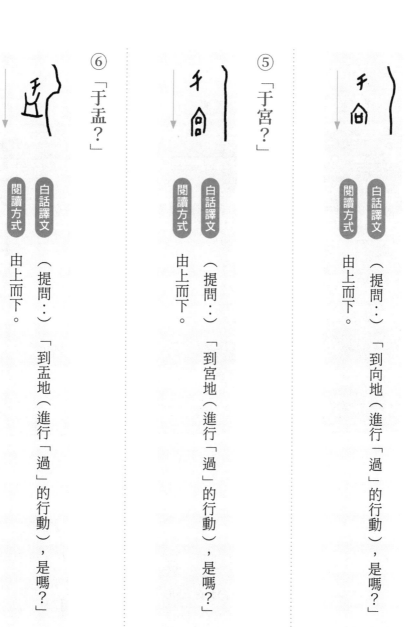

335 問夜晚田獵的時間

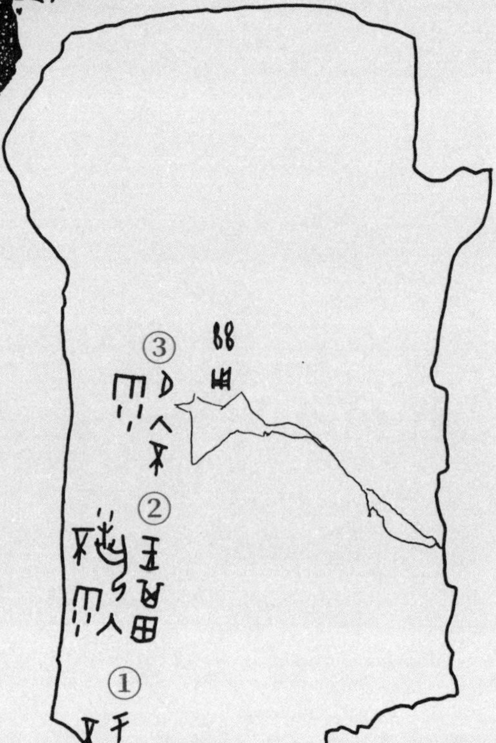

- 出處：《合》28572，骨。
- 斷代標準：兆辭、書體、字形、卜習。

① 于⧄不□

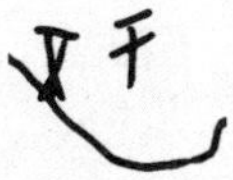

閱讀方式　左行。

② 「王其田，埶入不雨？」

白話譯文　（提問：）「王將要田獵，在太陽下山用火炬的時段進入（某田獵地），不會下雨的，是嗎？」

閱讀方式　左行。

第二卜埶入的「埶」和第三卜夕入的「夕」都是有關時間的用語。「埶」字象手掌火把的樣子，當時間副詞應是指太陽西下的時段，而「夕」則是上半夜。「入」是進入安陽或田獵地的意思。由此版可知，商代田獵不限於白天，有時會延續到夜晚，或者前一晚出發，到第二天天亮才開始田獵，所以田獵活動會出現持續一天以上、輾轉好幾個田獵地的情況。

③「夕入不雨？」茲用

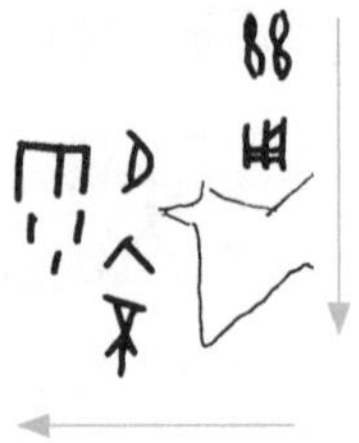

白話譯文　（提問：）「在上半夜時進入（某田獵地），不會下雨的，是嗎？」採用這一卜的預示。

閱讀方式　左行。

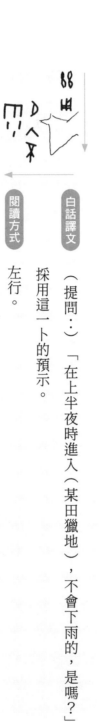

摹寫練習

336 問田獵運勢

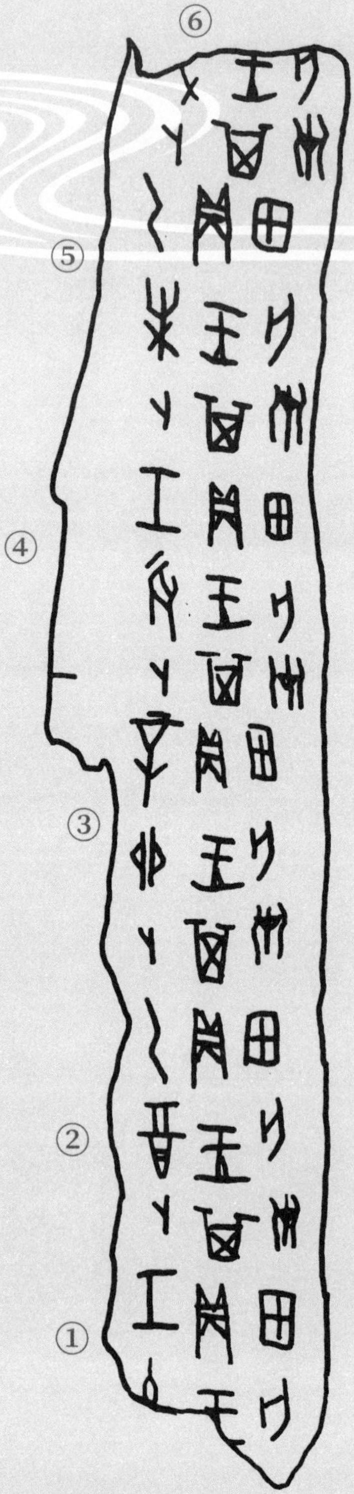

• 出處：《合》33521，骨。

• 斷代標準：書體、字形。

• 說明：第三期的田獵刻辭大多是第一卜出現干支，並且少用「貞」字，而第五期幾乎每一卜都出現干支，所以此版的前辭形式具有第五期的特色。但是此版的書體窄長，而第五期的書體偏小而尖銳。另外，我們基於鑽鑿形態判斷此版時代是第三期的。小屯南地也有出土這一類的刻辭，地層的證據顯示這一類的刻辭時代屬於第三、四期，與我們依照鑽鑿形態所得出的結論是一致的，而不會是第五期的。

①壬午[卜]，貞：「王[其]田，亡[災]？」

白話譯文　壬午日［占卜］，提問：「王［將］要田獵，不會有［災難］的，是嗎？」

閱讀方式　右行。

第五期「災」字的左邊右邊表示河流的線條較爲平直，作「」，第三期表示河流的左右線條有曲度，作「」，可用以斷代。

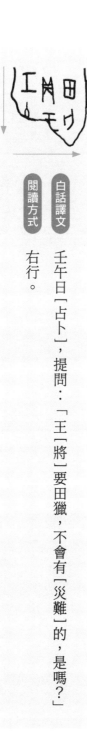

②乙酉卜，貞：「王其田，亡災？」

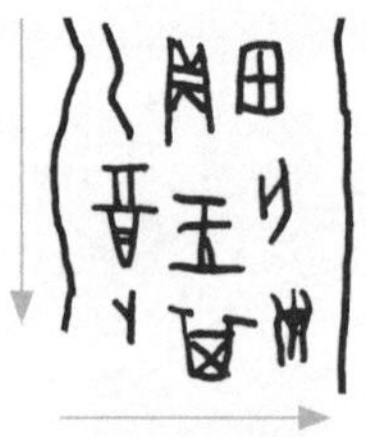

白話譯文 乙酉日占卜，提問：「王將要田獵，不會有災難的，是嗎？」

閱讀方式 右行。

③辛卯卜，貞：「王其田，亡災？」一（序數）

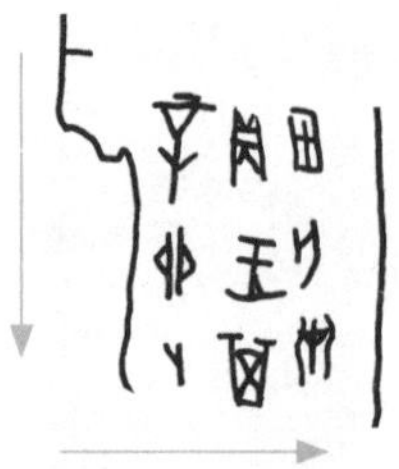

白話譯文 辛卯日占卜，提問：「王將要田獵，不會有災難的，是嗎？」第一次占卜。

閱讀方式 右行。

④壬辰卜，貞：「王其田，亡災？」

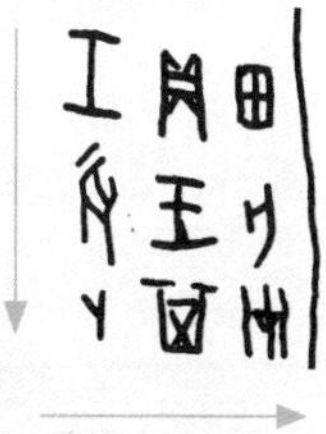

白話譯文　壬辰日占卜，提問：「王將要田獵，不會有災難的，是嗎？」

閱讀方式　右行。

⑤乙未卜，貞：「王其田，亡災？」

白話譯文　乙未日占卜，提問：「王將要田獵，不會有災難的，是嗎？」

閱讀方式　右行。

⑥[戊]戌卜，[貞]：「王其[田]，亡災？」

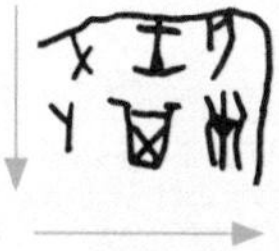

白話譯文　[戊]戌日占卜，[提問]：「王將要[田獵]，不會有災難的，是嗎？」

閱讀方式　右行。

337 問田獵天氣、地點

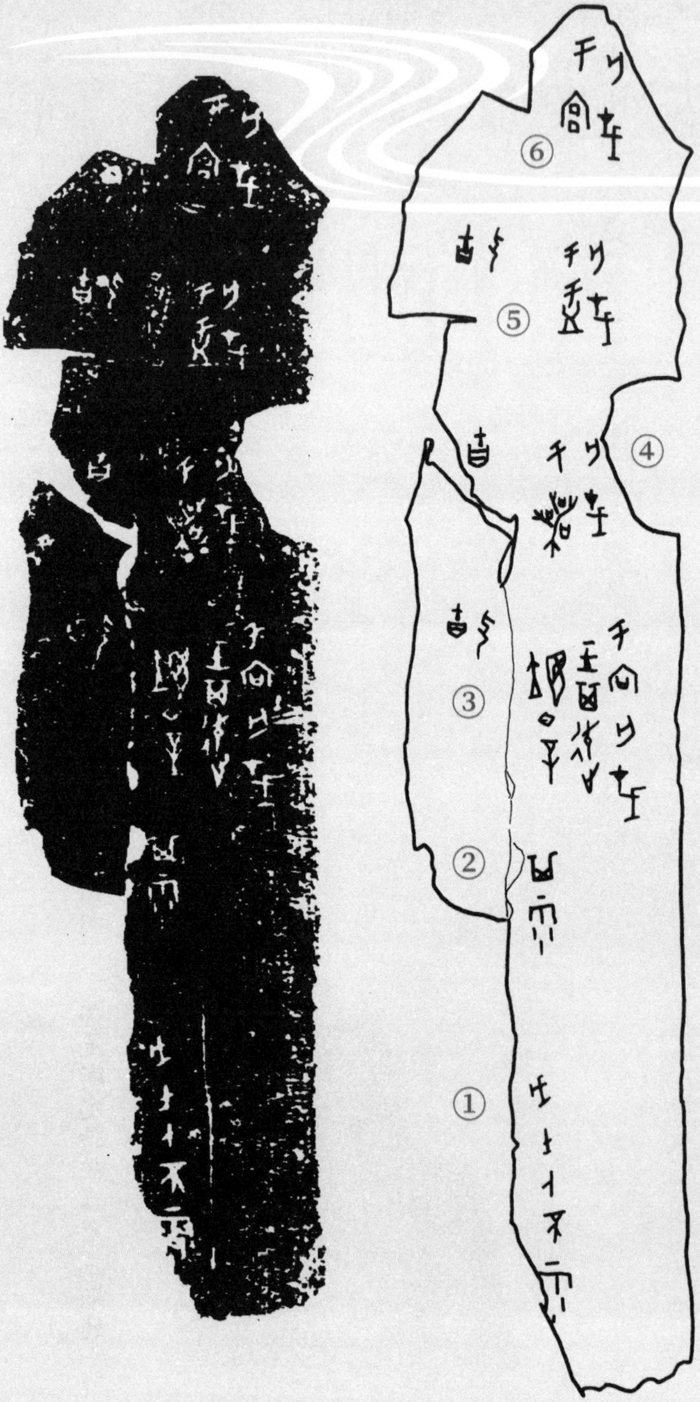

- 出處：《合》28957，骨。
- 斷代標準：兆辭、書體、字形、卜字形。
- 說明：此版出現兆側刻辭「吉」、「弘吉」，以及「卜」字短劃向下，都是斷定時代為第三期的切入點。

①戊午卜，「不雨？」

白話譯文 戊午日占卜（，提問）：「不會下雨的，是嗎？」

閱讀方式 由上而下。

② 「其雨？」

白話譯文 （提問：）「將會下雨的，是嗎？」

閱讀方式 由上而下。

與上一卜正反**對貞**，先詢問會不會下雨，以下幾卜再進一步占問舉行「過」的行動的田獵地。

③ 「翌日辛王其過于向，亡𢦏？」弘吉。

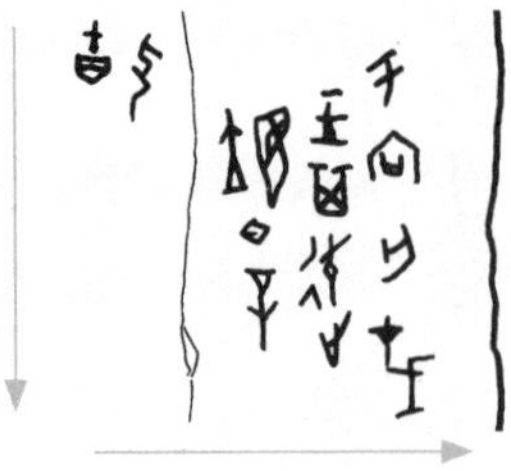

白話譯文 （提問：）「第二天辛日王將到向地進行『過』的行動，不會有災難的，是嗎？」弘吉。

閱讀方式 右行。

「過」是在長時間、長旅程的行軍中，出於訓練等特殊目的，順便進行的田獵活動。在甲骨上也有

「田」和「過」同時出現在同一版的例子。

④「于喪，亡𢦏？」吉。

白話譯文

（提問：）「到喪地（進行『過』的行動），不會有災難的，是嗎？」
吉。

閱讀方式

右行。

⑤「于盂，亡𢦏？」弘吉。

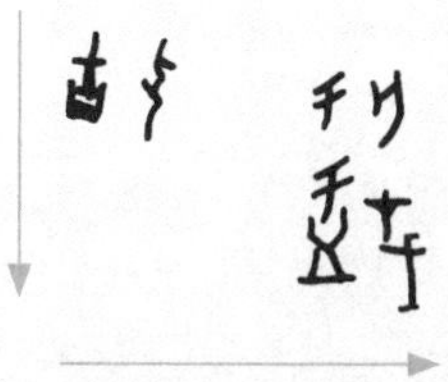

白話譯文

（提問：）「到盂地（進行「過」的行動），不會有災難的，是嗎？」
弘吉。

閱讀方式

右行。

⑥「于宮，亡𢦏？」

白話譯文

（提問：）「到宮地（進行「過」的行動），不會有災難的，是嗎？」

閱讀方式

右行。

338 問田獵出發時間、天氣

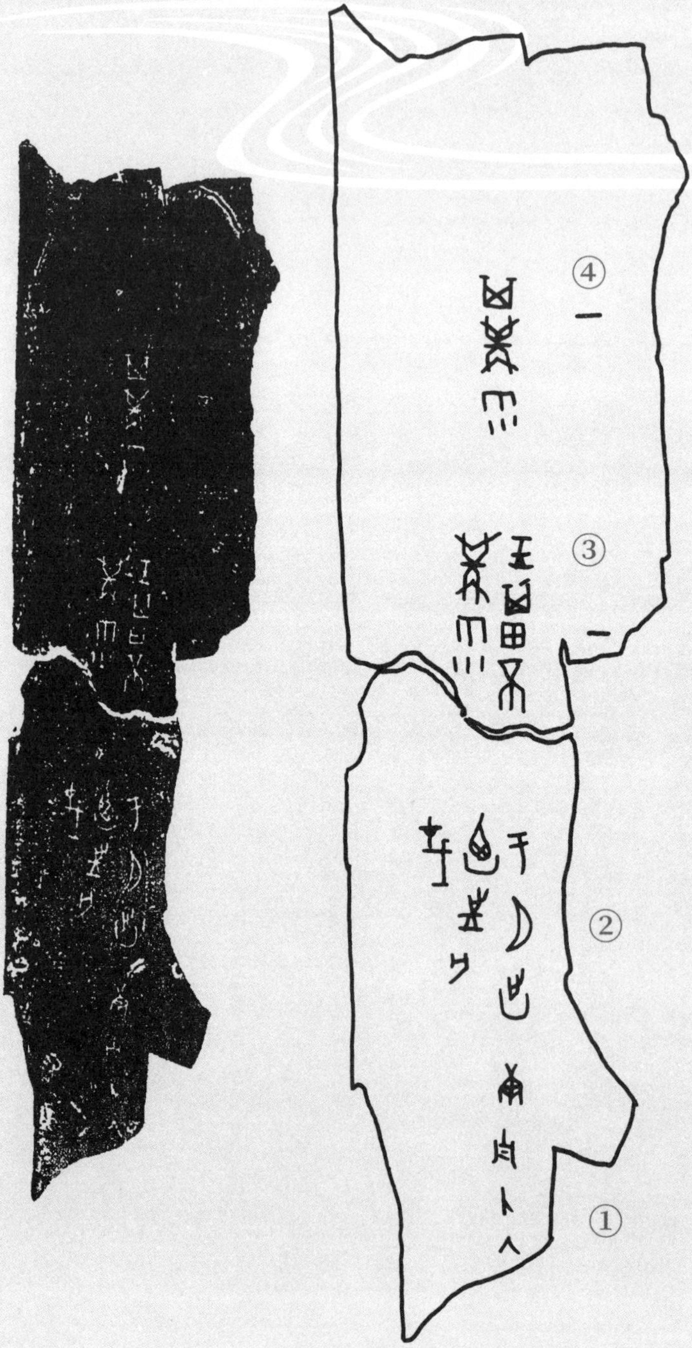

• 出處：《合》28533+《安明》2096，骨。

• 斷代標準：書體、字形、卜字形。

① 庚子卜，入〼

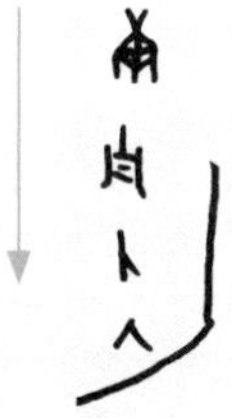

閱讀方式 由上而下。

② 「于月出乃往，亡𢦏？」

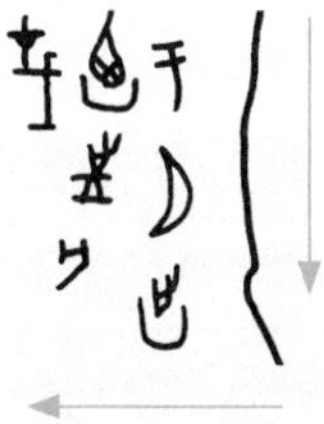

白話譯文 （提問：）「在月出的時候才前往（某田獵地），不會有災禍的，是嗎？」

閱讀方式 左行。

在第三期的**田獵刻辭**中，有詢問「埶入」、「夕入」和「月出乃往」，可知田獵時間橫跨白天和夜晚，並非如松丸道雄所推論商王只在當天白日時進行田獵。

③「王其田，不遘雨？」一（序數）

白話譯文　（提問：）「王將要田獵，不會遇到下雨的，是嗎？」第一次占卜。

閱讀方式　左行。

④「其遘雨？」一（序數）

白話譯文　（提問：）「（王要田獵，）將會遇到下雨的，是嗎？」第一次占卜。

閱讀方式　由上而下。

摹寫練習

339

問田獵地點

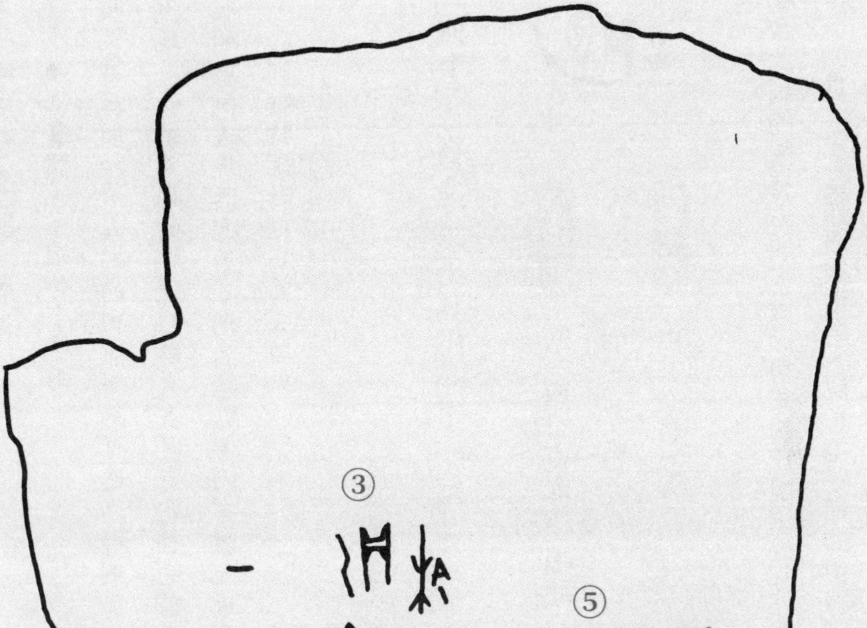
③
⑤
②
①
④

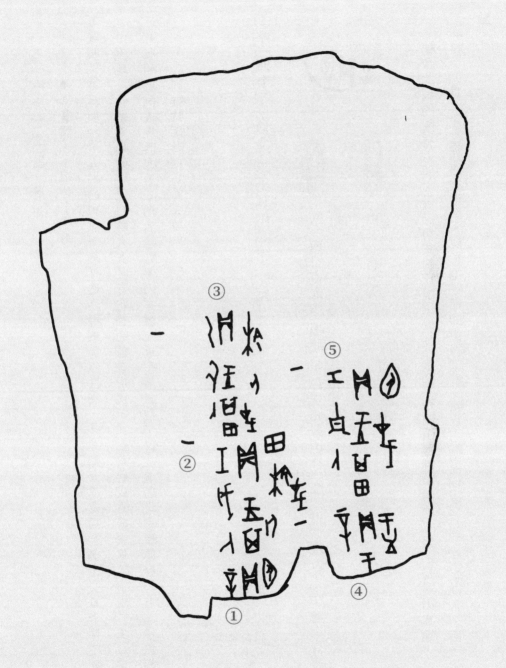

• 出處：《合》33531，骨。
• 斷代標準：書體、字形、卜字形。
• 說明：第三期和第五期的田獵刻辭可透過辭例加以區別，第三期大多是同一個干支日卜問不同的田獵地，而第五期的田獵刻辭大多具有完整的前辭形式，並在前辭或貞辭中伴隨出現「王」字。此版的辭例表現具有第五期的特點，而書體也近乎第五期，但是透過鑽鑿形態和「卜」字短劃朝下，我們將時代斷定為第三期。

① 辛[酉卜]，貞：「[王其田]囚，[亡𢦏]？」

白話譯文

辛[酉日占卜]，提問：「[王將要田獵]在囚這個地方，[不會有災禍的]，是嗎？」

閱讀方式

由左而右。

綜合此版的所有占問，透過句式的比對，以及前幾版相關**田獵刻辭**中的「盂」是爲田獵地，可知「囚」、「」亦當作田獵地名。只是第三期的田獵刻辭大多是四個地點選一個，此版則各列出一個地點。

②壬戌卜，貞：「王其田，亡𢦏？」一（序數）

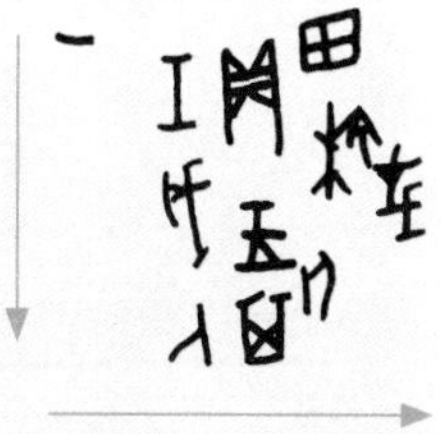

白話譯文 壬戌日占卜，提問：「王將要田獵在這個地方，不會有災禍的，是嗎？」第一次占卜。

閱讀方式 右行。

③乙丑卜，貞：「王其田，亡𢦏？」一（序數）

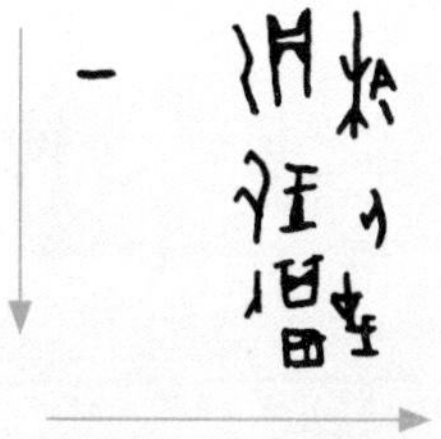

白話譯文 乙丑日占卜，提問：「王將要田獵在這個地方，不會有災禍的，是嗎？」第一次占卜。

閱讀方式 右行。

④辛［亥卜］，貞：「王［其田］盂，［亡戈］？」一（序數）

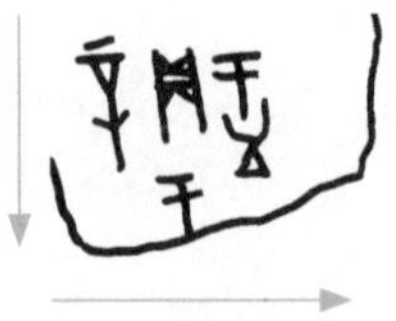

白話譯文

辛［亥日占卜］，提問：「王［將要田獵］在盂這個地方，［不會有災禍的］，是嗎？」第一次占卜。

閱讀方式

右行。

⑤壬子卜，貞：「王其田囚，［亡］戈？」一（序數）

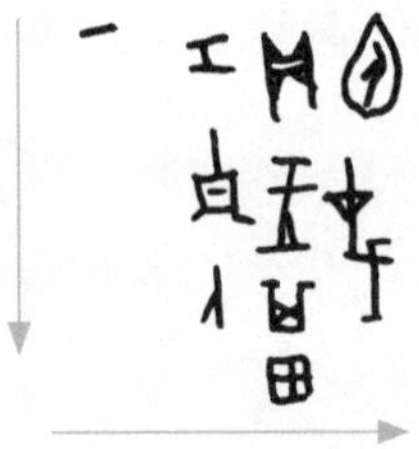

白話譯文

壬子日占卜，提問：「王將要田獵在囚這個地方，［不會］有災禍的，是嗎？」第一次占卜。

閱讀方式

右行。

摹寫練習

340 問颱風

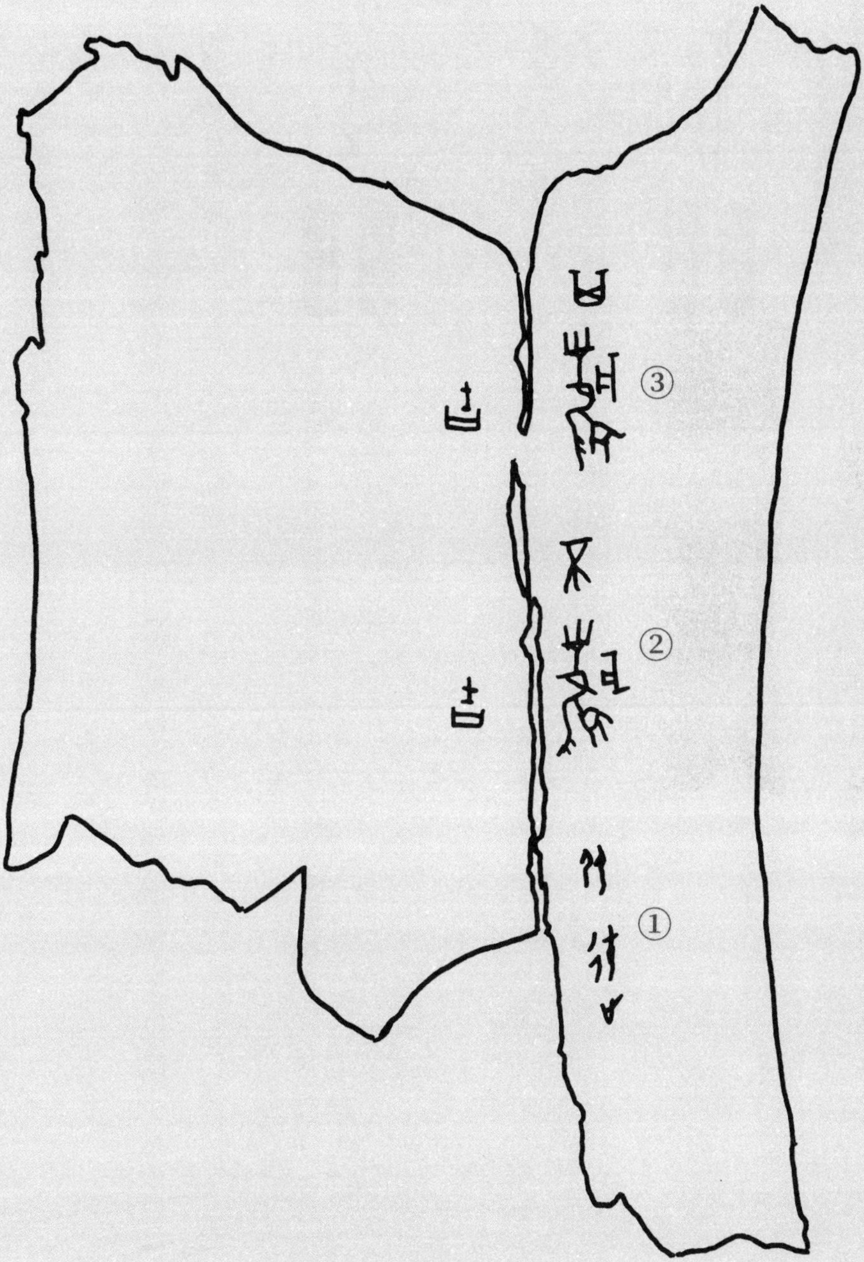
③
②
①

• 出處：《合》30251，骨。

• 綴帶標準：兆辭、書體、字形。

① 「弜過？」

白話譯文 （提問：）「不要進行「過」的行動，是嗎？」

閱讀方式 由上而下。

② 「不風？」吉。

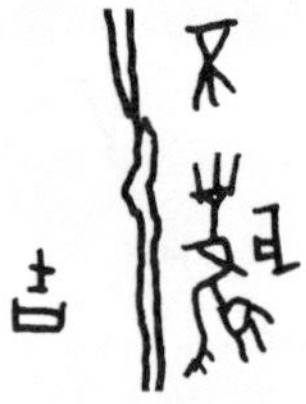

白話譯文 （提問：）「不會颳風的，是嗎？」吉。

閱讀方式 由上而下。

「風」字假借「鳳」又加上「凡」的聲符，但這卜的「風」字將「凡」的聲符刻寫近乎「戌」。

第二、三卜詢問會不會颳風，可見前面已得到要進行「過」的行動的占問結果。綜合前幾版的**田獵刻辭**，占卜「田」大多是詢問會不會遇到下雨，此版反映出「過」的行動是詢問會不會颳風的天象問題。

③「其風？」吉。

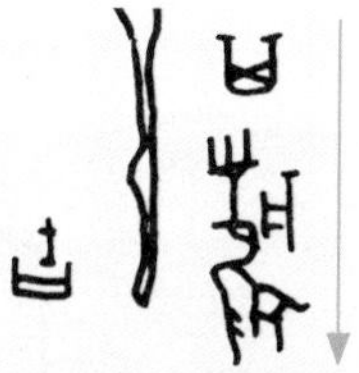

白話譯文　（提問：）「會颳風的，是嗎？」吉。

閱讀方式　由上而下。

341 問在田獵地運勢

• 出處：《合》33542，骨。

• 斷代標準：書體、字形、卜字形。

• 說明：此版提到向、喪、盂等田獵地，但具體是指單向從安陽到向、喪、盂地，還是在這幾個田獵地之間移動，無法確知。另外，甲骨上占卜田獵的問題，不表示一定會付諸行動。第五期的田獵刻辭出現「茲御。獲……」，也就是記錄此次動用了車馬，捕獲了獵物，才表示某次田獵確實成行。以此條件來統計，第五期大致要十天才會真正進行田獵活動一次。從此版占卜日期可知，康丁時期乙、戊、辛、壬日為例行田獵日；在第二期乙、戊、辛日外，納入壬日。

①辛巳[卜]，貞：「王[其]田向，亡戋？」

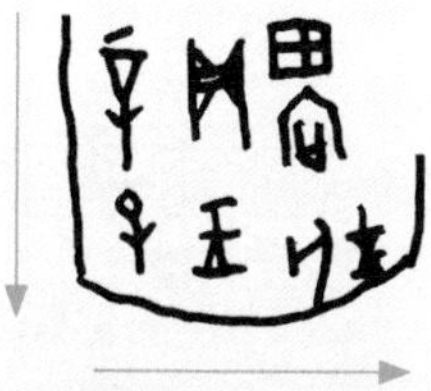

白話譯文　辛巳日［占卜］，提問：「王［將］在向地田獵，不會有災難的，是嗎？」

閱讀方式　右行。

②壬午卜，貞：「王其田喪，亡𢦏？」

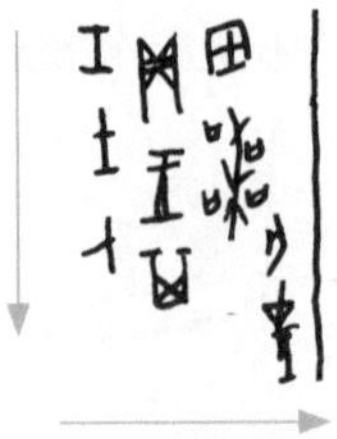

白話譯文 壬午日占卜，提問：「王將在喪地田獵，不會有災難的，是嗎？」

閱讀方式 右行。

③乙酉卜，貞：「王其田向，亡𢦏？」

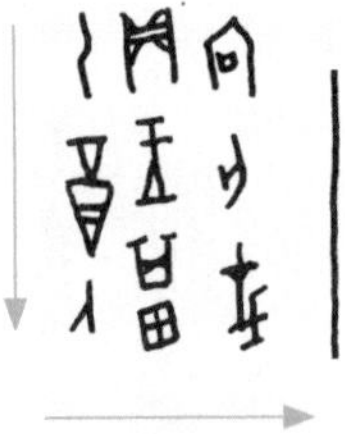

白話譯文 乙酉日占卜，提問：「王將在向地田獵，不會有災難的，是嗎？」

閱讀方式 右行。

④戊子卜，貞：「王其田盂，亡𢦏？」

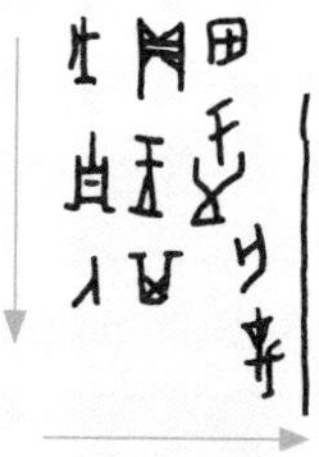

白話譯文 戊子日占卜，提問：「王將在盂地田獵，不會有災難的，是嗎？」

閱讀方式 右行。

⑤辛卯卜，貞：「王其田喪，亡戋？」

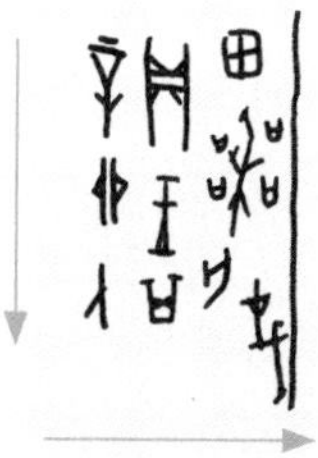

白話譯文 辛卯日占卜，提問：「王將在喪地田獵，不會有災難的，是嗎？」

閱讀方式 右行。

⑥壬辰卜，貞：「王其田向，亡戋？」

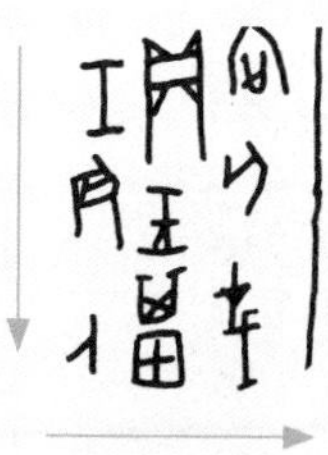

白話譯文 壬辰日占卜，提問：「王將在向地田獵，不會有災難的，是嗎？」

閱讀方式 右行。

⑦乙未卜，貞：「王其田喪，亡𢦏？」

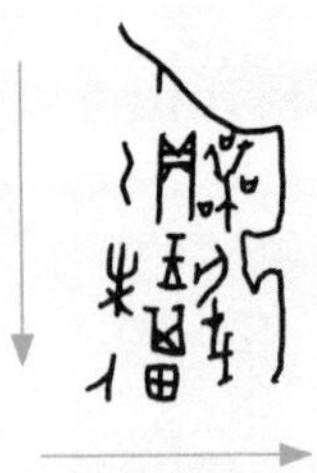

白話譯文 乙未日占卜，提問：「王將在喪地田獵，不會有災難的，是嗎？」

閱讀方式 右行。

摹寫練習

342 問降雨時段

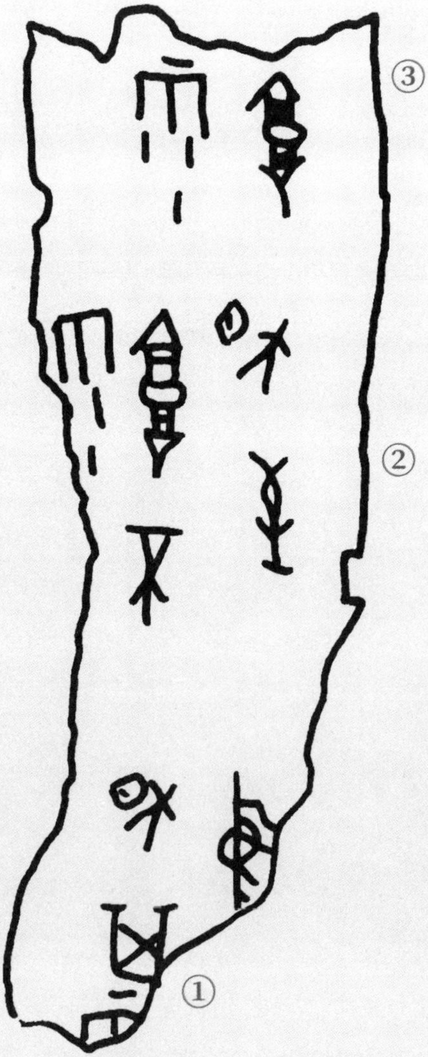

• 出處：《合》29793，骨。

• 斷代標準：書體、字形。

①「中[日至]昃其雨？」

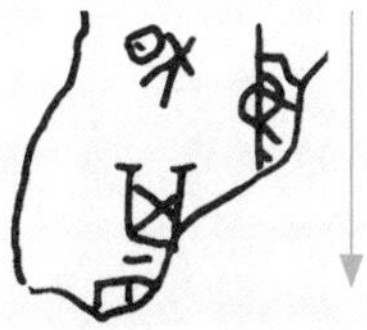

白話譯文 （提問：）「中〔日到〕昃這段時間將會下雨的，是嗎？」

閱讀方式 左行。

第一卜的「中」字後因甲骨碎裂而所有缺漏，卜辭有「中日至郭兮啓」、「中日其雨」，可知「中」爲「中日」。

「中日」、「昃」、「郭」是指什麼？爲商代一天內的時間用語，並藉以確定時段排序的前後，「中日」比「昃」早，「昃」比「郭」早。「中日」是中午、正午；「昃」是下午的時段，此刻太陽已偏斜，故字形呈現在太陽映照下人影斜長的樣子。由下一則〈343〉可知，「郭」又名「郭兮」，「郭兮」的時段在「昏」之前，而「郭」或「郭兮」命名的由來和意義，現今仍無法確知。類似此版詢問一天內時段的刻辭，基本上是出現在第一期和第三期；第三期還會詢問從事某些事情在一天之中的某些時段適不適當。

②「昃至郭不雨？」

白話譯文（提問：）「昃到郭這段時間不會下雨的，是嗎？」

閱讀方式 左行。

③「[昃至]郭[其]雨？」

白話譯文（提問：）「[昃到]郭這段時間[將]會下雨的，是嗎？」

閱讀方式 由右而左。

由辭例推測，此卜應與第二卜正反**對貞**。

摹寫練習

343 問黃昏前是否下雨

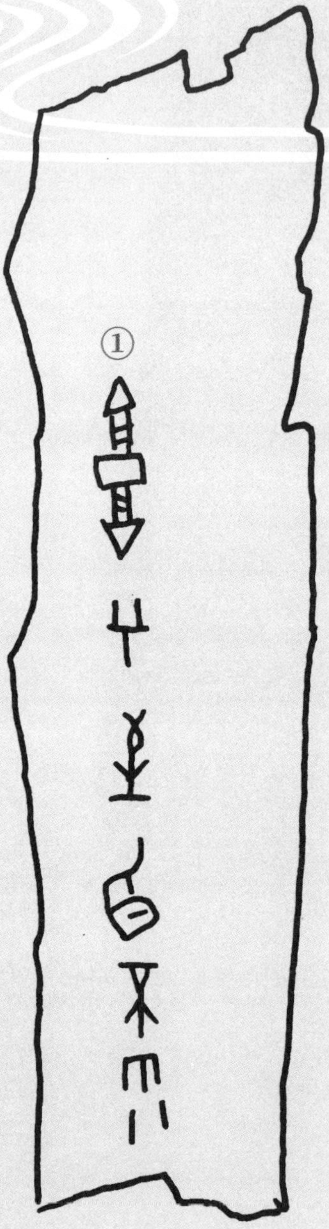

• 出處：《合》29794，骨。

• 斷代標準：書體、字形。

①「郭兮至昏不雨？」

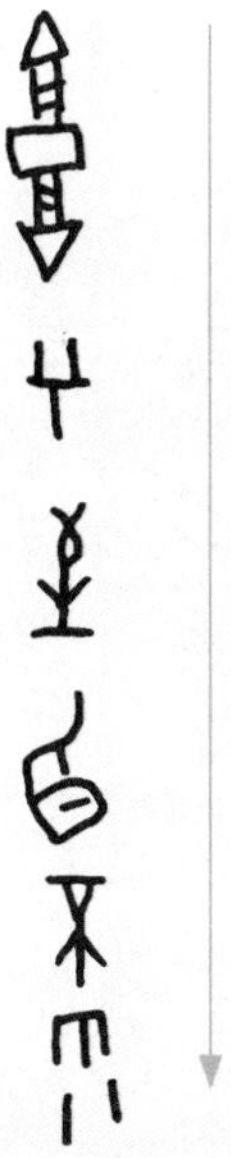

白話譯文 （提問：）「郭兮到昏這段時間不會下雨的，是嗎？」

閱讀方式 由上而下。

結合〈342〉來看，「中日」（中午）後是「昃」，接著是「郭兮」，然後是「昏」。「郭兮」大多可簡稱為「郭」，少數簡稱為「兮」。

344 問二事——田獵行程、祭祀用品

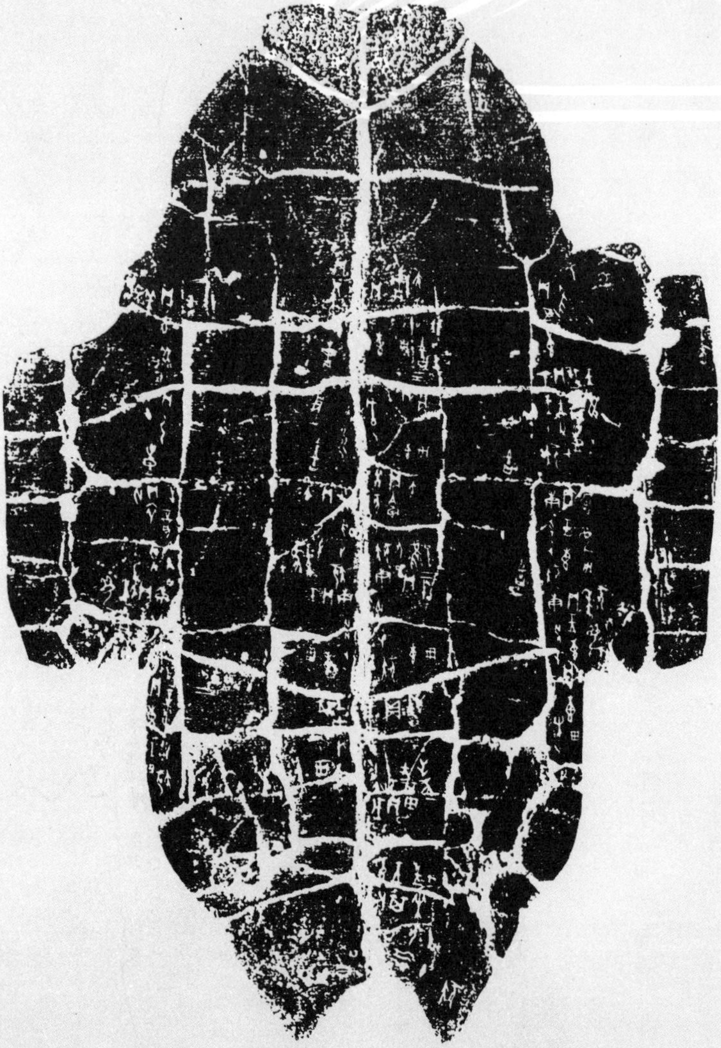

拓本原寸長 26.7 公分、寬 19.5 公分，圖為原寸 50%。

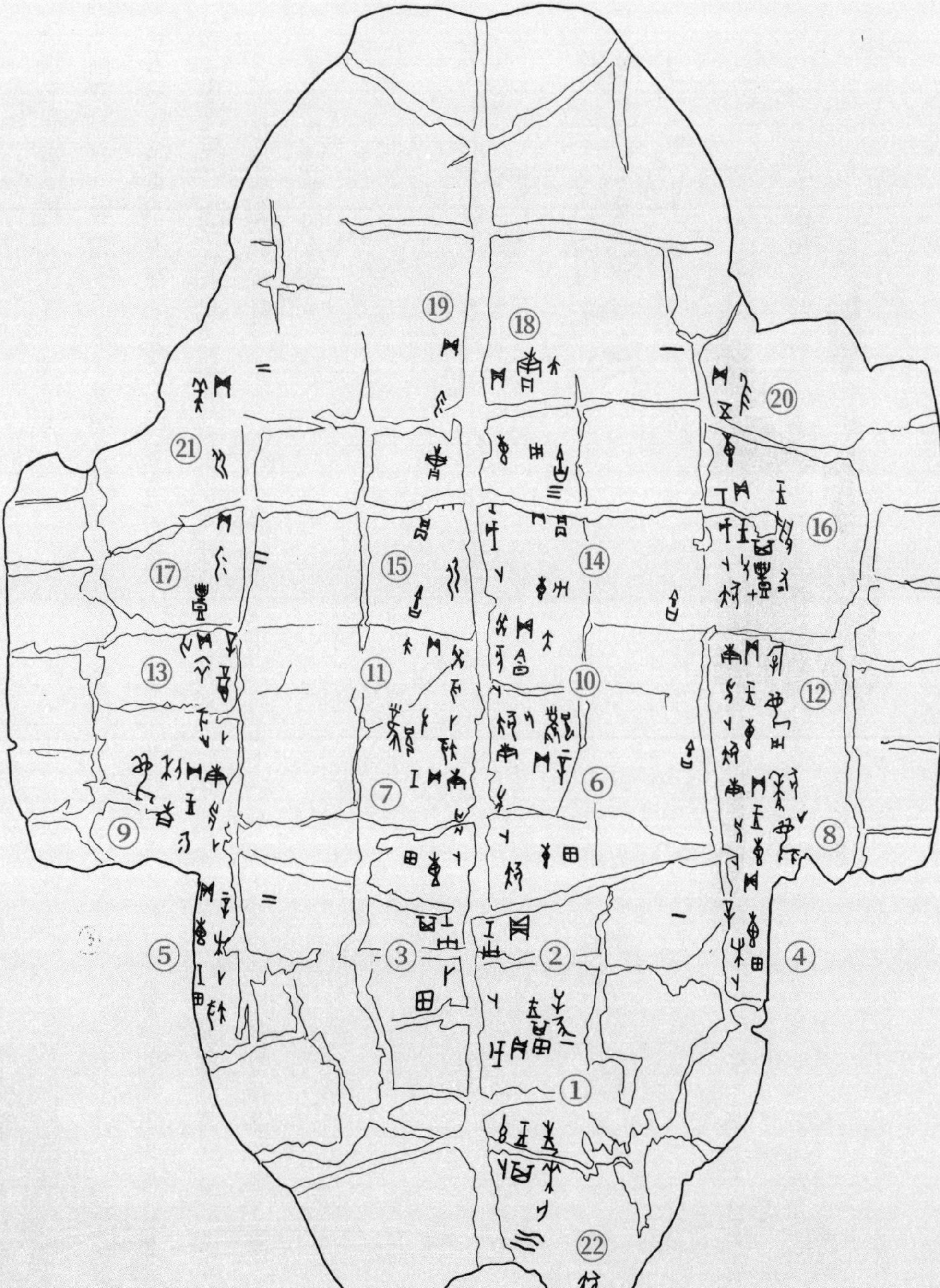

①
②
③
④
⑤
⑥
⑦
⑧
⑨
⑩
⑪
⑫
⑬
⑭
⑮
⑯
⑰
⑱
⑲
⑳
㉑
㉒

• 出處：《合》27459，龜腹甲。

• 斷代標準：稱謂、貞人、兆辭、書體。

• 說明：此版的尾甲出現「狄」的署名，表示負責整治甲骨的人，於尾甲署名的習慣出現在第一期和第三期。第三期的前辭形式大多是干支卜，此版作「干支卜，某貞」，保留了第一、二期的特色，根據觀察和統計，康丁時代沒有使用龜甲進行占卜的習慣，所以此版很可能為康丁早期、廩辛攝政時期的產物。

①戊午卜，貞：「王其田，往來亡災？」

白話譯文 戊午日占卜，提問：「商王將要田獵，在前往和回來的路上不會有災難的，是嗎？」

閱讀方式 由內往外。

② 壬子卜，貞：「王其屰逐？」

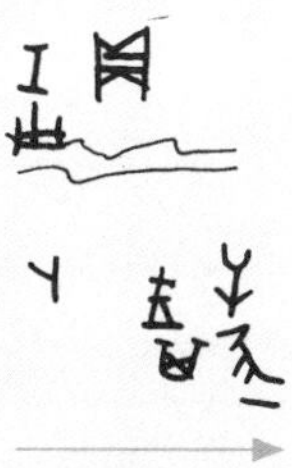

白話譯文 壬子日占卜，提問：「商王將要迎面追逐獵物，是合適的嗎？」

閱讀方式 由內往外。

貞辭部分：王其屰逐？「屰逐」指迎面追逐。出現在**田獵刻辭**中，表示進行田獵的方式。此卜的「逐」字少了「止」的偏旁。

③ 壬子卜，「[王]其田？」

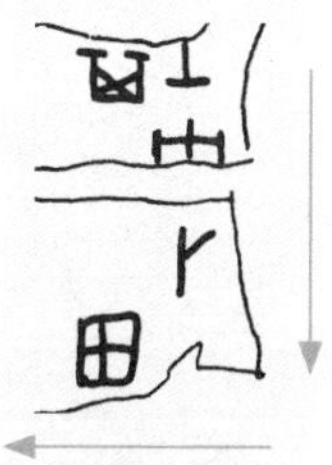

白話譯文 壬子日占卜（，提問）：「[商王]將要田獵，是合適的嗎？」

閱讀方式 由內往外。

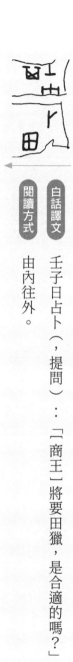

④辛未卜，[狄]貞：「叀田？」一（序數）

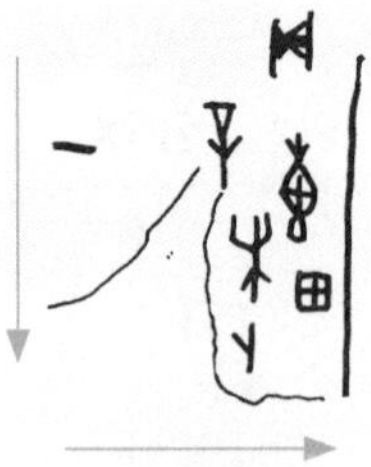

白話譯文

辛未日占卜，貞人［狄］提問：「要田獵，是嗎？」第一次占卜。

閱讀方式

由內往外。

⑤辛未卜，狄貞：「叀壬田？」二（序數）

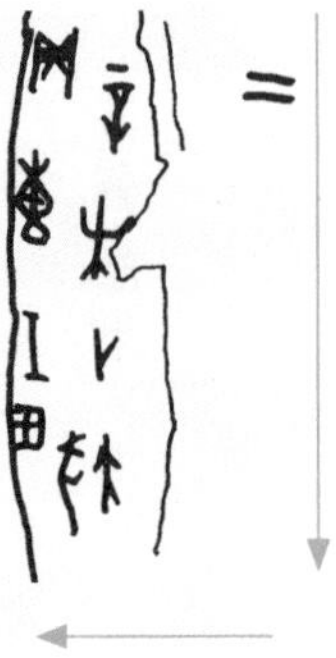

白話譯文

辛未日占卜，貞人狄提問：「要在壬日田獵，是嗎？」第二次占卜。

閱讀方式

由內往外。

⑥庚申卜，狄貞：「叀辛田？」

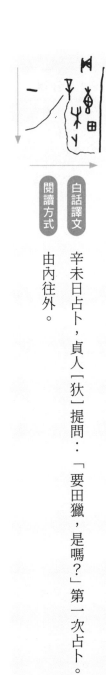

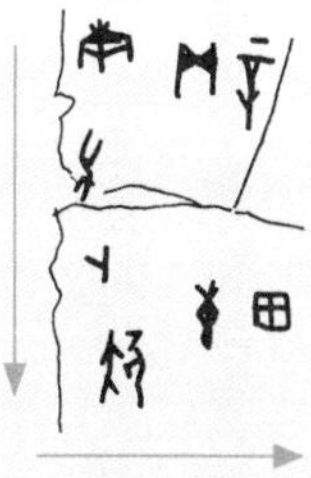

白話譯文　庚申日占卜，貞人狄提問：「要在辛日田獵，是嗎？」

閱讀方式　由內往外。

⑦庚申卜，貞：「叀壬田？」

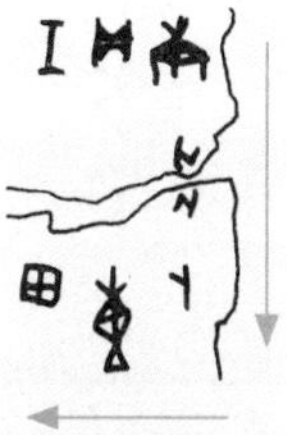

白話譯文　庚申日占卜，提問：「要在壬日田獵，是嗎？」

閱讀方式　由內往外。

⑧庚申卜，貞：「王叀麥麋逐？」

白話譯文　庚申日占卜，提問：「商王要在麥地從後追逐麋，是合適的嗎？」

閱讀方式　由內往外。

貞辭部分：王叀麥麋逐？「麥」是田獵地名，但不常見。

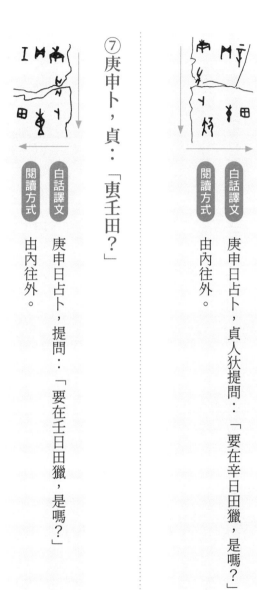

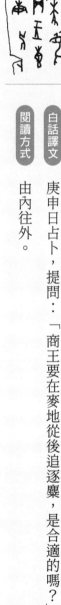

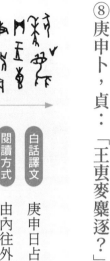

⑨庚申卜，貞：「王勿利南麋？」

白話譯文

庚申日占卜，提問：「商王在南地（捕獵）麋，不會有利的，是嗎？」

閱讀方式

由內往外。

貞辭部分：王勿利南麋？「勿利」是不會有利，意謂田獵不順利。

⑩癸亥卜，狄貞：「今日亡大風？」

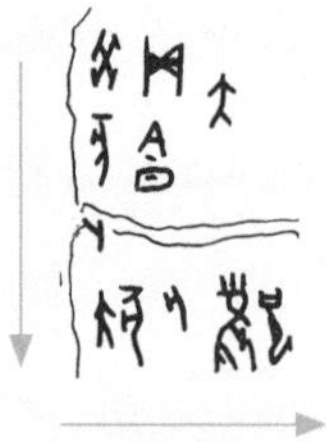

白話譯文

癸亥日占卜，貞人狄提問：「今天不會有大風的，是嗎？」

閱讀方式

由內往外。

貞辭部分：今日亡大風？甲骨的「風」字有以「凡」或「兄」爲聲符兩種字形，大多以「凡」爲聲符，只有此版以「兄」爲聲符。當時「風」一字或有兩聲。通過多種現象的考察，上古大半有一個字讀兩個音節的情形，到了周代就變成一字一音節，影響中國的文學形式。

⑪癸亥卜，狄貞：「又大風？」

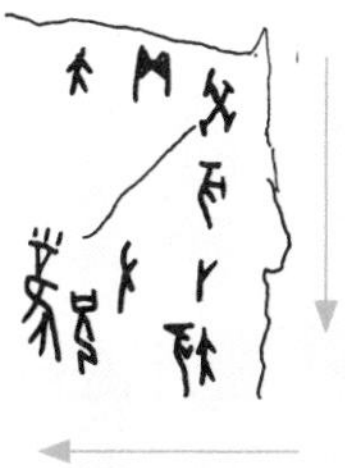

白話譯文 癸亥日占卜，貞人狄提問：「會有大風的，是嗎？」

閱讀方式 由內往外。

⑫庚申卜，狄貞：「王叀游麋用？」吉。

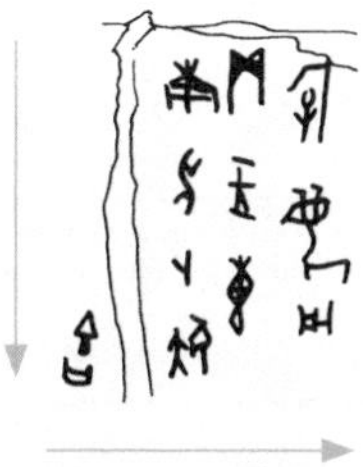

白話譯文 庚申日占卜，貞人狄提問：「商王要用游地獵得的麋用以祭祀，是合適的嗎？」吉。

閱讀方式 由內往外。

貞辭部分：王叀游麋用？「游」在此爲田獵地名，「游麋用」是詢問以游地獵到的麋爲牲品用來祭祀，是否合適。

⑬辛酉卜，貞：「衣逐亡？」

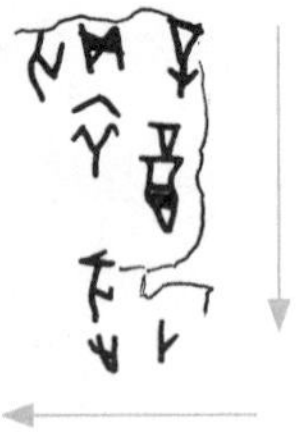

白話譯文 辛酉日占卜，提問：「大規模追逐（獵物）不會（有災難的），是嗎？」

閱讀方式 由內往外。

貞辭部分：衣逐亡？「衣逐」即「殷逐」，意謂田獵時採取大規模追逐獵物的方式。此版第一卜「往來亡災」，通常「亡」字後還會有所接續，判斷此卜「亡」字之後或漏寫了「災」字。

⑭壬戌卜，貞：「叀□用？」

白話譯文 壬戌日占卜，提問：「要採用□地的（捕獵物祭祀），是嗎？」

閱讀方式 由內往外。

貞辭部分：叀□用？「□」其本義尚不可知，在此應是指某處田獵地。

⑮「弜吕？」吉。

白話譯文

（提問）：「不要（採用）吕地的（捕獵物祭祀），是嗎？」吉。

閱讀方式

由內往外。

此卜應和上一卜正反**對貞**。「弜」爲否定副詞。

⑯壬戌卜，犾貞：「王父甲其豊，王受又？」吉。

白話譯文

壬戌日占卜，貞人犾提問：「商王將以豊（甜酒）祭祀父甲，王會受到上天的福祐的，是嗎？」吉。

閱讀方式

由內往外。

貞辭部分：王父甲其豊，王受又？「父甲」指祖甲。「豊」象插有裝飾的豆，以之行禮祭祀，在這裡或假借爲「醴」，是一種甜酒的祭品。

⑰**貞：「勿豊？」二**（序數）

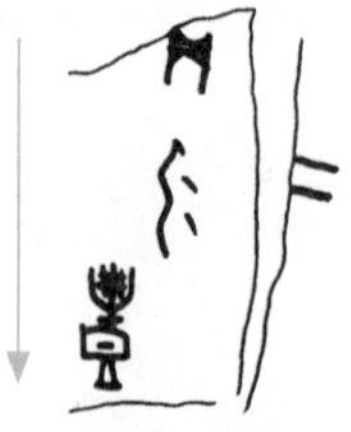

白話譯文

提問：「不要以豊（甜酒）祭祀，是嗎？」第二次占卜。

閱讀方式

由上而下。

⑱**貞：「叀庸用？」三**（序數）。**大吉**。

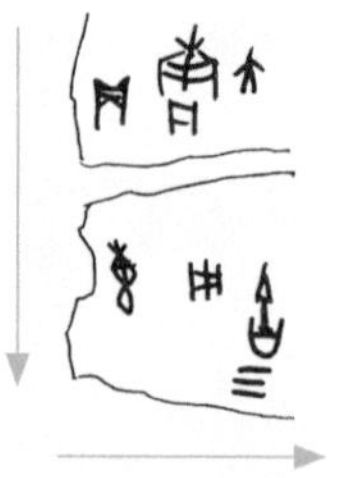

白話譯文

提問：「用庸奏，是合適的嗎？」第三次占卜。大吉。

閱讀方式

由內往外。

貞辭部分：叀庸用？〈322〉「叀庸奏，又正又大雨」，此卜的「庸」就是庸奏，字形偏旁組成是下以「凡」上以「庚」。

⑲貞：「勿庸？」

白話譯文 提問：「不要（用）庸奏，是合適的嗎？」

閱讀方式 由上而下。

⑳貞：「五叀隹？」一（序數）

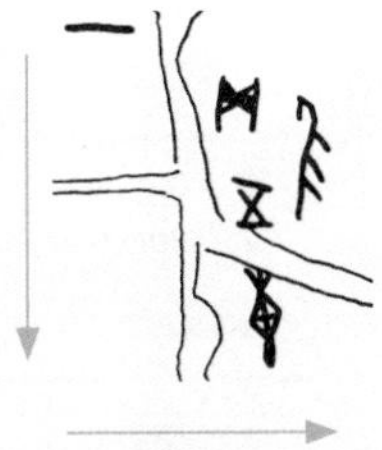

白話譯文 提問：「（用）美奏，是合適的嗎？」第一次占卜。

閱讀方式 由內往外。

貞辭部分：五叀隹？「五」應是多刻的字。第十四和十五卜**對貞**、第十六和十七卜**對貞**、第十八和十九卜**對貞**，按照規律來看，此卜應和下一卜**對貞**，下一卜詢問不要使用「美奏」，這裡的「隹」或為「美」的誤刻。或者整版刻辭是**習刻**。

㉑**貞：「弜美？」二**（序數）

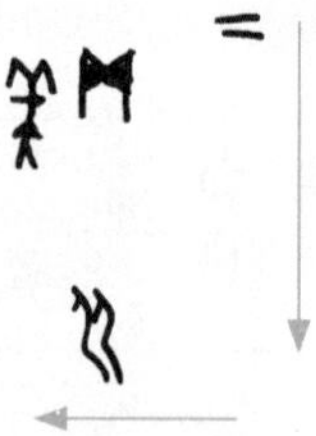

白話譯文 提問：「不要（用）美奏，是合適的嗎？」第二次占卜。

閱讀方式 由內往外。

貞辭部分：弜美？「美」是美奏，在第三期出現，也是奏的一種。

㉒犾。

閱讀方式 單一字。

此爲所謂的尾甲刻辭，一般作某入，某部族進貢龜甲的紀錄。「犾」爲第三期早期的貞人名，不知是同名或同一人。

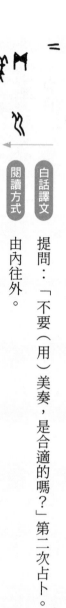

摹寫練習

345 問前往哪個驛站

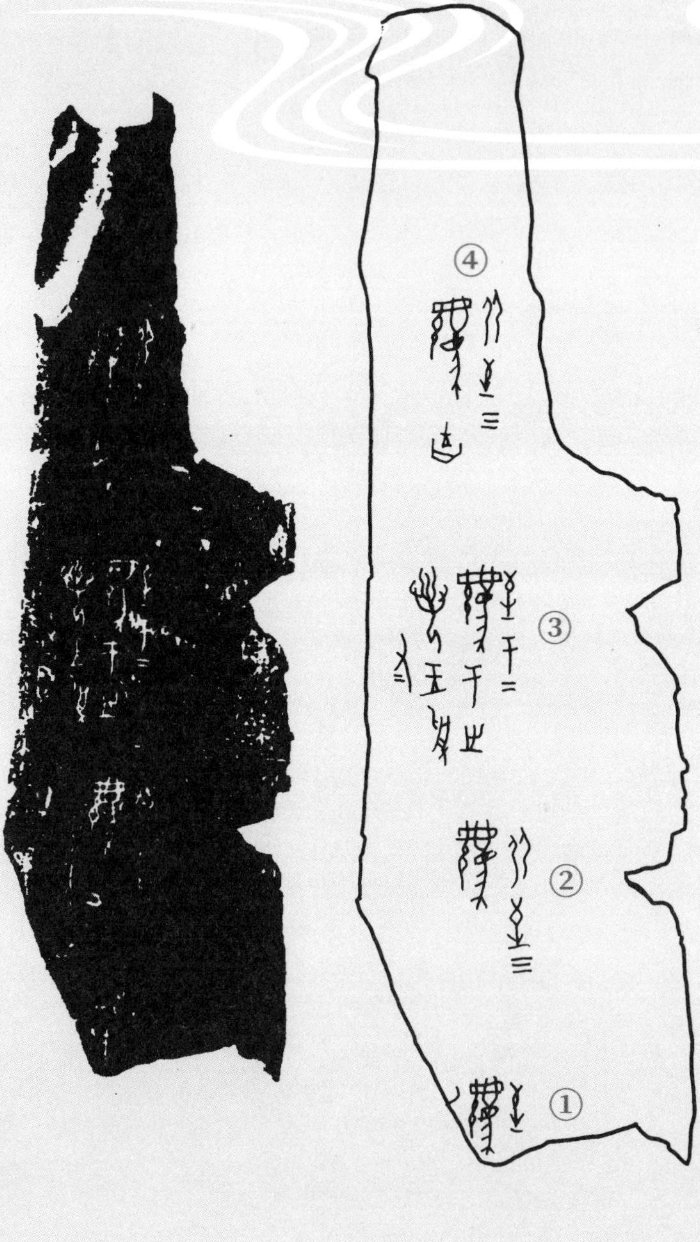

• 出處：《合》28157，骨。

• 斷代標準：兆辭、書體、字形。

① 「至☐羈☐若☐」

閱讀方式 由右而左。

② 「弜至三羈？」

白話譯文 （提問：）「不要到第三個驛站，是嗎？」

閱讀方式 左行。

「羈」字象以繩索套縛於鹰角的樣子，在卜辭是當作傳遞、運輸功用的驛站，驛站負責載重或作爲坐騎的廌，也就是後世的獬豸，或以籠、絡捆綁住雙角爲記號。卜辭有二羈、三羈，還有五羈，大致是從安陽爲起點，在幾條重要道路上，所設立每隔一定距離的驛站。

③「至于二羈于之若，王受又？」

白話譯文 （提問：）「先到第二個驛站再到之若這個地方，王會受到上天的福祐的，是嗎？」

閱讀方式 左行。

「之若」是地名，當地或許沒有驛站，所以甲骨詢問先到二羈還是三羈，再延伸出發到之若。

④「弜至三羈？」吉。

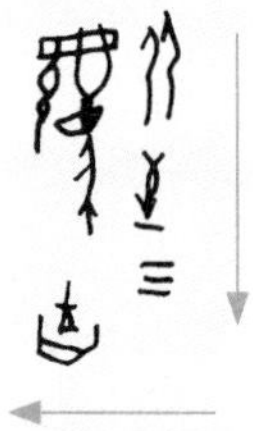

白話譯文 （提問：）「不要到第三個驛站，是嗎？」吉。

閱讀方式 左行。

摹寫練習

346 問軍隊出戰運勢

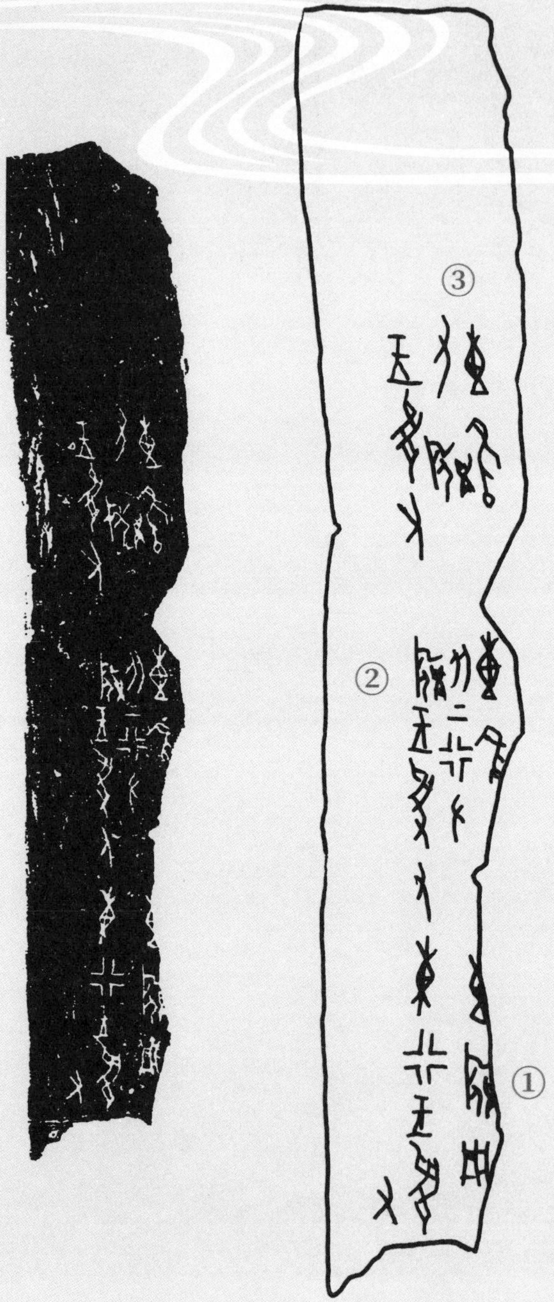

• 出處：《懷》1464，骨。

• 斷代標準：書體、字形。

①「叀旛，用東行，王受又？」

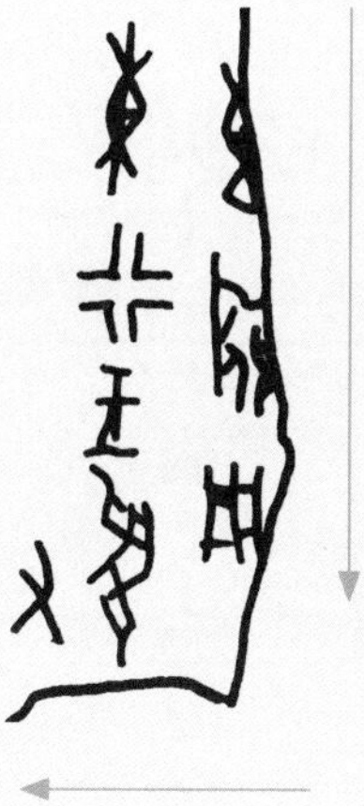

白話譯文 （提問：）「（此次作戰）要派遣東行下的旛，王會受到上天的福祐的，是嗎？」

閱讀方式 左行。

「旛」是商代軍隊組織的用語，或爲「行」之下的層級，從以下兩卜來看，一行可分成左、右兩旛。卜辭有「大行」、「中行」、「上行」，以及此卜的「東行」。綜合分析，除了「大行」是五個單位外，商代軍隊編制以三爲單位，或分成上、中、下（或東、中、西）三行。

② 「叀□，從上行左旟，王受又？」

白話譯文 （提問：）「要□跟從上行的左旟（前去作戰），王會受到上天的福祐的，是嗎？」

閱讀方式 左行。

「□」在此爲人名。

③ 「叀□，右旟，王受又？」

白話譯文 （提問：）「要□（跟從上行的）右旟（前去作戰），王會受到上天的福祐的，是嗎？」

閱讀方式 左行。

此卜與上一卜應是同一問題的不同選項。

摹寫練習

347 問出征將領

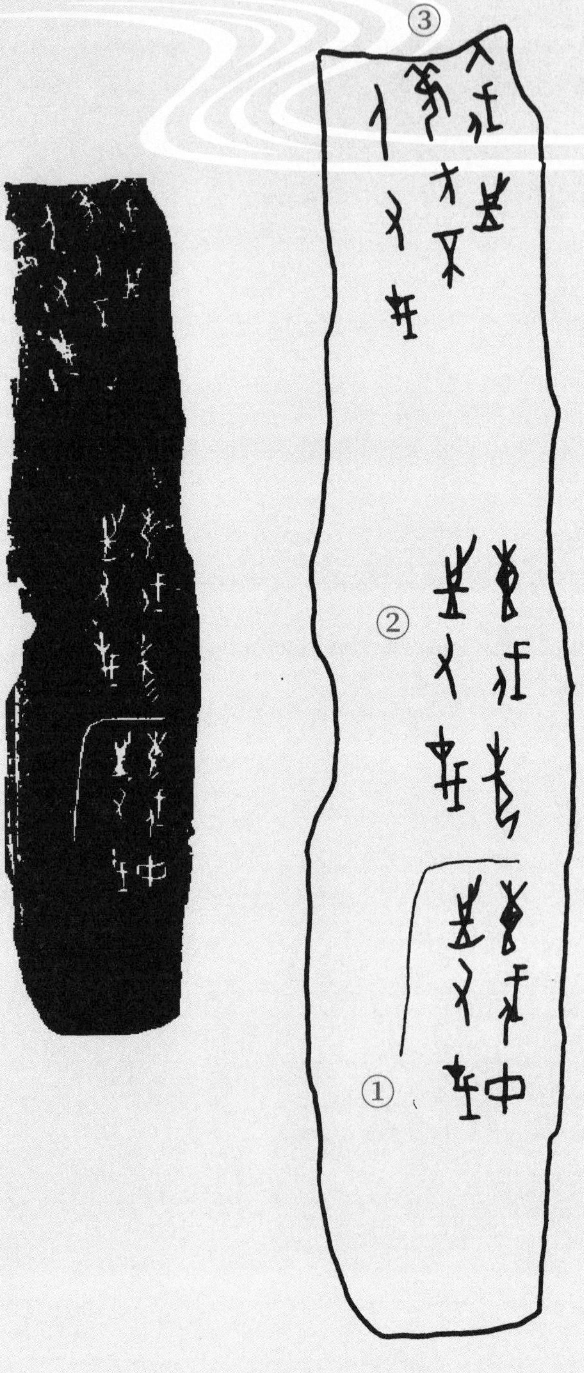

• 出處：《合》27975，骨。

• 斷代標準：書體、卜習。

① 「叀戍中往，𢦏？」

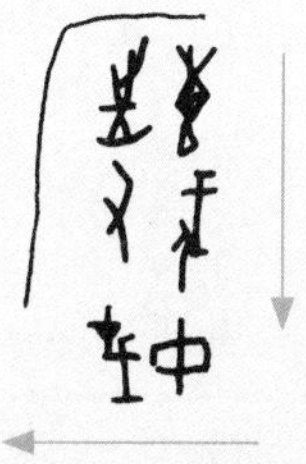

白話譯文

（提問：）「由戍軍隊單位下的中（人名）前往（征伐羌方），會有災禍的，是嗎？」

閱讀方式

左行。

此卜第三個字的字形類似「中」，暫時隸定爲「中」，「中」與第二卜的「先」都是當作人名。而「戍」在商代或是派遣邊疆高級的軍隊單位，這之下有不同的分支，所以「戍」字下刻寫出不同分支的長官之名。由第三卜可知，這幾卜在詢問從戍的軍隊單位中，要派遣誰前去討伐羌方，較爲適當。

②「叀戍先往，又𢦏？」

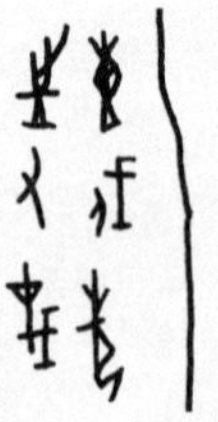

白話譯文

（提問：）「由戍軍隊單位下的先（人名）前往（征伐羌方），會有災禍的，是嗎？」

閱讀方式

左行。

③「⧄□戍往⧄羌方不⧄人，又𢦏？」

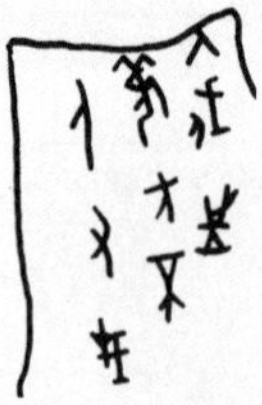

閱讀方式

左行。

摹寫練習

348 問戍軍隊的將領召集王眾

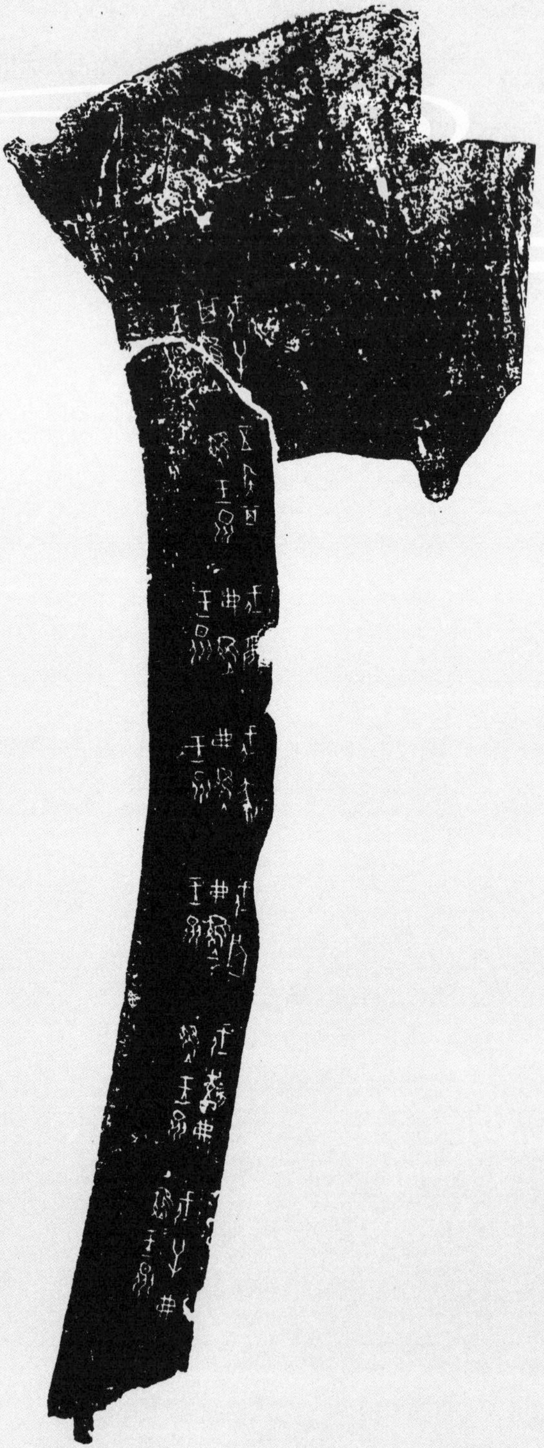

拓本原寸長 25.5 公分、寬 9.8 公分，圖為原寸 75%。

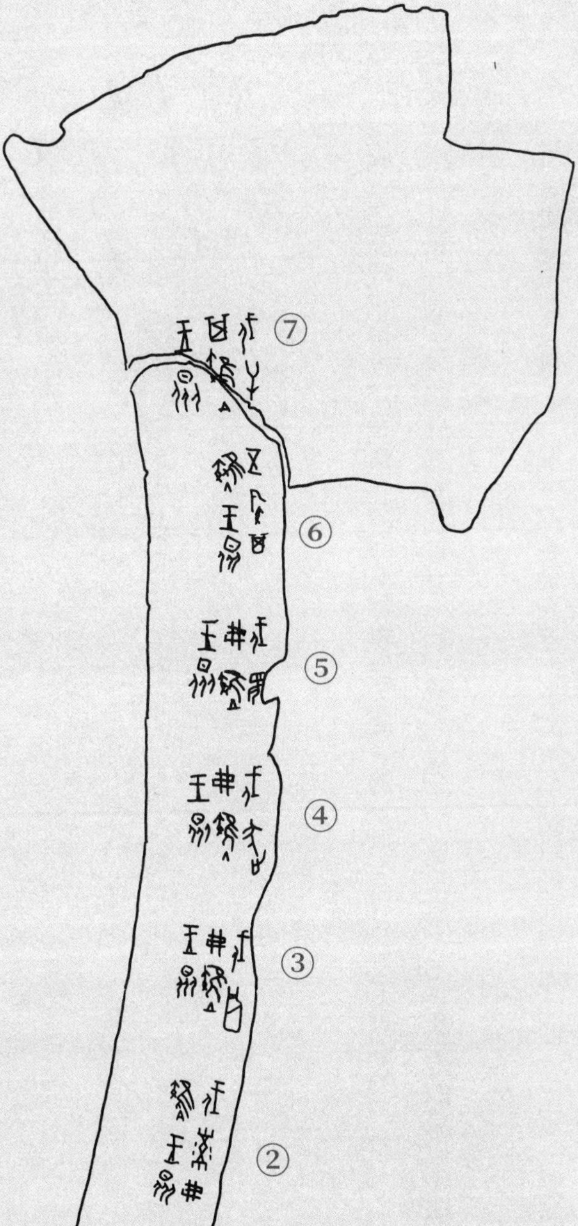
⑦
⑥
⑤
④
③
②
①

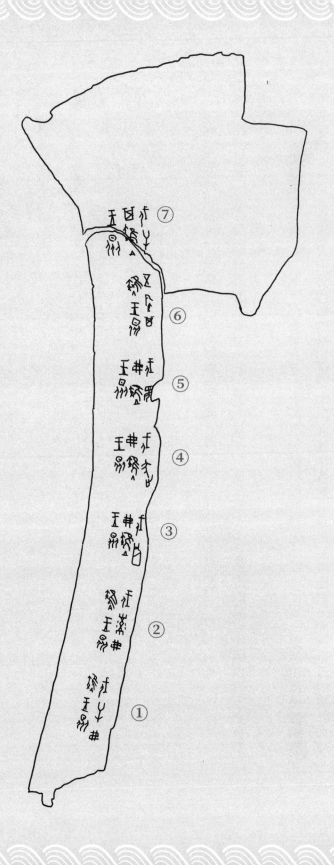

• 出處：《合》26879，骨。

• 斷代標準：書體、字形、卜習。

①「戍屰弗雉王眾？」

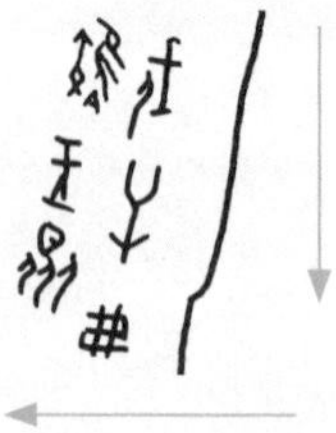

白話譯文 （提問：）「戍軍隊單位下的屰不要召集王的勞動大眾，是合適的嗎？」

閱讀方式 左行。

「戍」在商代或是戍守邊疆高級的軍隊單位，此卜的「屰」以及以下幾卜的「㡀」、「骨」、「逐」、「何」應是隸屬「戍」不同分支的長官之名。因爲「戍」的層級高，不是基礎的單位，所以商王才會提到他們的名字。

「雉」是召集的意思。「眾」本義是表達在太陽下勞動耕種的眾人，而「王眾」應該是直接隸屬於商王的勞動人員，不是負責對外作戰的常規軍，所以此版才會詢問是否召集他們，而召集目的或許和戍一同進行軍事任務或訓練。

②「戌𢁉弗雉王眾？」

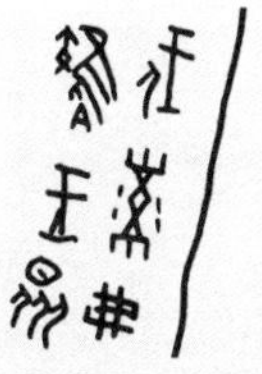

白話譯文

（提問：）「戌軍隊單位下的𢁉不要召集王的勞動大眾，是合適的嗎？」

閱讀方式

左行。

③「戌骨弗雉王眾？」

白話譯文

（提問：）「戌軍隊單位下的骨不要召集王的勞動大眾，是合適的嗎？」

閱讀方式

左行。

④「戍逐弗雉王眾？」

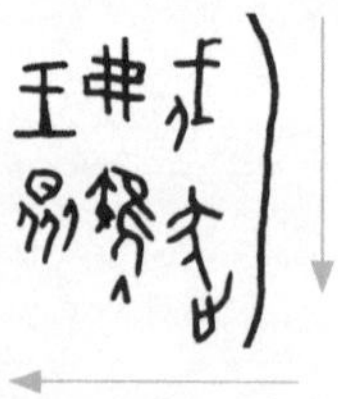

白話譯文（提問：）「戍軍隊單位下的逐不要召集王的勞動大眾，是合適的嗎？」

閱讀方式 左行。

⑤「戍何弗雉王眾？」

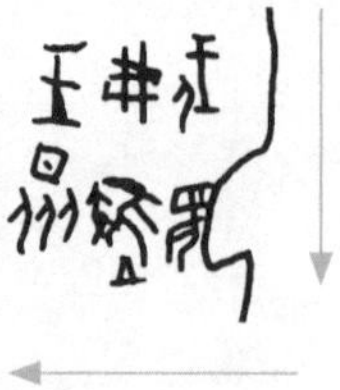

白話譯文（提問：）「戍軍隊單位下的何不要召集王的勞動大眾，是合適的嗎？」

閱讀方式 左行。

⑥「五族其雉王眾？」

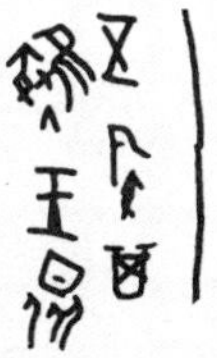

白話譯文 （提問：）「（屰、𢀛、骨、逐、何所統領的）五族將要召集王的勞動大眾，是合適的嗎？」

閱讀方式 左行。

「族」是指氏族。商代戍的軍隊由不同的氏族所組成，每一氏族各自擁有具血緣相近的親屬成員，如此於戰事中相互支持，有利於團結作戰。以上幾卜的「屰」、「𢀛」、「骨」、「逐」、「何」五位應該就是分別統率五個氏族的長官。大致是「大行」的編制。

⑦「戍屰其雉王眾？」

白話譯文 （提問：）「戍軍隊單位下的屰將要召集王的勞動大眾，是合適的嗎？」

閱讀方式 左行。

此卜表示最後可能是選中戍屰來召集王眾。

349 問二事——傳喚臣下、營建工程

• 出處：《合》27796，骨。

• 斷代標準：書體、字形、卜習。

① 「弜乎兄？」

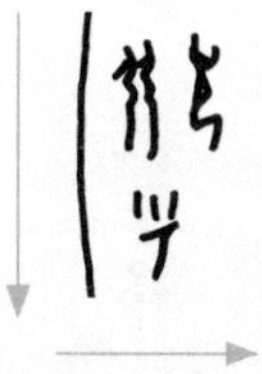

白話譯文 （提問：）「不要呼叫（某）進行祝禱，是嗎？」

閱讀方式 右行。

「乎兄」就是「呼祝」，「呼」字後應該要有被呼叫的受詞，但在這裡卻被省略。

② 「其報？」

白話譯文 （提問：）「將要報告（有關軍務），是嗎？」

閱讀方式 由上而下。

「報」意謂進行有關戰事，像是擄獲戰俘等軍情報告。

③「弜報，乎歸克，卿王史？」

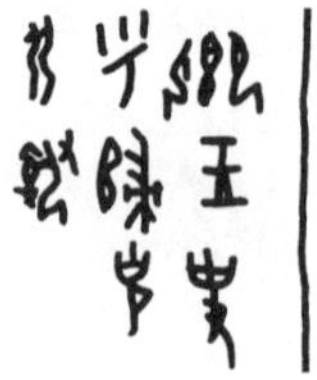

白話譯文　（提問：）「不要報告（有關軍務），呼叫克回來，直接從事王所交付的事情，是嗎？」

閱讀方式　右行。

「克」在這裡是人名，「乎歸克」意指呼叫克回來。「卿」在此不是饗宴之意，通「嚮」，應是直接從事、辦理的意思。「王史」是王事，指王所交付的事務。

④「其乍𡧊于丘莫？」

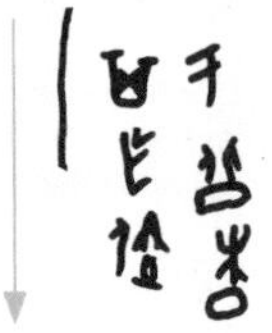

白話譯文　（提問：）「將要在丘莫建造𡧊（工事），是合適的嗎？」

閱讀方式　右行。

「乍」即「作」字，意思是建造。「𡧊」本義尚不可知，或指某項軍事防禦工事。「丘」爲山丘。

「莫」即「暮」字，甲骨「莫」字作「」，象太陽落到草叢樹林之下，此版的「莫」字將上半的林簡省成木，在這裡「丘莫」爲地名。

⑤「弜乍？」

白話譯文　（提問：）「不要建造（工事），是合適的嗎？」

閱讀方式　由上而下。

350 問軍事

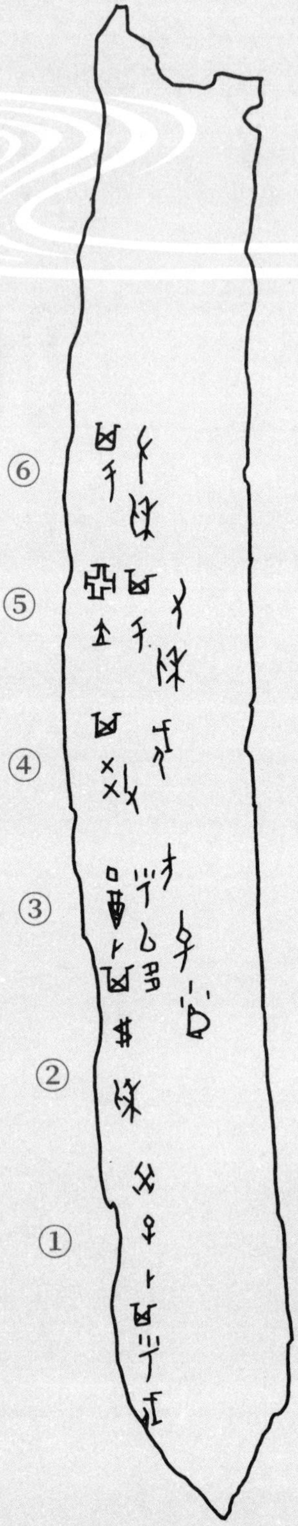

• 出處：《合》28008，骨。

• 斷代標準：書體、卜習。

① 癸巳卜，「其乎戌□⧄」

白話譯文　癸巳日占卜（，提問）：「將要呼叫戌□⧄」

閱讀方式　由上而下。

② 「弗利？」

白話譯文　（提問：）「不會有利的，是嗎？」

閱讀方式　由上而下。

③丁酉卜，「其乎以多方小臣？」

白話譯文　丁酉日占卜（，提問）：「將要呼叫小臣帶領多方的，是合適的嗎？」

閱讀方式　右行。

「以」是「氐」的省寫，「氐」是率領、帶領之意。「方」是爲方國，「多方」指多個方國。「」字目前意義不明。「小臣」是在商王身邊服侍其生活起居的職官名，語序可能在「乎」之後。

④「其教成？」

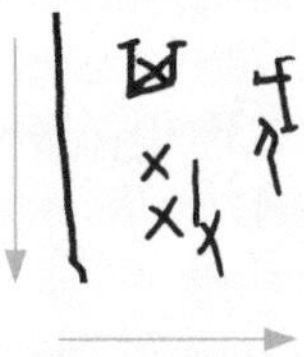

白話譯文　（提問：）「將要教導成的軍隊成員，是合適的嗎？」

閱讀方式　右行。

「教」爲教導之意，在這裡是指對「戉」此一軍隊編制的成員進行軍事教育或訓練。

⑤「亞立，其于又，利？」

白話譯文 （提問：）「要選立亞，將從右軍（選取），是有利的，是嗎？」

閱讀方式 右行。

「亞」是一種非常態性的高級軍事官職，第四期武乙征召方，原本從多位將領中選取最適合的領軍人選，在尚未確定前甲骨稱其名「畢」，確定後甲骨改稱「亞畢」，所以「亞」是被賦予某一任務後的軍事職官名。

在此卜用「于又」，下一卜用「于左」，可見這裡的「于又」是「于右」，綜合兩卜內容來看，是詢問從某一軍事組織的右軍或左軍中選立、指派統領即「亞」此一武官，何者最爲有利。

⑥「其于左，利？」

白話譯文 （提問：）「（要選立亞，）將從左軍（選取），是有利的，是嗎？」

閱讀方式 右行。

351 問率領諸侯討伐右封

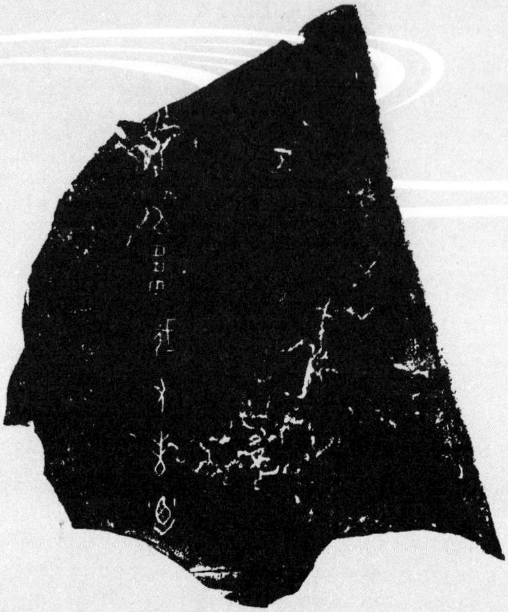

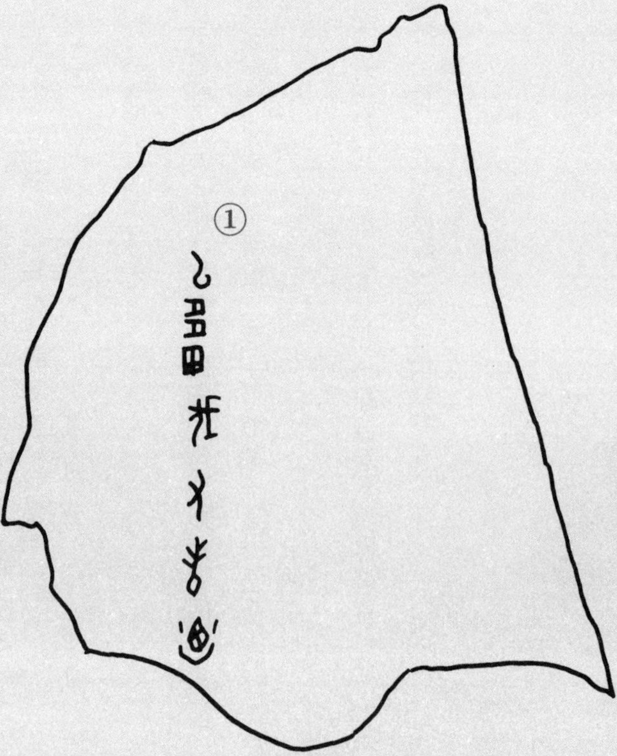

• 出處：《合》27893，骨。

• 斷代標準：書體。

①「以多田伐又丰迺☐」

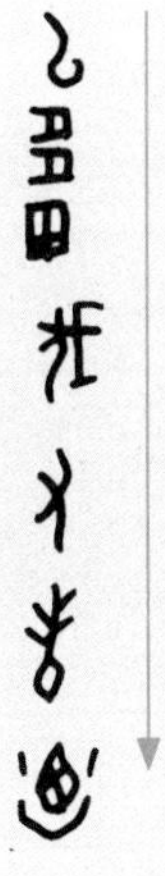

白話譯文 （提問：）「帶領多個諸侯去攻伐右封，然後才☐」

閱讀方式 由上而下。

「多田」是爲「多甸」，是對遠方外服諸侯的稱呼，並非是商王直接管轄下隸屬朝廷的職官。「以」則是「氐」的減筆，表示帶領的意思。卜辭另有「其執三丰伯于父丁」、「四丰方」、「東丰」、「南丰方」等，「丰」象堆土植樹的樣子，古代在邊界堆土植樹是表示兩方勢力地域的交界，所以「丰」就是「封」，「丰」出現在方位詞的後面。而「又丰」就是「右封」，有可能指商王朝右方今山東淮河一帶的「夷方」，如此，則在第五期帝乙帝辛大規模攻打夷方前，殷商或許就已經對夷方有所動作。又或者指西北少數民族土方、羌方等地域的右方。「迺」表示前面發生某一行動或情況後，才又延續進行其他事項或經營其他地方，是爲連接詞。

352 問增加援軍

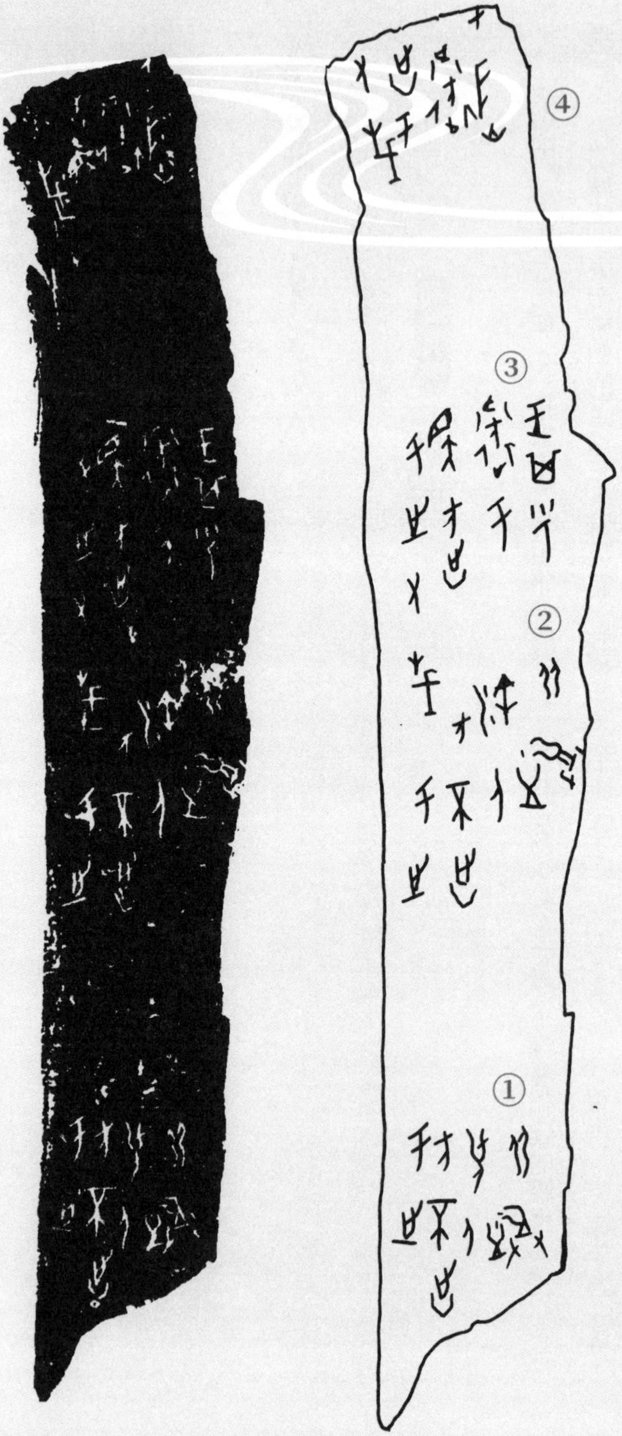

● 出處：《合》28012，骨。

● 斷代標準：書體、字形。

①「弜□□人，方不出于之？」

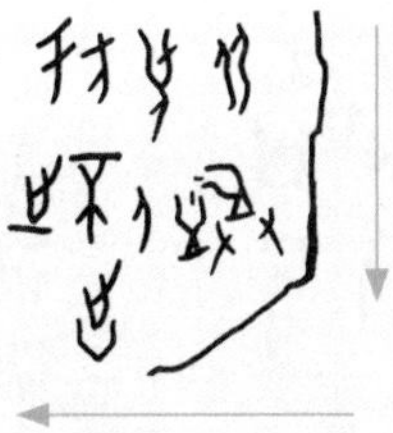

白話譯文 （提問：）「不要增派□人馬，敵對的方國不會出現在□，是嗎？」

閱讀方式 左行。

「□」象雙手拿兕觥注水於盤，以表示水滿溢的樣子，在這裡指增益、增加。「□」爲國名或地名。第二卜的「涂」應當也是國名或地名。

「方」指敵方國，「之」爲代詞，指「□」。應是詢問敵對的方國會不會出現、進攻□這個國家或地方。

② 「弜登涂人，方不出于之？」

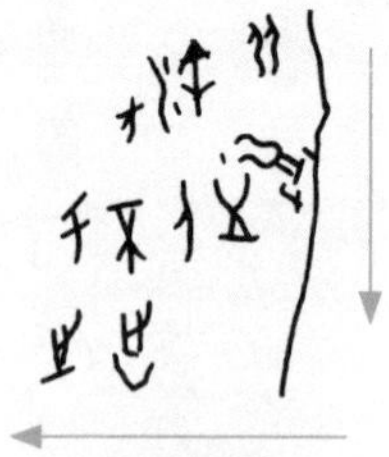

白話譯文 （提問：）「不要增派涂人馬，敵對的方國不會出現在涂，是嗎？」

閱讀方式 左行。

③ 「王其乎衛于眣，方出于之，又𢦏？」

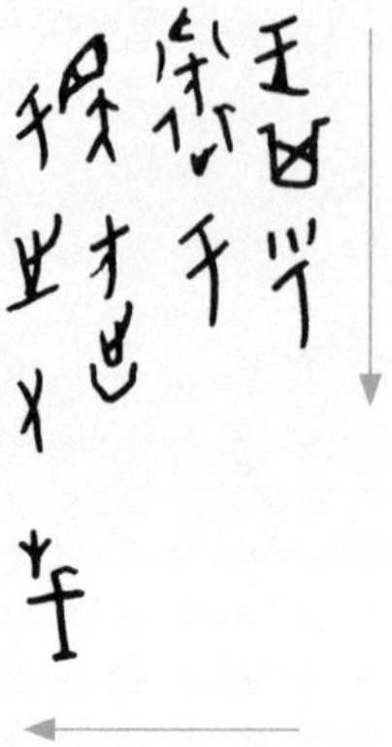

白話譯文 （提問：）「商王將要召喚（軍隊）保衛眣地，敵對的方國會出現在眣，會有災禍的，是嗎？」

閱讀方式 左行。

「昳」是爲地名。

④「⍁□衛⍁出于⍁𢦏？」

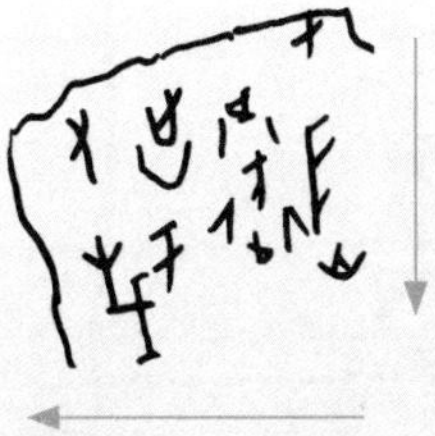

白話譯文

（提問：）「⍁□（召喚）保衛⍁，（敵對的方國會）出現在⍁，（會有）災禍的，是嗎？」

閱讀方式

左行。

「」當是人名。

353 問二事——戍的調遣、為戰帝祭

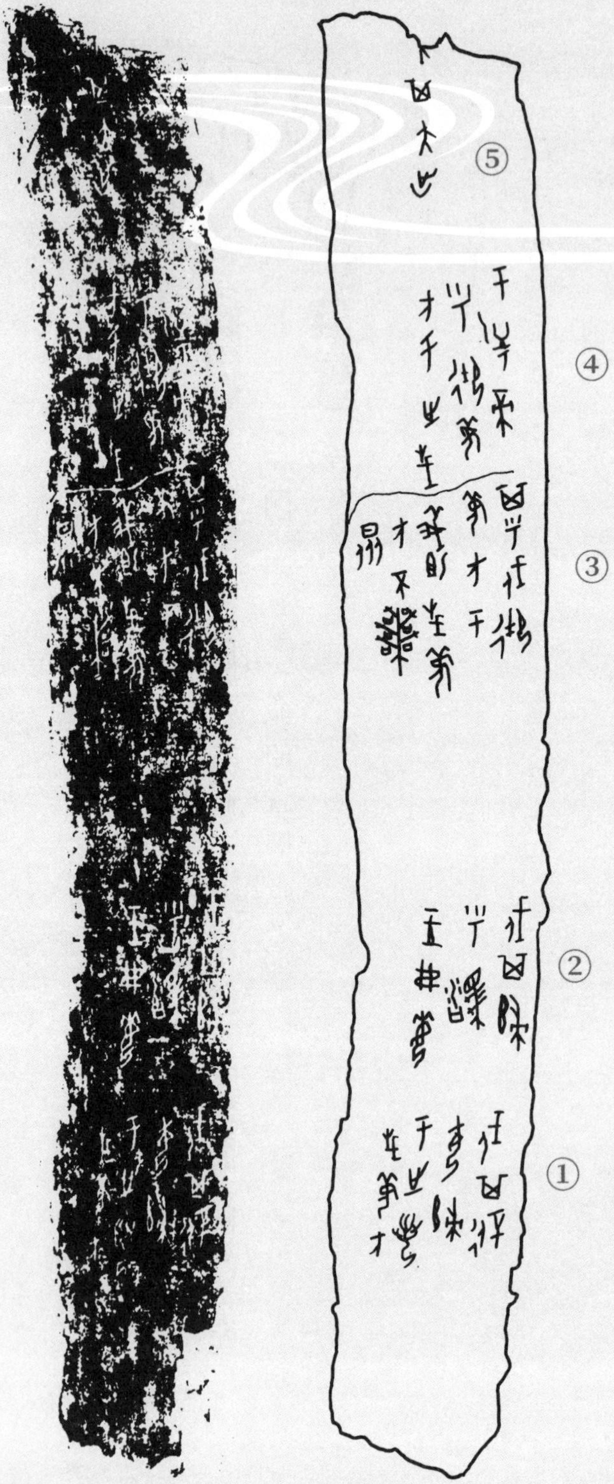

• 出處：《合》27972，骨。

• 斷代標準：書體、字形。

① 「戍其避，毋歸于之若，𢦏羌方？」

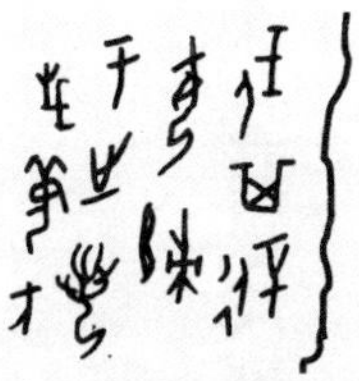

白話譯文 （提問：）「戍的軍隊單位將避開，不要回到之若，會對羌方造成災禍的，是嗎？」

閱讀方式 左行。

「戍」是戍守邊疆高級的軍隊單位。「之若」是地名。

② 「戍其歸，乎⿰馬沓，王弗每？」

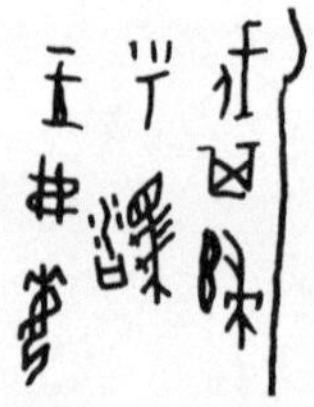

白話譯文 （提問：）「戍的軍隊單位將回來，召喚⿰馬沓，王不會有悔恨的，是嗎？」

閱讀方式 左行。

「⿰馬沓」或是某一軍事長官的名字，大概是去替換戍的人。

③ 「其乎戍禦羌方于義祖乙，𢦏羌方不喪眾？」

白話譯文 （提問：）「將召喚戍在義祖乙這個地方抵禦羌方，會對羌方造成災禍，不會喪亡勞動大眾所組成的軍隊，是嗎？」

閱讀方式 左行。

抵禦的「禦」字和表示禳除疾災的「御」字有差別，前者加上「彳」的偏旁。「義祖乙」則爲地名。

「眾」指勞動的農民所組成的非正規軍隊組織，「不喪眾」意謂對羌方的戰事順利，不會喪失農民所組成的軍隊。

④「于洋帝，乎禦羌方于之，𢦏？」

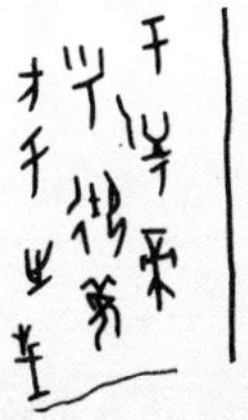

白話譯文
（提問：）「在洋地舉行帝祭，召喚（軍隊）在洋地抵禦羌方，會（對羌方）造成災禍的，是嗎？」

閱讀方式
左行。

「洋」為地名，「帝」是帝祭。由此版可知，或於戰爭時對山川舉行。

⑤「⧄其大出？」

白話譯文
（提問：）「⧄（敵方）將大規模出現，是嗎？」

閱讀方式
由上而下。

354 問大星來襲

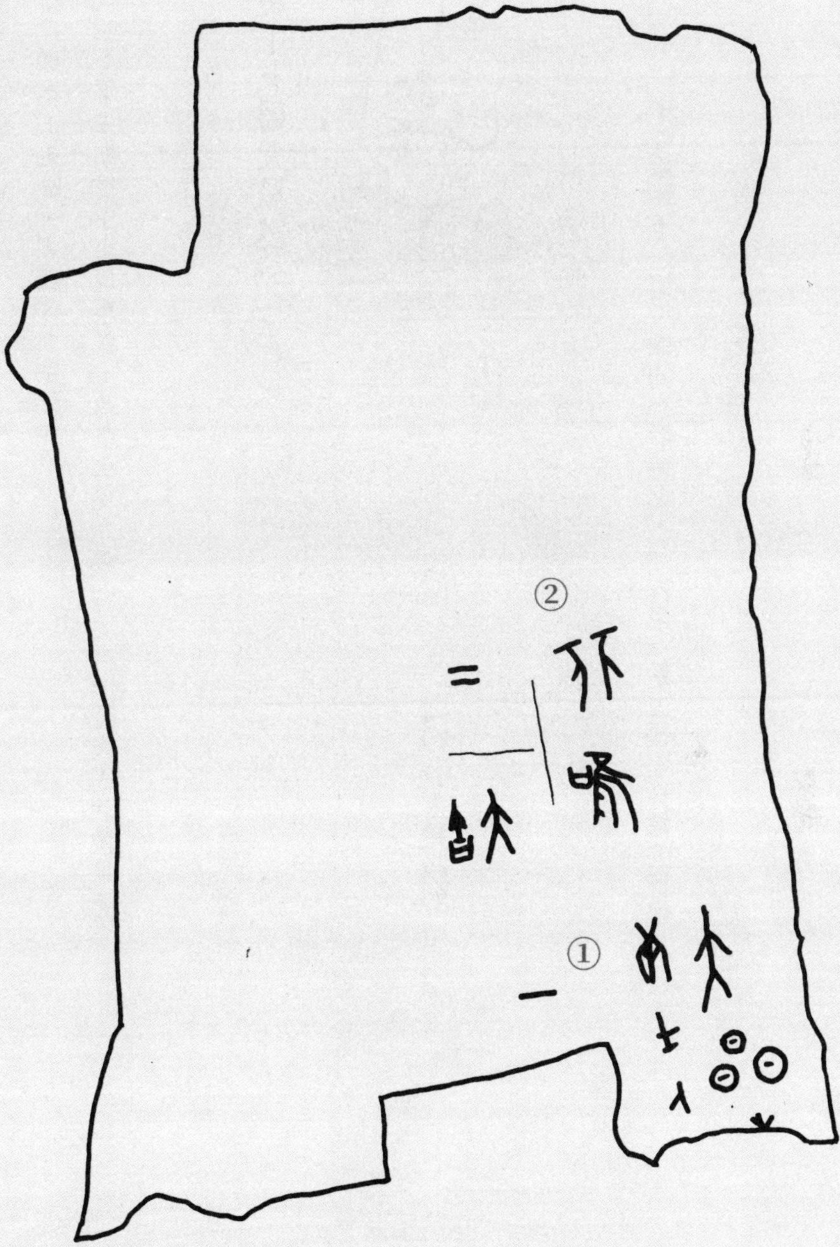

• 出處：《合》29696，骨。

• 斷代標準：兆辭、書體、卜字形。

• 說明：第三期很少出現序數，此版出現序數一、二，時代或許較早。

① 庚午卜▨大星▨一（序數）

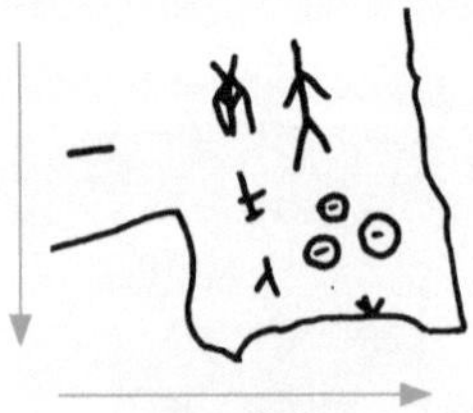

白話譯文 庚午日占卜（，提問）：「▨有大星▨」第一次占卜。

閱讀方式 右行。

「卜」字短劃朝下是第三期的字形特點。「大星」是古代不尋常的行星。

②「非鳴？」二（序數）。大吉。

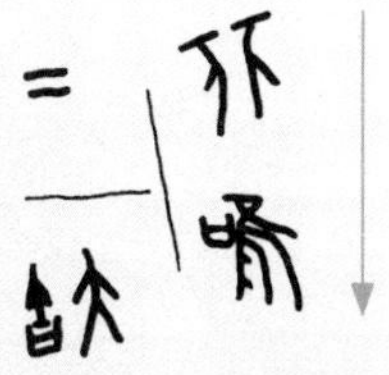

白話譯文

（提問：）「排除鳴叫（驅趕大星），是合適的嗎？」第二次占卜。

大吉。

閱讀方式

由上而下。

《左傳》記載：「日有食之，於是乎用幣于社，伐鼓于朝。」提到發生日蝕時，於朝廷上擊鼓。人們甚至將日蝕賦予神話傳說的色彩，認爲是天狗食日，因此要敲鑼打鼓趕跑天狗。「非」本義是象兩手把東西往兩旁排開的樣子，所以「非鳴」意謂排除鳴叫，也就是不要用敲鑼擊鼓、發出聲響的方式，驅趕大星。

355 問教學地點

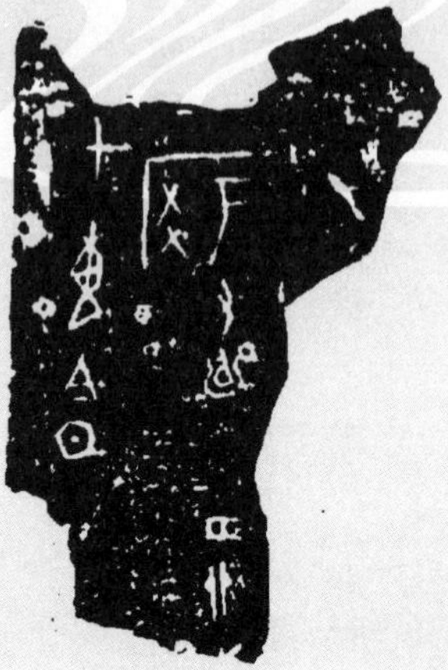

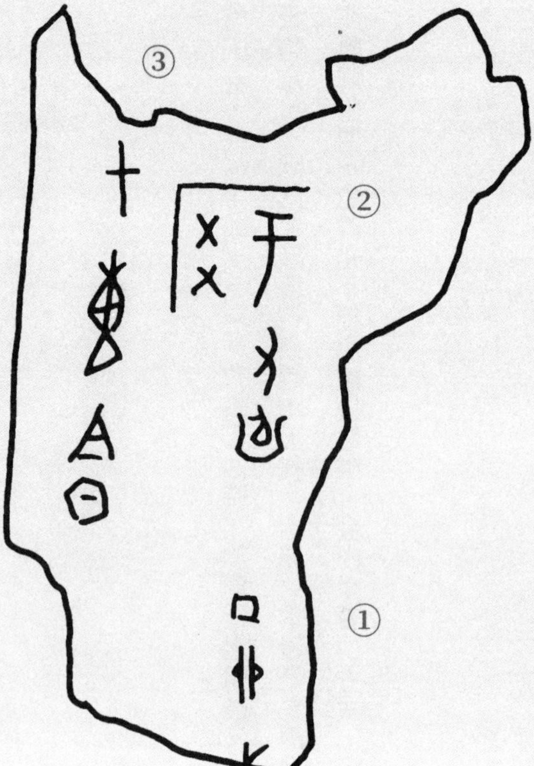

• 出處：《合》30518，骨。

• 斷代標準：書體。

①丁卯卜☐

閱讀方式　由上而下。

②「于又卣學？」

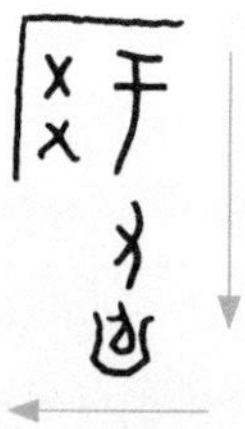

白話譯文　（提問：）「在學的右卣（舉行）教學，是合適的嗎？」

閱讀方式　左行。

「又卣」就是「右卣」，是隸屬於「學」的建築群下的名稱，「學」應該有一定的空間和規模，然後再隔間，而「右卣」是當中的一部分建築物。

③「⧄甲叀今日?」

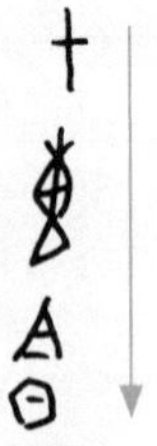

閱讀方式

由上而下。

摹寫練習

問二事——重複第幾卜適合、舉行饗宴

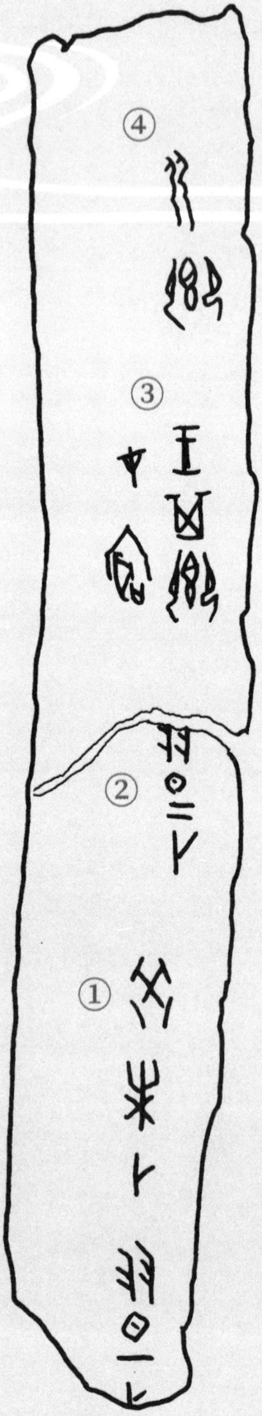

- 出處：《合》31672，骨。
- 斷代標準：書體、字形。

①癸未卜，「習一卜？」

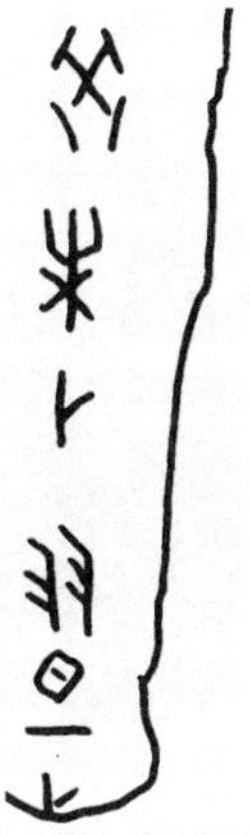

白話譯文 癸未日占卜（，提問）：「重複占卜第一卜，是合適的嗎？」

閱讀方式 由上而下。

貞辭部分：習一卜？「習○卜」是第三期特有的內容。「習」的本義是指鳥降落時，拍打翅膀發出的聲音短暫，在這裡指重複、重新占卜的意思，是針對龜卜還是蓍占，還是兩者皆是，則不可知。重新占卜的原因或因顯兆不清，或因該占問很重要，或無法分辨哪次占卜最適當，因此重複該次占卜。

② 「習二卜？」

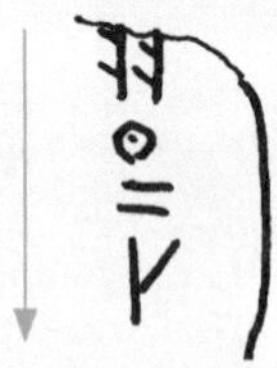

白話譯文 （提問：）「重複占卜第二卜，是合適的嗎？」

閱讀方式 由上而下。

③ 「王其卿，才廳？」

白話譯文 （提問：）「商王將要舉行饗宴，在廳堂，是合適的嗎？」

閱讀方式 左行。

「卿」即舉辦饗宴。由此版可知，商王在廳堂舉行饗宴，至西周則改至「廷」舉辦。

④「弜卿？」

白話譯文　（提問：）「不要舉行饗宴，是合適的嗎？」

閱讀方式　由上而下。

357 問重複第幾卜合適

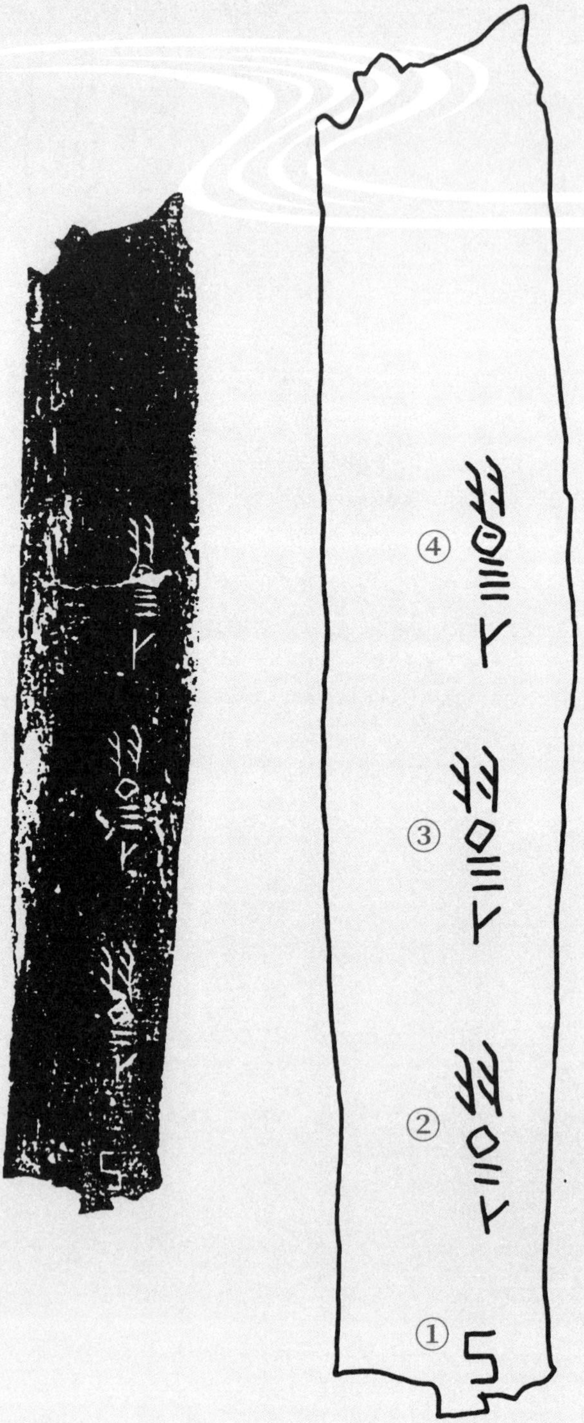

• 出處：《合》31674，骨。

• 斷代標準：書體。

① 己☐

閱讀方式 單一字。

② 「習二卜？」

白話譯文 （提問：）「重複占卜第二卜，是合適的嗎？」

閱讀方式 由上而下。

詢問是否要重複占卜，第一卜大半是問「習一卜」。

③「習三卜？」

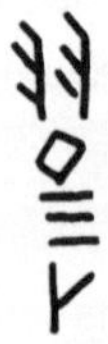

白話譯文 （提問：）「重複占卜第三卜，是合適的嗎？」

閱讀方式 由上而下。

④「習四卜？」

白話譯文 （提問：）「重複占卜第四卜，是合適的嗎？」

閱讀方式 由上而下。

摹寫練習

358 問三事——不要討伐、田獵成員、降雨

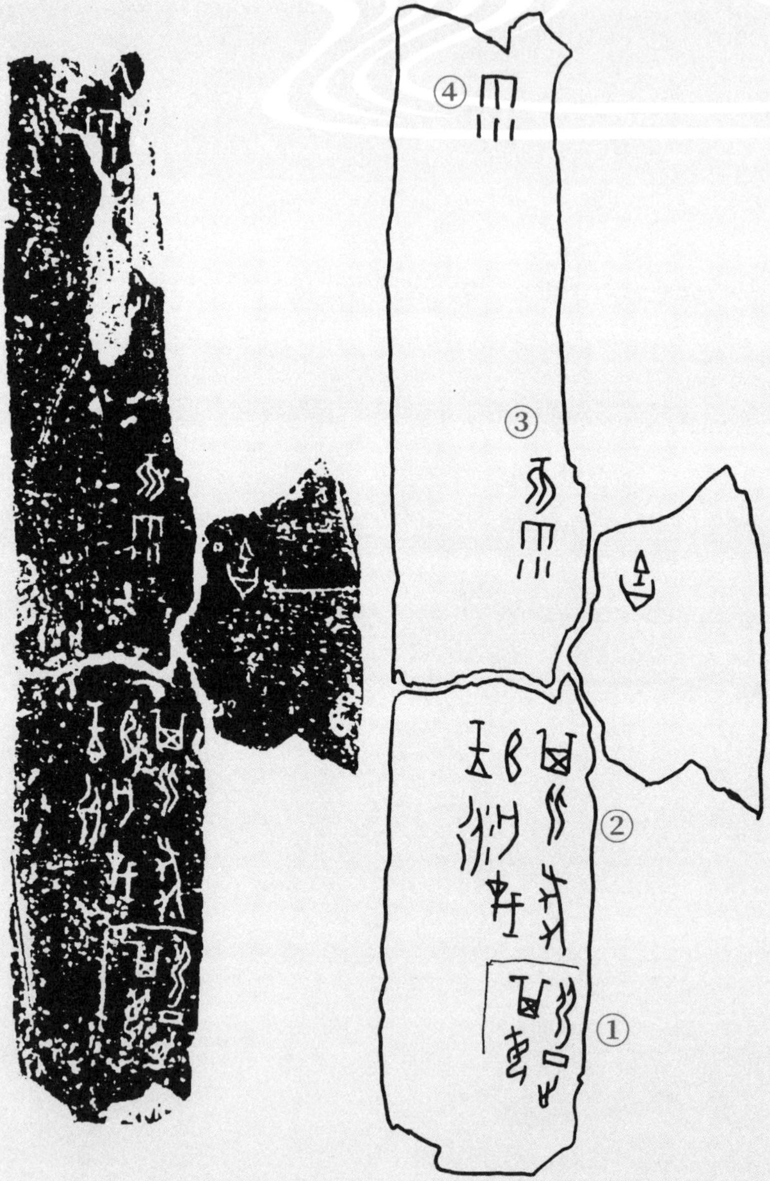

• 出處：《合》32983，骨。

• 斷代標準：兆辭、書體、字形。

①「弜正，其每？」

白話譯文 （提問：）「不要征伐，將會有悔恨的，是嗎？」

閱讀方式 左行。

②「其從犬𠂤，亡𢦏？」王永。

白話譯文 （提問：）「將要跟從犬𠂤，不會有災禍的，是嗎？」希冀王命能永久綿延不已。

閱讀方式 左行。

「犬」是田獵時幫助追捕獵物的動物，「犬𠂤」是軍隊當中負責管理獵犬的官員名稱。

「王永」是爲**驗辭**，也可作「永王」，意味著希冀王長長久久，萬萬歲的意思。表示將跟從犬𠂤前去，王最終平安無事，沒有災禍發生。

③「不雨？」吉。

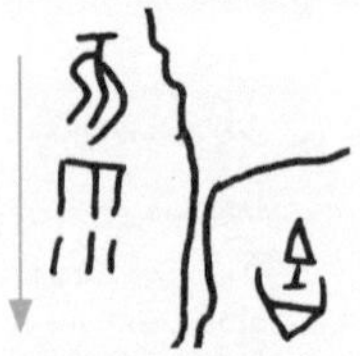

白話譯文 （提問：）「不會下雨的，是嗎？」吉。

閱讀方式 由上而下。

此卜的「不」字接近第四期，呈現較爲彎曲的線條。**兆側刻辭**「吉」，上象鑄造銅器時泥土塊範套合的樣子，下爲澆鑄後所置放的土坑，如此才能製出表面光滑良善、沒有氣孔的銅器或鑄件。

④「⧄雨？」

閱讀方式 單一字。

摹寫練習

359
問降雨

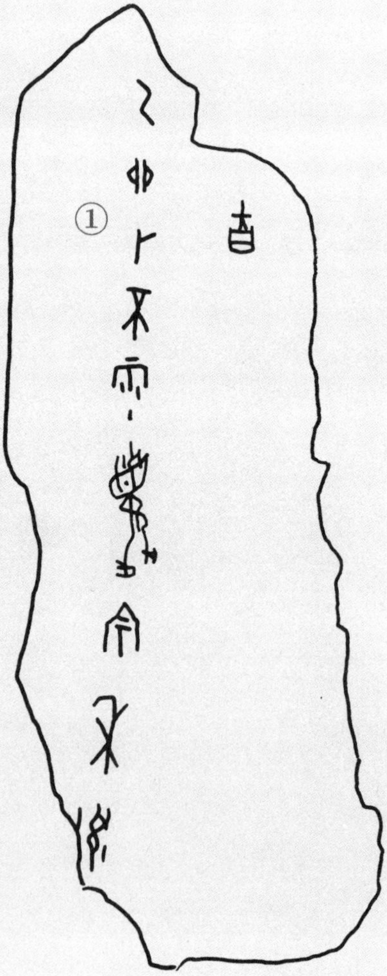

• 出處：《合》30299，骨。

• 斷代標準：兆辭、書體、字形。

①乙卯卜，「不雨？」戛宗禾率☒。吉。

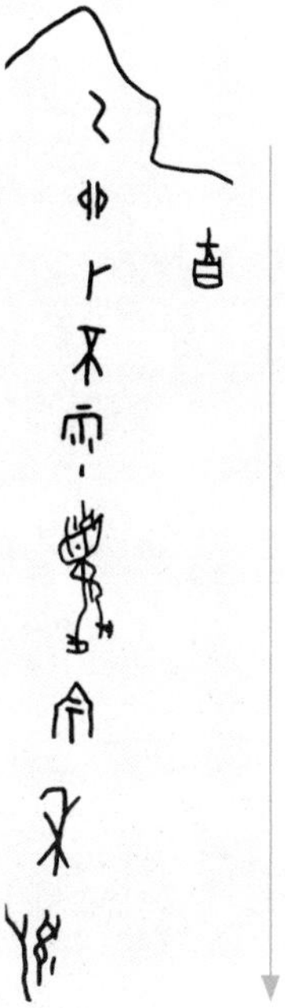

白話譯文

乙卯日占卜（，提問）：「不會下雨的，是嗎？」在祭拜戛的廟（祈雨）稻禾都生長☒。吉。

閱讀方式

由上而下。

驗辭部分：戛宗禾率☒。「戛」有學者隸定爲「夔」。甲骨稱祭拜先王或自然神靈的地方叫作「宗」，「戛」和「岳」都是祈雨時的重要神靈。「率」在這裡當副詞使用，表示全部、都的意思。

360 問在先祖宗廟祈福

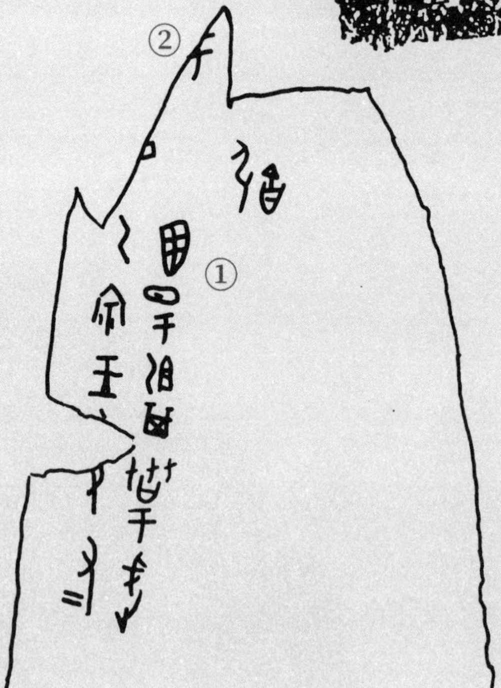

• 出處：《屯》3564，骨。

• 斷代標準：兆辭、書體、卜習。

① 「☐羽日于祖乙，其劦于武☐乙宗，王受又？」弘吉。

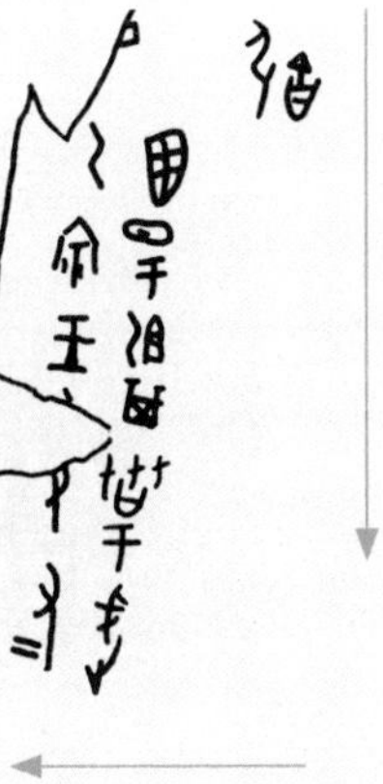

白話譯文

（提問：）「第二天祭拜祖乙，將在武☐乙的宗廟舉行劦祭，王會受到上天的福祐的，是嗎？」弘吉。

閱讀方式

左行。

有學者將此版隸定爲「于武乙宗」，並將時代歸於第五期。整體觀察，此版的部位應是骨頭的下方，若是第一卜應該要有干支日期，此版卻沒有。而「弘吉」的**兆側刻辭**只出現在第三期，沒有出現在第五期的例子。此版「弘吉」出現的位置在燒灼的兆的右邊，按照規律，左邊應該有刻辭。所以武乙的乙字上應該還有其他殘辭，不能直接解讀爲在武乙的宗廟，而且如果時代眞是第五期，應該是稱呼武乙爲祖乙，不應該直接稱之爲武乙。至於「王受又」的字形也是具有典型第三期的特點，劦也不是第五期的字形，所以我們將時代定爲第三期。

②☐于☐

閱讀方式

單一字。

摹寫練習

人文

揭祕甲骨文

——從斷運勢到問戰爭，文字學家解讀王的疑惑

第一冊　武丁時代
第二冊　祖庚、祖甲時代／康丁時代
第三冊　武乙、文武丁時代
第四冊　帝乙、帝辛時代／花園莊東地甲骨／周原甲骨

作　　者 — 許進雄
編寫整理 — 李珮瑜
骨版摹寫 — 陳冠勳、李珮瑜
發 行 人 — 王春申
選書顧問 — 陳建守
總 編 輯 — 張曉蕊
責任編輯 — 何宣儀
封面設計 — 萬勝安
內頁設計 — 林曉涵
版　　權 — 翁靜如
業　　務 — 王建棠
資訊行銷 — 劉艾琳、謝宜華
出版發行 — 臺灣商務印書館股份有限公司
23141 新北市新店區民權路 108-3 號 5 樓（同門市地址）
電話：(02)8667-3712　傳真：(02)8667-3709
讀者服務專線：0800056193
郵撥：0000165-1
E-mail：ecptw@cptw.com.tw　網路書店網址：www.cptw.com.tw
Facebook：facebook.com.tw/ecptw

局版北市業字第 993 號
初　　版：2023 年 12 月
印 刷 廠：鴻霖印刷傳媒股份有限公司
定　　價：新台幣 4500 元

法律顧問 — 何一芃律師事務所

國家圖書館出版品預行編目(CIP)資料

揭祕甲骨文：從斷運勢到問戰爭,文字學家解讀王的疑惑 / 許進雄著；李珮瑜編寫整理. -- 初版. -- 新北市：臺灣商務印書館股份有限公司, 2023.12
4冊；17×23公分. -- (人文)
ISBN 978-957-05-3539-6(全套：平裝)

1.CST: 甲骨學 2.CST: 甲骨文 3.CST: 占卜

792　　112017471